国家社科基金重大项目:"一带一路"背景下中国价值观的国际传播研究(编号:17ZDA285)阶段性成果。

自媒体环境下大学生社会主义核心价值观内化研究

周 涛 著

北京工业大学出版社

图书在版编目（CIP）数据

自媒体环境下大学生社会主义核心价值观内化研究／周涛著． — 北京：北京工业大学出版社，2021.2
　　ISBN 978-7-5639-7873-1

Ⅰ．①自… Ⅱ．①周… Ⅲ．①大学生－社会主义核心价值观－研究－中国 Ⅳ．①G641

中国版本图书馆 CIP 数据核字（2021）第 034122 号

自媒体环境下大学生社会主义核心价值观内化研究
ZIMEITI HUANJING XIA DAXUESHENG SHEHUI ZHUYI HEXIN JIAZHIGUAN NEIHUA YANJIU

著　　者：	周　涛
责任编辑：	张　娇
封面设计：	知更壹点
出版发行：	北京工业大学出版社
	（北京市朝阳区平乐园 100 号　邮编：100124）
	010-67391722（传真）　　bgdcbs@sina.com
经销单位：	全国各地新华书店
承印单位：	唐山市铭诚印刷有限公司
开　　本：	710 毫米×1000 毫米　1/16
印　　张：	12.25
字　　数：	245 千字
版　　次：	2023 年 4 月第 1 版
印　　次：	2023 年 4 月第 1 次印刷
标准书号：	ISBN 978-7-5639-7873-1
定　　价：	45.00 元

版权所有　　翻印必究

（如发现印装质量问题，请寄本社发行部调换 010-67391106）

作者简介

周涛，男，生于 1977 年 12 月，现任职于广西财经学院，副教授。研究方向：高校思想政治教育、网络舆情治理等。主持和参与省部级课题 5 项，厅级教科研课题 13 项，参与省部级教学研究项目 3 项，发表教科研论文 14 篇。

前　言

社会主义核心价值观是当代中国发展进步的精神指引,凝结着全体人民共同的价值追求。只有全社会积极弘扬和践行社会主义核心价值观,才能汇聚起建设社会主义现代化强国和实现中华民族伟大复兴的中国梦的磅礴力量。大学时期是价值观形成的关键时期。自20世纪90年代以来,以互联网为代表的现代信息技术迅猛发展,直接改变与重塑着人类社会的生存方式、思维方式与价值观念,给国家总体安全带来一系列机遇与挑战,信息化背景下社会主义核心价值观培育与认同研究逐渐成为学界关注的热点。党和国家领导人历来高度重视社会主义核心价值教育及网络思想政治工作,特别是党的十八大以来就加强新时代中国特色社会主义核心价值观教育及网络思想政治工作发表了一系列重要讲话,为加强和改进新时代中国特色社会主义核心价值观教育指明了新方向和提出了新任务。高校思想政治工作是国家思想政治工作的重要组成部分,利用新媒体传播特点搞好高校网络思想政治教育,有利于形成合力效应和整体优势。研究自媒体环境下大学生社会主义核心价值观内化问题,对落实网络强国建设、提升网络空间治理水平等国家战略,加强新时代高校思想政治工作,培养德智体美劳全面发展的中国特色社会主义建设者和接班人具有重大的历史意义和实践价值。

全书共六章。第一章为绪论,主要阐述了研究的缘由与价值、国内外研究现状、研究思路与方法、研究重难点与创新之处等内容;第二章为自媒体环境下大学生社会主义核心价值观内化的理论与实践支撑,主要阐述了思想政治教育外部规律、思想政治教育相关理论支撑、自媒体发展实践等内容;第三章为大学生社会主义核心价值观内化的内涵、特征与功能,主要阐述了大学生社会主义核心价值观内化的内涵、大学生社会主义核心价值观内化的特征、大学生社会主义核心价值观内化的功能等内容;第四章为自媒体对大学生社会主义核心价值观内化过程影响机制与规律,主要阐述了自媒体对大学生社会主义核心价值观培育的积极影响、自媒体对大学生社会主义核心价值观培育的消极影响、自媒体对大学生社会主义核心价值观培育消极影响的原因、自媒体传播对大学生社会主义核心价值观内化的作用机制、自媒体环境下大学生社会主义核心价值观内化的规律等内容；第五章为自媒体环境下大学生社会主义核心价值观内化的现实境况，主要阐述了自媒体环境下大学生社会主义核心价值观内化的实践经验、自媒体环境下大学生社会主义核心价值观内化存在的主要问题、自媒体环境下大学生社会主义核心价值观内化现存问题的原因等内容；第六章为自媒体环境下大学生社会主义核心价值观内化的路径选择，主要阐述了自媒体环境下大学生社会主义核心价值观内化的理念、目标与原则和自媒体环境下大学生社会主义核心价值观内化的路径等内容。

在写作过程中，为了丰富研究内容、展现其多样性，笔者参考了大量的理论与文献，由衷地感谢所涉及的专家、学者。

最后，由于作者水平有限，书中难免存在不足之处，恳请同行专家、读者朋友批评指正！

目 录

第一章 绪论···1
 第一节 研究的缘由与价值···1
 第二节 国内外研究现状···5
 第三节 研究思路与方法··13
 第四节 研究重难点与创新之处··16

第二章 自媒体环境下大学生社会主义核心价值观内化的理论与实践支撑······18
 第一节 思想政治教育外部规律··18
 第二节 思想政治教育相关理论支撑··19
 第三节 自媒体发展实践··58

第三章 大学生社会主义核心价值观内化的内涵、特征与功能················72
 第一节 大学生社会主义核心价值观内化的内涵································72
 第二节 大学生社会主义核心价值观内化的特征································85
 第三节 大学生社会主义核心价值观内化的功能································87

第四章 自媒体对大学生社会主义核心价值观内化过程影响机制与规律········89
 第一节 自媒体对大学生社会主义核心价值观培育的积极影响····················89
 第二节 自媒体对大学生社会主义核心价值观培育的消极影响····················92
 第三节 自媒体对大学生社会主义核心价值观培育消极影响的原因················95
 第四节 自媒体传播对大学生社会主义核心价值观内化的作用机制················98

第五节 自媒体环境下大学生社会主义核心价值观内化的规律 ………… 106

第五章 自媒体环境下大学生社会主义核心价值观内化的现实境况 ……112
第一节 自媒体环境下大学生社会主义核心价值观内化的实践经验 …… 112
第二节 自媒体环境下大学生社会主义核心价值观内化存在的
主要问题 ………………………………………………………… 114
第三节 自媒体环境下大学生社会主义核心价值观内化现存
问题的原因 ……………………………………………………… 123

第六章 自媒体环境下大学生社会主义核心价值观内化的路径选择 ………… 128
第一节 自媒体环境下大学生社会主义核心价值观内化的理念、
目标与原则 ……………………………………………………… 128
第二节 自媒体环境下大学生社会主义核心价值观内化的路径 ………… 140

参考文献 …………………………………………………………………… 173

后　记 …………………………………………………………………… 187

第一章 绪论

思想政治工作是党的优良传统、鲜明特色和突出政治优势,是一切工作的生命线。价值观教育是思想政治教育的核心内容,是思想政治教育的灵魂。培育践行社会主义核心价值观,是中国特色社会主义制度在价值层面的本质要求,它继承了中华优秀传统文化,吸收了人类文明成果。作为国民高等教育系列的一个主要构成,在高校如何引导、培养大学生树立社会主义核心价值观,是十分重要的课题。它关系到教育如何培养人、培养什么人的问题。本章分为研究的缘由与价值、国内外研究现状、研究思路与方法以及研究重难点与创新之处四部分。

第一节 研究的缘由与价值

一、研究的缘由

主流价值观认同与培育事关中国国运和国家安全,意义重大而深远。自20世纪90年代以来,以互联网为代表的现代信息技术迅猛发展,直接改变与重塑着国人的生存方式、思维方式与价值观念,对国家总体安全提出一系列挑战,信息化背景下社会主义核心价值观培育与认同研究逐渐成为学界关注的热点。特别是自媒体的广泛运用,使得各种思想、观点和价值观都有展示的机会和平台,放纵了舆论的恣意狂欢,网络意识形态斗争日趋白热化,对网络思想政治工作提出了全新的要求。2019年12月7日,针对部分非理性粉丝文化,《人民日报》发表了题为"追星当有规则意识"的系列时评文章,引导广大粉丝群体建构积极、健康、向上的价值观。2020年5月,最高人民法院召开新闻发布会,通报了弘扬社会主义核心价值观十大典型民事案例,凸显核心价值观培育的长期性和复杂性。

作为一种独特的社会意识,核心价值观对社会存在的反映和作用是直接而迅速的,是一种强有力的精神力量。随着人类社会的进步和科学技术的发展,核心价值观的这种作用和力量得到了最大限度的扩张，推动价值整合、滋养深层意识、维护社会规范、疏散社会情绪，对社会稳定与国家安全的影响愈发彰显。一系列事实告诉我们，在应对公共事务和突发事件过程中，各种思想、观点和价值观激烈交锋，各种平台全面互动，新兴媒体特别是移动互联网成为意识形态和价值观念渗透的主阵地。主流价值观培育及认同的重要性日益凸显，是一个实实在在的命题。同时，与军事安全、政治安全、社会民生等传统安全相比，自媒体环境下价值观交锋是"一场没有硝烟的战争"，其对国家安全的影响是隐蔽和间接的，这也决定了自媒体环境下的核心价值观内化没有得到相当重视，甚至是广泛认同。

  党的十八大以来，党和国家领导人高度重视社会主义核心价值观认同及网络思想政治工作，就加强新时期社会主义核心价值观认同及网络思想政治工作发表了一系列重要讲话。2016年，在全国高校思想政治工作会议上习近平总书记指出："要坚持不懈培育和弘扬社会主义核心价值观，引导广大师生做社会主义核心价值观的坚定信仰者、积极传播者、模范践行者。"党的十九大报告指出，要"把社会主义核心价值观融入社会发展各方面，转化为人们的情感认同和行为习惯"。[①]2019年8月14日，中共中央办公厅、国务院办公厅印发的《关于深化新时代学校思想政治理论课改革创新的若干意见》明确指出："坚持用习近平新时代中国特色社会主义思想铸魂育人……系统进行中国特色社会主义和中国梦教育、社会主义核心价值观教育、法制教育、劳动教育、心理健康教育、中华优秀传统文化教育。"2020年12月18日，中共中央宣传部、中华人民共和国教育部（以下简称"教育部"）印发的《新时代学校思想政治理论课改革创新实施方案》则进一步明确了具体要求。习近平总书记的讲话及国家相关政策的出台，为新时期国家加强新时代中国特色社会主义核心价值观教育及网络思想政治工作指明了新方向和新任务。高校社会主义核心价值观教育是新时代国家思想政治工作大格局的重要组成部分，运用信息化条件搞好社会主义核心价值观教育，有利于形成合力效应和整体优势。

  当前，学界对社会主义核心价值观内化的研究热度并不高，研究成果也十分有限，官方对社会主义核心价值观内化也尚未做出系统、全面的定位和阐释。而全面建设社会主义现代化强国、实现中华民族伟大复兴却与社会主义核心价值观认同紧密相连，良好的思想基础势必能助推中国特色社会主义向更好态势发展。

---

① 习近平. 决胜全面建成小康社会夺取新时代中国特色社会主义伟大胜利——在中国共产党第十九次全国代表大会上的报告[M]. 北京：人民出版社，2017.

但是，社会主义核心价值观内化显然是一个开放性的时代课题，面对复杂多变的环境，如何进一步明确定位，针对培育践行社会主义核心价值观过程中存在的问题和面临的新形势，如何促进社会主义核心价值观认同提质增效，推动精准教育，并进一步服务好党和国家事业大局，便值得学界深入探讨，并给出合理化的意见。

二、研究的价值

（一）理论价值

1. 有助于丰富网络思想政治教育理论研究视角

思想政治教育作为一门理论和实践紧密结合的学科，其与时俱进性历来是学者关注的热点和研究的前沿。从学科发展来看，思想政治教育理论体系已经建立并逐步趋于成熟，其中思想政治教育环境论研究和思想政治教育环境优化论研究就是代表成果。虽然如此，上述有关环境与思想政治教育的理论研究主要基于宏观视角，其论证方式也以马克思主义经典作家有关理论为主要理论基础。因此，自媒体传播环境下大学生核心价值观认同成为目前网络思想政治教育理论研究涉猎不多的领域，研究的视角有待进一步深入和细化。在研究视角上，本书试图借助舆论学和传播学有关理论，以自媒体环境对大学生核心价值观作用机制进行分析，探究自媒体环境影响下的大学生思想政治教育机制与规律，为高校思想政治教育实践提供理论借鉴。这既是丰富思想政治教育内容的需要，也是思想政治教育理论化、系统化和科学化的需要，同时促进了思想政治教育学向既深度分化又高度综合的趋势发展。

2. 有助于深化网络思想政治教育基本范畴的研究

范畴，通常是指各学科中反映事物本质与联系的基本概念，在学科中居于中心位置。虽然一直以来学界对于网络思想政治教育的基本范畴研究见仁见智，但主体与客体、内化与外化、思想和行为作为网络思想政治教育的基本范畴是基本共识。对于内化这一基本范畴的研究，目前都基于宏观视角和整体层面，专门论述的较少。此外，在话语呈现上，网络思想政治教育研究多涉及学科交叉，本研究在话语呈现力争网络思想政治教育话语边界更为明晰；在研究视域上，更关注通过"外化"研究丰富"内化"的研究等。

（二）现实价值

1.有助于提升高校思想政治教育的有效性

高校作为人才培养的摇篮，思想政治工作无疑极具重要性，其成效也直接关系到国家的希望和民族的未来。但高校思想政治教育是一项复杂和系统的实践活动，其过程的进行和最终效果受到诸多因素的影响和制约。只有依据科学理论，针对问题层层剖析，找出关键"症结"所在，通过规划路径和制定对策，才能最终实现大学生思想政治教育效用的最优化。网络思想政治教育环境无疑正是这样的一个重要因素。在信息化进程不断加快的背景下，新兴媒体已将触角伸及当今社会的各个角落，并对社会政治、经济、文化等诸多领域产生广泛而深刻的影响。作为人才密集和信息化程度高的地方，高校的思想政治工作不可避免地会受到新兴媒体的冲击和影响。随着以自媒体为代表的新兴媒体在高校的广泛运用和不断升级，校园网络舆论场已经成为社会舆论的重要来源地和集散地，大学生成为网络行为的重要群体。他们对于外界的变化具有较高的舆论敏感性，经常使用网络来表达自己的意见、情感、态度和信念，网络舆论已成为高校师生日常生活的重要组成部分和外在意识环境。作为校园网络舆论的主体，他们在发表意见的同时，也在无意识中受到其他舆论力量的影响。因此，自媒体传播环境已成为影响高校思想政治教育和大学生思想行为的新兴力量，成为继学校、家庭和同龄群体外影响大学生思想和行为的又一重要因素。

2.有助于加快推动建设现代网络治理体系和网络强国等国家战略的实现

网络事件多发的态势及对社会各领域的重要影响也引起了中央领导的高度关注。2018年4月，习近平总书记在全国网络安全和信息化工作会议上深入阐述了网络强国战略思想。2019年党的十九届四中全会通过的《中共中央关于坚持和完善中国特色社会主义制度、推进国家治理体系和治理能力现代化若干重大问题的决定》指出：我国正处于实现中华民族伟大复兴关键时期。必须在坚持和完善中国特色社会主义制度、推进国家治理体系和治理能力现代化上下更大功夫。管好用好互联网是治国理政的重要方面，提升网络空间治理能力是推进国家治理体系和治理能力现代化的必然要求。据中国互联网络信息中心《第47次中国互联网络发展状况统计报告》，截至2020年12月，大学生网民占全体中国网民的19.8%。大学生是接受新事物最快、受其影响最深的知识分子群体。随着以互联网为代表的新兴传播媒介在高校的广泛运用，大学生生活和交往方式发生了深刻的变化。高校肩负着为中国特色社会主义现代化事业培养合格建设者和接班人的历史重任，因此加强自媒体环境下大学生核心价值观认同教育，积极进行有关探索就显得尤为重要。

第二节 国内外研究现状

一、国内研究现状

对社会主义核心价值体系及核心价值观的研究，一直是理论界研究的热点。自党的十六届六中全会到党的十九大，研究不断深入，成果也日益丰富。笔者认为，当前对社会主义核心价值观的相关研究大致可以归为三类，一是关于社会主义核心价值观基础理论的研究；二是关于社会主义核心价值观教育与思想政治教育的关系研究；三是关于社会主义核心价值观培育研究。

（一）关于社会主义核心价值观基础理论的研究

1. 对社会主义核心价值观的内涵进行分析

党的十八大明确提出了社会主义核心价值观，但在此之前，业内已有众多学者就凝练社会主义核心价值体系进行了研究，也得出了许多有重要意义的成果，以"三个倡导"为内容的社会主义核心价值观体系正是在这样的基础上孕育出来的。有学者对如何正确理解"三个倡导"中二十四个字的含义发表了看法，认为我国作为社会主义国家，"富强、民主、文明、和谐"表达了我国群众的共同理想，体现出了总体目标，起到了激励人民群众奋发图强、凝聚各个民族团结一致的作用，它处于社会主义核心价值观的引导位置；"自由、平等、公正、法治"体现了我国社会主义制度的特点，是一种人民群众为追求自由、全面发展的社会理想，它为维持共同理想提供了基本保障；"爱国、敬业、诚信、友善"作为道德规范和准则，为国家全体公民提供了社会实践中应该遵循的依据。三者之间有着紧密的联系，互相作用、互相影响：正直良好的社会风气依靠全民良好素质和对社会主义的文化自信来营造。也有学者认为，"三个倡导"有丰富的内涵，其意义是多层次的，才使得社会主义核心价值观的理想和规范形成有机统一体。还有学者在认同社会主义核心价值观的基础上提出，是否应该将"三个倡导"用更精悍、简短的方法来表达，让人民群众更加简明易记、朗朗上口。

有学者以哲学的视角为切入点，认为外部手段是"善"得以实现其目的的主要方式，若要使实践活动获得成功，正当的目的、有效的手段缺一不可，物质工具或者行为规则都可以成为人们实践活动中所需的手段。在"三个倡导"中，为了"富强、民主、文明、和谐"的社会价值理想得以实现，应该将"自由、平等、公平、法治"的社会秩序和"爱岗、敬业、诚信、友善"的道德规范作为外部手段。此外，为集中表达"三个倡导"的精神内容、令其符合民众的接受程度，笔者认为可以将社会主义核心价值观内容提炼为"自由、平等、民主、仁爱"八个字，更为通俗易懂、加深记忆。

2. 对社会主义核心价值观特征的研究

在一些学者看来，特定时代中人民群众的共同价值目标都会体现在当下的核心价值观中，社会主义核心价值观带有与众不同的时代性，中国人民奋发进取的良好精神面貌在其中体现得淋漓尽致，不仅如此，中华民族源远流长的优良传统文化也为社会主义核心价值观的塑造提供了借鉴，这就使得时代性、开放性、传统性、民族性这四个特性互相交织、互为体现。有学者认为，"三个倡导"是主导价值和倡导价值的有机统一体，社会主义核心价值观不仅是党和国家所规定的，究其本质，它正确地反映了现实社会和社会经济之间的关系，表达了人民群众的利益诉求，是正确的价值判断，符合我国的国情状况和未来道路，作为价值保障，使社会和个人的全面发展得以稳步提升，它涵盖了实践中的具体理念，并超越简单概念，整合了社会的主流价值观念，具有高度代表性。

3. 对社会主义核心价值观功能的研究

有学者提出，"三个倡导"在实践层面上分析，它带有引导、鼓励、整合等各种功能，引导功能体现在它反映了社会主义环境下人民群众的普遍价值理想，在社会主义发展中将人心都聚合在一起，起到价值领导作用；作为人民群众投身社会主义现代化建设的动力，社会主义核心价值观通过满足群众的精神需求，激发群众的斗志和干劲，是其鼓励功能的具体表现；部分通过整合功能被统一成整体，社会主义核心价值观不仅在干部群众的爱国意识、价值认同中发挥了强化作用，还有利于求真务实的主流价值观在社会中的塑造。还有学者认为，人类主体意识发展的最高峰就是社会主义核心价值观，它不仅引导群众走向更加文明的社会，还能防止思想倒退；它不仅能凝聚内部力量、强化内部认同，也有着甄别和排斥外部异样的作用；在社会生活中，人们的主体尺度、利益需求需要一个强有力的行为规范，而社会主义核心价值观便产生了有效约束。作为时代的重点议题，先进的社会主义核心价值观为群众的行为引导提供了有力的精神支持。

（二）关于社会主义核心价值观教育与思想政治教育的关系研究

有学者提出，关于社会主义核心价值观和思想政治教育的关系，要在几个方面理清楚：在学科研究方面，把社会主义核心价值观讲解清楚，将其与思想政治教育的内容贯穿好；在教材设计方面，做好思政课程的融入工作，使社会主义核心价值观渗透在思想政治理论课中；在课堂教学方面，进一步提炼出社会主义核心价值观的精华，为人才培养做出贡献。也有学者认为，要紧密依靠思想政治教育，把社会主义核心价值观发展成思想武器，用以社会主义现代化建设中，可以借助思想政治教育的各种教育途径，来扩大社会主义核心价值观的流传范围。另一部分学者秉持其他观点，他们认为当前中国处于转型时期，思想剧变和境外敌对势力的渗透都带来了隐患，大学生的思想政治教育必须坚持以社会主义核心价值观为主要引导，这样才能使马克思主义一元主导地位在大学生的价值观体系中不动摇。在笔者看来，与大学生生活密不可分的内容正是社会主义核心价值观，它既是思想政治教育的重点，也体现着思想政治教育与日俱新的特性。不仅如此，社会主义核心价值观与思想政治教育的内容也有互相交织的地方，他们有共同的教育对象、教育内容和教育目标。社会主义核心价值观需要一个渠道进行输出，思想政治教育恰好提供了这个平台；思想政治教育的发展需要一个正确引导，社会主义核心价值观可以起到这个作用，因此可以认为，若要对思想政治教育进行创新发展，则与社会主义核心价值观的引领密不可分。

（三）关于社会主义核心价值观培育研究

1. 关于对大学生社会主义核心价值观教育的时代背景研究

马克思主义思想强调了理论源于实践的重要性。党建理论创新的主要成果之一——社会主义核心价值观，是党在当前阶段中的最高意识形态成就。为何要重视社会主义核心价值观在高校教育的融入与发展，归根究底还是受现阶段国内外环境的影响，带有一定的时代性。从国外来看，西方敌对势力从未放弃过对中国的遏制与打压，以维护自己的世界霸主地位不动摇。在这场没有硝烟的斗争中，作为社会主义国家的中国必须保持警醒。纵观当今五个社会主义国家，中国已能在国际事务中独当一面，而其他四国的综合国力都有待提升，这也间接导致了中国遭受资本主义各国的围攻。从国内来看，我国的经济在改革开放后得到飞速发展，国内生产总值不断飙升，在对外开放的过程中与世界的经济、文化交流更为密切，但是，我国的精神领域建设相对滞后，与经济发展相比还不够协调。在这样的一个时代背景和社会发展状况下，在国民教育和精神文明建设中融入社会主义核心价值观的要求便应运而生，这不仅有助于精神文化建设，更是一项重要的战略决策。在杨业华教授的《当代中国大学生核心价值观研究》及北京外国语大学原党委书记韩震教授的《社会主义核心价值观五讲》等著作中，对这些观点均有所涉及。

2. 关于对大学生社会主义核心价值观教育途径的研究

此方面研究主要倾向于具体途径。譬如，一些学者基于人类心理分析，主张核心价值观在人际来往的话语体系里更为生活化；有的学者将志愿者开展的活动当作理论转为信仰的枢纽；也有学者一直坚持师德建设的重要性，主张教师通过课程思政对学生进行灌输和引导，使学生更加深刻铭记社会主义核心价值观；有的学者从精神方面来探讨，在马克思主义和中国传统文化之间找到了交叉点，认为社会主义核心价值观可以借助与中国传统文化中儒家"五常"——仁、义、礼、智、信的融合来实现；有学者将电影市场作为主要传播渠道，通过荧幕来塑造和传播先进典型人物形象并传播，使广大受众在潜移默化的状态下将社会主义先进文化纳入心中；有学者指出，在对大学生进行社会主义核心价值观教育时，要利用好社会、学校、家庭三大工具，营造良好氛围和环境，同时发挥大众媒介的作用，将舆论引导至积极方向，通过思政课程加强社会主义核心价值观教育；有学者则从时代性出发，在互联网高度发达的社会中，科学的社会主义核心价值观教育途径是网络教育，利用网络进行价值观渗透；有学者提倡有效利用公共传媒，不仅能妥善解决我国当前国内外的思想威胁，还能成为引导我国青少年学习社会主义核心价值观的有效工具；有学者认为要从实际出发，结合社会制度的特点，坚持马克思主义的指导地位，用开放的态度来实现社会主义核心价值观的制度建设和创新；在另一些学者看来，要重视理论宣传的作用，坚持以人为本的原则，通过解决民生问题加强人文关怀、树立典型事例、营造舆论氛围，引导社会主义核心价值观建设思潮等。

3. 关于大学生社会主义核心价值观教育方法的研究

有学者提倡在科学、正确的原则和方法的指导下进行社会主义核心价值观建设，否则难以取得显著效果。社会主义核心价值观应该如何融入国民教育？毫无疑问，引领整合原则、教育共力原则、融会补充原则等都是应该坚持的指导原则。那么，融入过程中有什么方式呢？理论与实践结合、人文关爱和心理疏通结合、网络引导和制度措施结合等，都不失为良策。理论与实践结合的方式，首先通过理论输出，把社会主义核心价值观的含义转化为民众的思想"内化认同"；接下来，采取"外化实践"的方式，在特定环境下进行道德评价行为，以此充分掌握和运用理论知识。人文关爱和心理疏通，就是强调在改善思想政治工作的过程中要注重"以人为本"的理念，通过言谈交流、心理沟通等方式对民众的思想进行正确的指导。网络引导和制度措施，就是指我国社会主义核心价值观在当下的时代背景中，如何去处理信息化过程中带来的各种问题和各种机会，若要发挥社会主义核心价值观教育的有效作用，探讨网络信息的引导和制度措施的保障是不可或缺的。

有的学者认为，在增强社会主义核心价值观教育效果中，理论灌输是一个行之有效的必要手段，但如何做好灌输工作？关键点是创新这个方式，在进行青少年的社会主义核心价值观教育过程中，要把它当作前提。因此，教育者应当准确掌握社会主义核心价值观的含义，这是第一个要求，在此基础上打造一个多元参与、多样层次的队伍来开展灌输工作，确保队伍素质保持在高水准上，只有这样，才能让大学生在接受社会主义核心价值观灌输时得到保障。有学者强调研究性学习方法的重要价值，采取这样一种方式，通过激发学生内在的学习兴趣，让学生充分发挥其主观能动性，在学习社会主义核心价值观的过程中成为一个真正的主体；在这样一种教育教学变革的模式下，鼓励学生进行资料搜集、论文写作、社会调查等，增强核心价值观的培养效果。值得注意的是，由于在研究性学习过程中具有很大的开放性，教育者和学习者都会遇到许多新的问题或困难，甚至一些超纲的范围，这就要求了教育者要更扎实地去掌握教育学和心理学知识，用以在实践中对学习者进行科学实用的指导，与学习者共同提升自己的能力。

4. 综合性理论著述

高校不仅是孕育大学生的地方，也是科研大本营，在大学生社会主义核心价值观教育方面有不少代表性的专著，如戴钢书博士等人所著的《大学生社会主义核心价值理念培育质性研究》，湖北大学马克思主义学院杨业华教授的《当代大学生核心价值观研究》，北京语言大学郑承军教授的《理想信念的引领与建构——当代大学生的社会主义核心价值观研究》，石国亮教授的《社会主义核心价值观青少年读本（大学生版）》，陈芝海教授的《高校哲学社会科学成果文库——大学生社会主义核心价值观教育研究》，李纪岩博士的《当代大学生社会主义核心价值观培育研究》，由西南交通大学政治学院、清华大学德育研究中心、清华大学马克思主义学院联合主编的《社会主义核心价值观的践行与培育》等。

关于大学生社会主义核心价值观教育的研究，我们可以从国内研究现状来分析，大部分的教育者都对其进行了各角度、各方面的探究并产生了许多学术成果，说明了它被教育者重视。不仅如此，在校大学生在教育者的引导下，对社会主义核心价值观进行了更深层次的思考和实践，使得社会主义核心价值观教育教研的队伍得到进一步扩大，注入了更多新鲜的血液。同时，一些研究成果从理论源头、理论内容、理论功效等方面来阐述，对价值观本身进行了许多论证。然而，不少学者都把教育途径和教育方法的研究分隔开，使大学生社会主义核心价值观教育方法的研究缺少了系统性的论述。因此，我们更要注意把握整体，在当前国内研究的基础上平衡好教育途径和教育方法之间的关系，将重点放在系统阐述中，让研究成果更加充分和丰富。

二、国外研究现状

国外虽然没有核心价值观培育的说法，但却存在核心价值观培育之实。正如19世纪德国历史学家利奥波德·冯·兰克所说："每个民族社会都必须被视为一个价值体，只有依据其各自的内在观念、内在状态和环境才能被理解，而不是依据一个实际上虚无的普世价值标准来判断。"由此可见，西方很早就认识到国家的建立和巩固与核心价值观培育的内在关联并付诸实际行动。

（一）国外学者对核心价值观内容及功能的研究

与中国相比，欧美发达资本主义国家核心价值观研究产生了丰富的成果。如美国学者罗伯特·达尔曾经指出："美利坚是一个高度重视意识形态的民族。"在美国，个体所赞成的意识形态有着惊人的一致性，这些核心价值观念包括自由、平等、民主、人权、法治等内容，构成了民众共同的信念，这里所指的民众不仅包括各种民族和肤色的群体，还包括有不同信仰的群体。法国社会学家布尔迪约和帕斯隆指出，社会结构的再生产依赖社会核心价值观的传播，这个价值观处于十分重要的地位。在法国，社会中所传播的主流核心价值观有人权、民主、爱国、伦理道德等内容。帕斯隆认为，要想把生搬硬套的灌输转化为潜移默化的渗透，就要依靠社会核心价值观这个载体，由学校来承担社会教育工作。

"西方马克思主义"和国外民主社会主义研究者也产生了核心价值观相关研究成果。匈牙利哲学家卢卡奇·格奥尔格作为"西方马克思主义"的代表，通过西方发达社会价值理性消耗殆尽的探究和对"工具理性"泛滥的批判，显现出了社会核心价值观的研究价值，对当时的社会产生了重要影响，也推动了早期的"西方马克思主义"学说成为热点讨论对象。民主社会主义则通过"公平、自由、互助"的社会主义价值目标，对价值理性进行广泛传播，当时的社会主义研究有着过分科学化和实证化的倾向，民主社会主义的出现，在一定程度上对这些倾向进行了纠正。日裔美籍政治学者弗朗西斯·福山在其著作《历史的终结与最后的人》中，将苏联解体、东欧剧变作为切入点，在理论上用系统的方式来论证资本主义与社会主义之间的对抗终结，向社会主义提出了基于社会价值观角度的挑战。因此，以拉尔夫·米利班德为领头的西方社会主义学者自 20 世纪 90 年代开始，对社会主义进行了反省和再次思考。他们深入研究了当代资本主义的新特点，探讨了科技革命对人类社会的影响，力图在认可民主、自由、平等、正义、公平的社会主义基本价值观的基础上，取得核心价值观以及主要目标的一致。然而，碍于时代的局限性以及政治立场、文化背景、思维方式的差异，放在今天看来，西方社会主义学者最终所得出的研究成果仍然有偏颇，没有将科学原则和价值原则有机统一起来，离科学水平还有一段距离。

（二）对国外社会核心价值观教育的研究

国外学者关于社会核心价值观教育的研究与日俱增，对于我国学者来说，有许多可供借鉴的丰富成果。美国典型的实用主义哲学代表、学者刘易斯曾提出："当你认为自己的道德不成问题时，其余的问题就呈现为方法问题。"美国民众将自己当作上帝的子女，有着骨子里的自信，"自由、民主、人权"等核心价值观念所诞生的基础就是实用主义哲学。美国等发达资本主义国家在推行这些所谓的普世价值观的过程中，可谓煞费苦心，特别是对大学生进行核心价值观教育，不得不说是倾注了所有心血。

我们首先可以从教育途径看出：一是将社会核心价值观的渗透凭借课程设置来实现，在美国称为"通识教育"，也就是把德育课程当作主要输出渠道，最终目的是让大学生自发地建立起爱国价值观念，将爱国精神扎根在心中。以哈佛大学为例，它设置的道德性课程科目共 12 门，讨论生活中的各种价值观抉择问题，进而深入至对理性道德和政治抉择的探讨。在法国高校，教育计划明确规定学校的重要任务之一就是对公民进行品德教育，通过开设伦理道德教育课，实现培养出人人都有集体观念和素养的目的，让每个人明白自由与责任是缺一不可的。在英国，培养绅士就是培养"德行、智慧和礼仪"，这在其 1988 年颁布的《国家课程》中有明确要求。此外，在政府规定的学校教学目标中，有一半是关于意识形态教育的。由上述内容可以看出，西方各发达资本主义国家为实现青年一代的价值观与国家主流一致,采取的各种手段和方式不相同,但都是为了实现政治社会化目标。二是凭借文化产品的推广,加强对价值观的渗透。不难看出,西方的各类社科作品、多媒体影音等文化产业中都有浓厚的意识形态属性,作为能够满足大众娱乐休闲需求的产物,文化产品不仅能够展现出多样的内容和形式渗透在大众思想中,还能充当音乐、游戏等内容的载体。当接触这类文化产品时,大学生也逐渐被其所包含的价值观念同化。三是营造出感性教育的校园文化氛围。在美国人看来,学生政治观念、价值观念和道德观念所受的影响是多方面的,既有来自课堂、教师的,也有来自学校规章制度、舆论传播的,这种渗透过程不显著但具有持续性。比如,卡内基教学促进基金会主席厄内斯特·波伊尔就提出要求:所有高校都要为新生开设一门短期有学分的课程,名字为"大学:它的价值和传统"。四是为实现核心价值观教育提供保障,如设立特定机构。以德国为例,早在1952年便成立了全国性的专门政治教育机构——联邦政治教育中心;法国则在1989年设立了教育高级委员会;美国不仅有非常健全的国家性意识形态教育机构,负责领导和协调工作,还依托于此建立了用于指导本校和国家性活动的跨区联盟;1949年,日本颁布了《社会教育法》,对国家和地方的公共团体做出了明确要求,要运用社会的各种教育资源以实现教育目的。上述的各项法律法规,从国家的权威和意志出发,严格限制了教育要服从于总体社会价值目标,是一种有力保障。

其次,我们从大学生社会核心价值观教育方法进行探讨。在西方古代社会——如古希腊时期的斯巴达教育,为了让青少年接受忠诚与服从的价值观教育,统治者推行军事训练、宗教灌输等教育方式来达成目的;在现代西方资本主义社会,当权者所推行的社会价值理念的教育方式包括价值澄清法、社会学习法、关心体谅法等,与过去向受教育者生搬硬套、填鸭灌输的方式不同,现代社会里更倾向于引导受教育者自己来评判是非对错,所依靠的标准是受教育者的个人价值观。值得注意的是,如果过于突出个人主义精神,极有可能会造成道德领域的混乱。总体来看,当代大学生的核心价值观教育仍然在西方资本主义国家中被当作重点工作来对待,隐性化和现代化是当代教育方法的特征,通过现代媒体、网络技术等媒介,将社会核心价值观充斥在日常所接触到的文化产品和大学生的实践中,不仅做到了无所不在,而且还能达到喜闻乐见的效果。

与中国高校相对比,国外大学生的核心价值观既有共同之处,也存在许多差别。在资本主义社会中,资本家对生产资料是私人占有的,这决定了其与民众不可能拥有一致的核心价值观。恩格斯早就指出："美国宪法最先承认了人权，同时确认了存在于美国的有色人种奴隶制，阶级的特权受到了指斥，而人种的特权，则为法律所神圣化。"可以这么说，欺骗性和功利性贯穿着资本主义的核心价值观。

综上所述，当前国内外的社会核心价值观教育研究形成了较为丰富的成果，众多学者从不同视角切入，研究类型和研究方法更加多元化。这些研究成果为我国开展社会主义核心价值观培育提供了思路，提供了有益的经验。

第三节 研究思路与方法

一、研究思路

本研究拟按照"提出问题——分析问题——解决问题"的逻辑来展开，将有以下具有递进关系的阶段性工作构成。

1. 厘清当前学界关于思想政治教育内化研究的基本理论，界定大学生社会主义核心价值观内化的具体内涵要素，作为本研究的逻辑起点。

2. 自媒体环境下大学生社会主义核心价值观内化的现实境况及影响机制分析。

3. 在此基础上，提出自媒体环境下大学生社会主义核心价值观内化的路径构建。

二、研究方法

（一）系统分析法

系统就是指由若干相互联系、相互作用的要素组成的复杂有序的整体。美国兰德公司的奈德对系统分析所下的定义：系统分析是一种研究方略，它能在一个确定的情况下，通过对问题的充分调查找出其目标和各种可行方案，并通过直觉和判断，对这些方案的结果进行比较，帮助决策者在复杂问题中做出最佳决策。

系统理论认为，整体性是系统最基本的特征。在一个系统中，系统整体不等于各孤立要素的部分之和。系统整体特性和功能在原则上既不能归结为组成它的要素的特性和功能的总和，也不能从有关组成成分中简单推导出来。系统整体可获得的新的特性、新的功能是各组成要素在孤立状态时所没有的。这种系统的特性和功能，只有当它们作为整体存在时才显现出来。当把它分解为各孤立要素时，系统整体的特性和功能也就不存在了。①

本研究中，一是从系统论出发，把自媒体传播视为一个完整的系统，进而剖析自媒体传播的要素结构、各要素之间的相互关系、形成机制及特征；二是把思想政治教育视为社会大系统所包含的一个子系统，利用马克思主义关于环境与人的辩证关系原理来分析社会大环境特别是自媒体环境与高校思想政治教育的相互联系，揭示环境对思想政治教育过程的客观影响，以及思想政治教育过程机制对环境的能动作用。三是把思想政治教育本身视为一个完整的系统，从系统论角度出发，分析思想政治教育过程的结构、要素相互关系和机制，在此基础上分析不同传播模式下思想政治教育的异化。

（二）比较研究法

比较分析方法是指确定事物之间相同点和差异点的方法，它是自然科学、社会以及日常生活中常用的分析方法之一。所谓"有比较才有鉴别"，通过比较分析试图通过事物异同点的比较，区别事物，达到对各个事物的深入了解与认识，从而把握各个事物。

比较研究法能够把研究对象置于更为广阔的时空环境下，可以消除特定时空下的研究狭隘性，有助于更为客观地揭示现象本质及其规律。有学者认为，比较研究法能有效克服一切实验方法的控制性，因为社会是一个开放的系统。②

本书在界定自媒体环境的内涵时，就目前学界已有的定义进行了比较分析。此外，在论述自媒体对大学生社会主义核心价值观内化过程影响机制与规律分析时，为了能更清晰地说明自媒体传播作用下的思想政治教育机制，运用比较法将自媒体传播特征与其他传统媒介传播进行了分析比较，以便能更加全面的把握具体机制和规律。

（三）文献研究法

所谓文献，是指包含我们希望加以研究的对象信息的任何材料，包括纸质或其他介质的。通过收集文献资料来进行研究的方法统称为文献研究法。

任何社会文献都是一定社会现实的结果，它本身就反映着人们之间的各种关系，反映着人们的利益和需要。在社会研究中，除了实地资料外，还需要用科学的方法去收集与研究有关的各种文献资料，以便对研究对象进行深入的、历史的、

---

① 周涛. 网络舆论环境下的高校思想政治教育研究 [D]. 成都：西南财经大学，2011.
② 周涛. 网络舆论环境下的高校思想政治教育研究 [D]. 成都：西南财经大学，2011.

多层次的、多方面的考察和分析。其优点在于可研究那些不可能接近的研究对象，具有无反应性，适用于做纵贯分析，具有自发性，费用较低，质量高等。另外，用文献法进行社会研究，在搜集材料阶段不仅可以节约时间，而且文件有时比观察和询问所得材料更为准确、更为可靠。

本书在自媒体环境内涵分析的研究中，集中采用了文献研究方法。通过对不同时期学者对于核心概念——自媒体环境的研究成果进行文献处理，分析了研究视角特征，在概括了共性和差异性的基础上，尝试对自媒体环境做出一个较为科学的定义。[①]

（四）理论分析法

采用理论分析法的目的是剖析大学生核心价值观内化所面临的各种问题、加强研究的理论性，可结合党的社会主义核心价值观建设、社会主义核心价值观践行现状、马克思主义等相关理论和实践，采用理论分析法，以此实现相应的研究效果。

（五）多学科交叉综合法

思想政治教育是人类阶级社会固有现象，同时也是政治学、管理学、心理学、社会学、传播学、伦理学、教育学等学科的共同研究对象。运用多学科研究对我们更全面更科学地把握思想政治教育过程内在机制与规律具有借鉴和补益作用。另外，思想政治教育是一个多层次、多维度组成的整体，无论从哪一个学科来单独考察，似乎都显得单薄和偏颇。因此，综合运用多学科交叉的研究方法，既能把握思想政治教育研究中带有共性和规律性的东西，进行思想政治教育过程机制的框架建构，又能在学科交融中实现思想政治教育过程机制研究的深入和提升。[②]

本研究中，拟采用传播学、管理学、社会学、心理学等视角来分析自媒体传播背景下社会主义核心价值观内化过程，探讨自媒体传播对社会主义核心价值观内化影响机制及规律。在分析自媒体传播环境新变化和新趋势中，针对环境变化的原因采用了政治学、心理学、伦理学的有关观点。

[①] 周涛. 网络舆论环境下的高校思想政治教育研究 [D]. 成都：西南财经大学，2011.
[②] 周涛. 网络舆论环境下的高校思想政治教育研究 [D]. 成都：西南财经大学，2011.

第四节 研究重难点与创新之处

一、研究的重难点

研究的重点是自媒体环境下社会主义核心价值观内化影响机制探讨。自20世纪90年代以来，有关网络思想政治教育的研究不断深入，相关成果不断丰富。本研究中有许多问题需要回答，但笔者认为最核心的问题是"自媒体传播作为思想政治教育要素如何影响社会主义核心价值观认同"。自媒体传播对于社会主义核心价值观内化的形成与变迁的影响和机制是非常复杂的，因此在研究中笔者拟遵循这条主要的逻辑线索来揭示规律，通过对自媒体传播的主要功能、结构以及与其他因素之间的互动关系的细致分析和梳理最终寻找出问题的答案。

研究的难点是自媒体环境下社会主义核心价值观内化对策探讨。网络思想政治教育研究是一项长期性、综合性、系统性的工程，构建有法，但又没有定法。按照辩证法，任何一个构建模式或路径都有一定的优点，也存在一定的弱点。此外，网络思想政治教育研究是一个常思常新、常思常需的过程，涉及的内容非常广泛，各种影响因素非常多，特别是信息技术日新月异，对思想政治教育带来的挑战前所未有。因此，本书提出的自媒体环境下社会主义核心价值观内化路径构建的基本思路还有待进一步在实践中检验。

二、研究的创新之处

（一）视角创新

目前学界关于网络思想政治教育的研究成果不少，但专门涉及社会主义核心价值观内化的不多。本研究一是落脚到自媒体传播环境，紧跟当前热点，增强针对性，做到精准化；二是遵循静态思想政治教育要素和动态思想政治教育过程，就自媒体环境对思想政治教育的作用机制进行了初步的梳理。思想政治教育是一种有意识、有目的的教育活动，意识形态性是其重要特征。社会主义核心价值观教育是思想政治教育的核心内容，是思想政治教育的灵魂。自媒体传播具有明显的意识形态特征，它对社会主导价值体系的整合与解构是影响思想政治教育的基本作用机制。

（二）观点创新

力求对本书核心概念社会主义核心价值观内化的内涵、特征等基本属性方面的观点进行界定。当前，学界对于内化及思想政治教育内化的研究更多体现为"内化于心"实践导向，即针对工作中的具体问题，而涉及概念本身内涵、外延成果较少。本研究拟对传统思想政治教育内化与网络思想政治教育内化进行对比，并对相关相近概念进行辨析，重点从思想政治教育要素主客体、环境、过程等维度凝练出自媒体环境下社会主义核心价值观内化的特征，进而对本研究核心概念进行界定。

（三）路径创新

拟将路径探讨置于国际新的时代背景、国家新的战略及最新精神中，提出新观点，增强针对性和前瞻性，包括党的十八届五中全会提出的网络强国战略及2019年8月中共中央办公厅、国务院办公厅印发的《关于深化新时代学校思想政治理论课改革创新的若干意见》、2020年12月中共中央宣传部、教育部印发的《新时代学校思想政治理论课改革创新实施方案》相关精神和部署等，项目研究更具有现实意义和可操作性。

第二章　自媒体环境下大学生社会主义核心价值观内化的理论与实践支撑

本章分为思想政治教育外部规律的科学运用、思想政治教育相关理论支撑、其他相关理论与自媒体发展实践三部分，主要内容包括思想政治教育主动适应经济社会发展原理、科学技术变革推动思想政治教育实践创新等方面。

第一节　思想政治教育外部规律

一、思想政治教育主动适应经济社会发展原理

思想政治教育与经济社会发展之间存在相互制约、相互促进的关系。经济社会发展为思想政治教育的发展提供物质基础和技术保障，而思想政治教育的现实状况又会促进或阻碍经济社会的发展。倘若与经济社会发展的要求相适应，那么思想政治教育就能够对经济社会的发展起到一定的促进作用；反之，则会对经济社会的发展产生阻碍作用。

二、科学技术变革推动思想政治教育实践创新

互联网信息技术的迅速发展作为科学技术变革的重大成果，不仅在很大程度上改变了人们的思维方式和行为方式，而且还对人类社会进入新时代起到了一定的促进作用；除此之外，也在很大程度上改变了思想政治教育发展的时空和教育主客体，它在提出新问题、开辟新领域和创造新条件的同时，折射出思想政治教育诸多领域的新矛盾和新问题，从而推动思想政治教育不断主动适应新环境，积极拓展新领域，认真探索新方法，努力开拓新渠道，加紧制订新方案，创新运用新载体，更新管理理念和模式，在付诸实践中实现创新发展。毋庸置疑的是，自媒体技术和自媒体平台为大学生社会主义核心价值观教育创新提供了新的实践基础和技术支持。

第二节　思想政治教育相关理论支撑

一、马克思、恩格斯关于马克思主义信仰教育的探索

青年马克思和恩格斯经历了世界观和政治立场的洗礼，从唯心主义转向唯物主义，从革命民主主义转向共产主义，实现了从革命民主主义者到马克思主义者的转变。因此，马克思、恩格斯关于青年马克思主义者培养的论述，源自马克思、恩格斯的青年时代，他们在青年时期通过自身塑造逐步成为马克思主义者。

马克思 1818 年 5 月 5 日出生于德国的一个律师家庭。马克思在 1835 年写下中学毕业论文《青年在选择职业时的考虑》，表达了将来要选择最能为人类而工作的职业的崇高理想。马克思在大学期间参加了青年黑格尔运动，继承了黑格尔的辩证法思想。马克思在博士论文中以激进的革命民主主义立场批驳了当时的宗教神学。马克思大学毕业以后，关注现实问题，捍卫群众利益，思想观点由唯心主义逐步转向唯物主义，与此同时，也开始了从革命民主主义者向共产主义者的转变。马克思 1842 年在《莱茵政治、商业和工业日报》工作期间和 1843 年创办《德法年鉴》期间，论证了无产阶级的历史使命和历史作用，充分肯定了人民群众创造历史的作用，表明他已经完成了向唯物主义和共产主义者的转变。

恩格斯 1820 年 11 月 28 日出生在德国的一个工厂主家庭，他在中学阶段就表现出了反对专制制度的革命民主主义倾向。恩格斯参加青年德意志运动，受自由主义和民主主义的影响。1839 年恩格斯发表《乌培河谷来信》，对他与宗教信仰的决裂起到了推动作用，后来投身于青年黑格尔派，接受黑格尔的辩证法思想。1842 年 10 月，恩格斯在曼彻斯特投身于工人运动和社会实践中，刻苦钻研并完成了许多自然科学的著作，支持马克思创办的《德法年鉴》，并在年鉴上发表了《政治经济学批判大纲》和《英国状况》，完成了世界观和政治立场的根本转变，成为坚定的唯物主义者和共产主义者。

马克思、恩格斯虽然没有明确提出青年马克思主义者培养的概念，但是在马克思、恩格斯长期的革命经历和马克思主义经典著作中，我们可以找到很多关于理想信念教育的概念或论述，这些语言或者理论研究成果都是马克思、恩格斯对青年马克思主义者培养的理论贡献。

马克思、恩格斯进行的大量革命理论创作为共产主义运动提供了理论指导。科学的世界观正是在马恩二人投身于社会实践活动中而创立出来的，恩格斯认为："我们党有个很大的优点，就是有一个新的科学的世界观作为理论的基础。"他还对马克思对人类的贡献发表了评价："正像达尔文发现有机界的发展规律一样，马克思发现了人类历史的发展规律，即历来为纷繁芜杂的意识形态所掩盖着的一个简单事实：人们首先必须吃、喝、住、穿，然后才能从事政治、科学、艺术、宗教等，所以，直接的物质生活资料的生产，从而形成一个民族或一个时代的一定的经济发展阶段，便构成基础"。恩格斯指出："为了使社会主义变为科学，就必须首先把它置于现实的基础之上。"

马克思、恩格斯认为共产主义是人类社会的最高理想，在《德意志意识形态》一文中论述道，"共产主义对我们来说不是应当确立的状况，不是现实应当与之相适应的理想。我们所称为共产主义的是那种消灭现有状况的现实的运动。"这里提到的"运动"，需要通过正确理论指导下人的实践活动来改造世界。因此，马克思在1844年发表的《〈黑格尔法哲学批判〉导言》里明确提出：在各国进行"人的高度的革命"，若要获得成功，首当其冲的是编写出能掌握群众的理论，"理论只要说服人，就能掌握群众；而理论只要彻底，就能说服人"。在《共产党宣言》里，理论武装被马克思、恩格斯二人提升了一个高度："共产党一分钟也不忽略教育工人尽可能明确地意识到资产阶级和无产阶级的敌对的对立，以便德国工人能够立刻利用资产阶级统治所必然带来的社会的和政治的条件作为反对资产阶级的武器，以便在推翻德国的反动阶级之后立即开始反对资产阶级本身的斗争。"1873年6月，恩格斯曾给国际工人运动的著名活动家奥古斯特·倍倍尔写过一封信，信中说道："宣传上的正确策略并不在于经常从对手那里把个别人物和一批批成员争取过来，而在于影响还没有卷入运动的广大群众。"在这段话中，恩格斯没有提及明确的专门用语，但是清晰地表明了最大限度地发动群众是工人阶级获取"精神武器"的重要手段，那么如何最大限度地发动群众呢？那便是通过思想宣传和教育，特别是宗教信仰教育。

马克思、恩格斯二人指出，用正确的思想在无产阶级之间进行扩大宣传，是实现解放全人类伟大理想的必要手段，因此"宣传""鼓动"等概念被广泛地运用在各种场合。恩格斯在1843年发表的《伦敦来信》中，论述说明了英国辉格党政府的统治情况，"而宣传鼓动更是将他们的事业广而告之的一种手段"。马克思、恩格斯二人于1847年拟定的《共产主义者同盟章程》中，也对盟员应该具备什么样的条件提出了要求，即"具有宣传的能力和热情、坚定不移的信念、革命的活力"。

马克思、恩格斯一直热衷于传播共产主义，在积极参与并指导世界各国工人阶级革命的行动中培养和教育无产阶级。马克思在理论和实践上获得了当时各国工人运动代表人物的认可，包括德国、法国、俄国，得到了工人阶级的充分信任。在共产主义的传播过程中，马克思并未把自己的意志强加给他人，而是他人自发地来请教马克思的。因此，在这样的基础上，马克思所起到的特殊作用对工人运动是极为重要的。

二、苏联无产阶级政党对青年马克思主义者培养的探索

社会主义国家建立后，从社会主义事业后继有人的视角出发，苏联对青年马克思主义者进行了目的性较为明确的培养。世界其他无产阶级政党也在青年政治素养培育方面，提供了许多有价值的、值得参考借鉴的经验。在经济全球化的今天，这非常有助于我们拓宽视野，不断完善、创新青年马克思主义者的培育工作。

马克思曾经指出："批判的武器当然不能代替武器的批判，物质力量只能用物质力量来摧毁；但是理论一经群众掌握，也会变成物质力量。"理论的力量在青年群众的掌握下，能发挥事半功倍的作用。恩格斯也强调："将使大学生们愈益意识到，正是应该从他们的行列中产生出这样一种脑力劳动无产阶级"。

列宁是继马克思、恩格斯之后国际共产主义运动中最杰出的领导人。在革命的前期生涯中，列宁逐步把自己锻造成为青年马克思主义者。列宁1870年4月22日出生在一个俄国知识分子家庭，青年时代就表现出了高昂的革命热情。在大学期间即参加进步学生运动，1888年在喀山参加了马克思主义小组，次年在萨马拉组织并领导了一个共产主义小组，后来列宁又到彼得堡深入工农群众宣传马克思主义，在该地建立马克思主义小组。1895年，列宁把彼得堡的二十多个马克思主义小组统一起来，组建彼得堡工人阶级解放斗争协会，为俄国建立统一的无产阶级政党奠定了干部和群众基础。在这一系列革命活动中，列宁逐步成为青年马克思主义者。

以马克思主义为指导，列宁高度重视无产阶级政党的理论建设。1917年10月，列宁在马克思主义指导下，建立了世界上第一个社会主义国家。十月革命胜利后，为顺利推进苏联社会主义建设事业的发展，以列宁和斯大林为代表的苏

联党和政府一直十分重视对青年进行马克思主义培养，并把它贯彻到苏联社会主义建设的全过程中，不断地探索如何科学地、有效地进行青年马克思主义者培养工作。

列宁具有丰富的青年马克思主义者教育思想，无论是在推翻沙皇专制制度的斗争中，还是在建设社会主义的进程中，列宁对青年都给予了更多的关注。"我们是未来的党，而未来是属于青年的。我们是革新者的党，而青年总是更乐于跟着革新者走的。"在各种场合下，列宁一直重点提出："必须更广泛和更大胆地、更大胆和更广泛地、再更广泛和再大胆地吸收青年参加工作，不要对青年不放心。"青年的使命是用肩膀担起建设共产主义社会的历史任务，因此，国家要侧重于培养出能胜任这个崇高使命的青年，"只有把青年的训练、组织和培养这一事业加以根本改造，我们才能做到：青年一代努力的结果将建立一个与旧社会完全不同的社会，即共产主义社会"。在推翻沙皇专制制度的斗争中，列宁就重视对青年的教育问题，认为青年是革命事业的未来和希望，教育青年把自我教育与革命斗争联系起来。他对青年提出"希望你们努力把自我教育、培养自己成为坚定刚毅和坚忍不拔的社会民主党人作为自己组织的主要目的"的要求，指导青年学生同俄国社会民主工党保持密切联系。

苏俄建国后，更加重视共青团工作。为了把青年培养成为共产主义者，苏俄创办中央团校，运用马克思主义武装青年，培养青年马克思主义者。苏俄（苏联）和共产国际招收外国留学生，在莫斯科大学、中山大学、苏俄（苏联）中央团校学习马克思主义，培养马克思主义者。早期我国的刘少奇、邓小平、杨尚昆、叶剑英等人赴苏留学，后来李鹏、江泽民等人也赴苏留学。一批又一批的中国留学生在苏联接受马克思主义教育，他们后来为中国各个历史时期的革命和建设做出了不可磨灭的贡献。

1920年10月2日，为了对共青团工作进行指导，列宁参加了在莫斯科举行的俄国共产主义青年团第三次全国代表大会，并在会上发表了《青年团的任务》的演说。这场演说被视为列宁对青年进行思想政治教育的重要文献，他在其中运用系统论述的方式，讲明了青年的共产主义信仰教育问题的核心思想，那就是"应该使培养、教育和训练现代青年的全部事业，成为培养青年的共产主义道德的事业"。在列宁看来，学习共产主义、成为共产主义者是广大青年的政治任务。"一般青年的任务，尤其是共产主义青年团及其他一切组织的任务，可以用一句话来表示：就是要学习。""只有了解人类创造的一切财富以丰富自己的头脑，才能成为共产主义者。"应当学习人类积累起来的知识和掌握共产主义科学，即马克思主义学说。由此可见，我们可以把《青年团的任务》当作共产主义道德教育论述的文献，其具有纲领性，不仅为我国研究苏联共产党在劳动人民的教育工作方面提供了经验借鉴，更是为青年共产主义道德教育提供了参考。

列宁十分重视对青年的马克思主义理论教育。在列宁所强调的"没有革命的理论，就不会有革命的运动""只有以先进理论为指南的党，才能实现先进战士的作用"这些言论中，可以窥探到理论武装的重要性在他心中的重要程度。俄国共产主义青年团在1920年召开了第三次全国代表大会，列宁仍旧在会上提出"真正建立共产主义社会的任务正是要青年来担负"等一系列号召。列宁向青年学生灌输马克思主义理论，早在民主革命早期就已经初步显现，号召青年为实现社会主义的宏伟目标而奋斗。在列宁的教育下，罢课、掀起学潮运动等方式被青年学生当作有力武器，用来反对沙皇政府的专制统治。十月革命胜利后，为了培养青年学生遵守共产主义劳动纪律的良好品格，列宁毫不松懈地对青年学生进行共产主义道德教育。

马克思主义政党在俄国建立以后，列宁主要以撰写理论文章的形式对党的年轻人进行马克思主义教育。为了回击机会主义派别"经济派"、孟什维克的分裂活动和组织上的机会主义，列宁于1902年和1904年分别发表了《怎么办？》和《进一步，退两步》，奠定了俄国马克思主义政党的思想基础和组织基础，为青年确立了马克思主义建党思想。列宁积极与各种非马克思主义做斗争，指导青年马克思主义者克服"左派"幼稚病。在共产国际成立后，欧美很多国家都相继成立了共产党，推动了共产国际运动。与此同时，资本主义体系趋于稳定，革命形势逐步转入低潮。形势发展要求各个国家的年轻共产党及青年共产党人改变斗争策略，等待革命时机。当时一些新成立的共产党及其年轻成员缺乏理论素养和实际斗争经验，不善于把马克思列宁主义的普遍原理、俄国十月革命的经验同本国的实际有机结合，在许多问题上存在从一个极端走向另一个极端的认识。为此，列宁把这股思潮称作"左派"幼稚病，1920年4月撰写《共产主义运动中的"左派"幼稚病》，向欧美国家的共产党介绍俄罗斯共产党（布尔什维克党）（以下简称"俄共（布）"）成长的经验教训，帮助年轻的共产党人加强认识，克服错误思潮，实现马克思主义普遍原理与本国实际的结合，以推动国际共产主义运动的健康发展。在《怎么办？》中，列宁强调："我们应当既以理论家的身份，又以宣传员的身份，既以鼓动员的身份，又以组织者的身份'到居民的一切阶级中去'。"此外，列宁的《帝国主义论》和社会主义首先在一国或数国取得胜利等理论，也帮助青年人树立了正确的马克思主义观点。

根据俄国社会的现实国情和各阶层人民的身心特点，列宁采用了创设报刊、宣传鼓动和榜样教育等方式对青年进行马克思主义理论的灌输。在俄国社会主义革命和建设中，根据革命形势发展的需要，列宁创设过各种类型的报刊。通过这些报刊，列宁向青年学生卓有成效地宣传了马克思主义。列宁创设报刊时，一贯坚持为群众服务的原则。通过这些报刊（如《火星报》《前进报》《新生活报》等），列宁向包括青年在内的广大群众宣传了科学社会主义理论。

在宣传鼓动中，列宁特别强调国民教育的作用，把国民教育提高到了从未有过也不可能有的地位。十月革命胜利后，列宁便在他起草的《俄共（布）纲领草案》中指出，在无产阶级专政时期，学习不仅应当成为一般共产主义原则的传播者，而且应当从思想上、组织上和教育上实现无产阶级对青年的影响，以便培养共产主义的接班人。

在工人阶级反抗沙皇专制制度的斗争中，出现了许多可供青年学习的典型人物。列宁通过发表文章《纪念赫尔岑》，用以纪念赫尔岑这样的榜样人物，并对此加以宣传，阐述了学习他的重要意义："以他为榜样来学习了解革命理论的伟大意义；学习了解对革命的无限忠诚和向人民进行的革命宣传。"在契合青年文化水平和接受能力的基础上，为了促使群体的政治觉悟有所提高，列宁不断向青年灌输马克思主义理论。

对于马克思主义教育，列宁发表了自己的看法。他认为，青年马克思主义者教育事业要同国家不断发展的需要相对应。针对教育同组织劳动的主要任务脱节的弊端，在马克思、恩格斯关于教育必须同工厂劳动相结合思想的基础上，列宁提出，"把教育和社会生产劳动紧密结合起来"。列宁对青年做出具体要求："善于把共产主义由背得烂熟的现成公式、意见、方案、指示和纲领变成能把你们的直接工作统一起来的活生生的东西，把共产主义变成你们实际工作的指针。"共产主义青年团要教育和组织青年去参加劳动，"必须把自己的教育、训练和培养工农的劳动结合起来"。直到今天，这些思想仍然发挥着其宝贵的指导作用。

列宁逝世以后，以斯大林为首的俄共（布）高举列宁主义旗帜，从更加系统的层面上，解释说明了政治工作、思想工作等一些概念。斯大林指出，党的政治工作的首要任务，就是加强党员干部、苏维埃干部等人员的政治教育和布尔什维克锻炼。此外，他还对思想政治工作做出了具体要求：一是进一步提升党的理论水平；二是把加强思想工作放在各个环节当中；三是毫不松懈地在党内宣传列宁主义；四是号召党组织以及非党积极分子学习列宁国际主义精神；五是对背叛马克思列宁主义的同志要大胆批评；六是坚决同列宁主义敌对思想斗争到底。

1973年，为了使思想教育工作有据可循，苏联颁布《苏联和各加盟共和国国民教育立法纲要》，该纲要明确规定了要培养出"掌握马列主义理论，在专业和组织群众政治工作以及教育工作方面有高深的理论知识和实际技能的、高度熟练的专家"以及"具有高尚的道德品质和共产主义觉悟，有文化，有社会主义、国际主义和苏维埃爱国主义精神，有保卫社会主义祖国决心的大学生"。为了强调这个要求，苏共中央政治局在1987年颁布的《苏联高等和中等专业教育改革的基本方针》写道，要培养出"既有高度的职业素养，又是思想政治成熟的受过苏维埃爱国主义和无产阶级国际主义教育的干部"。

然而，苏共中央政治局随后一系列错误理论，在许多方面违背了马克思列宁主义基本原理，其青年思想政治工作的失误和缺失，导致青年从意识形态模糊迷茫，迅速滑落到对社会主义理论、信念、制度自信心的全面崩溃，其意识形态教育的失误与弱化，消极作用十分严重，乃至影响了几代青年人。

三、党的历任领导人培养青年马克思主义者的思想

为了对青年马克思主义者培育进行创新性的发展，中国的马克思主义者立足本国实际，不断进行探究。我们可以在中国共产党在不同的历史阶段展现关于青年培养方面的论述中，找出继承和创新青年马克思主义者培养工作的依据，通过深挖过去经典的内涵，使它在当代社会中散发新的活力。

"历史不过是追求着自己目的的人的活动而已。"人是社会历史的目的和主体，人的思想境界的高度在一定程度上影响着人类历史发展的进程。跨越百余年，中国共产党历经磨难而生生不息，将党和人民的事业不断推向前进，其关键原因在于培养了一代又一代具有马克思主义素养的建设者和接班人。这既体现了一个成熟的马克思主义政党的历史和未来视野，也体现了一个成熟的马克思主义政党吸引和凝聚青年的战略眼光与政治策略。从本质上来看，党对青年思想政治教育工作的关心，就是对青年马克思主义者培养工作的关心。

（一）毛泽东培养青年马克思主义者的思想与实践

考察毛泽东关于青年马克思主义者培养的思想与实践，有必要认识到陈独秀、李大钊等一批中国共产党早期领导人的青年教育思想及其对毛泽东的重要影响，这有助于我们对青年马克思主义者培养问题获得更全面和深入的认识。

毛泽东曾热情洋溢地说："十月革命一声炮响，给我们送来了马克思列宁主义。十月革命帮助了全世界的，也帮助了中国的先进分子，用无产阶级的宇宙观作为观察国家命运的工具。"毛泽东曾说，他自己实现从一名进步青年向马克思主义者的转变，最直接和最关键的是受到李大钊的影响和帮助。毛泽东曾说："在北平遇到了一个大好人，就是李大钊同志。在他的帮助下，我才成了一个马列主义者。他是我真正的老师。"在北京大学图书馆，"思想上迅速朝马克思主义的方向发展"，"到了1920年夏天，在理论上，而且在某种程度的行动上，我已转变成为一个马克思主义者了"。至此，毛泽东为了宣传、研究和实践马克思主义，用尽自己的一生，不断追求共产主义的价值观和理想信念。在教育革命群众和培养党内青年骨干，矢志不渝地坚持马克思主义教育。1920年，毛泽东成为一名马克思主义者，这也是他开始早期青年马克思主义者培养实践活动的标志。

在早期活动时，一个团体或者组织在开展革命运动和培养青年人才方面所发挥的作用受到毛泽东的高度重视。他认为"有必要建立一个比较严密的组织"。毛泽东在1917年8月时，曾给他的老师，也是挚友的黎锦熙先生写过一封信，信中说道："弟对于学校甚多不满之处……弟久思组织私塾，采古讲学与今学校二者之长，暂只以叁年为期……怀此理想者，四年与兹也。"此外，毛泽东还在1920年3月给著名教育家、爱国民主人士、同为挚友的周世钊寄信写道："我想我们在长沙要创造一种新的生活，可以邀合同志，租一所房子，办一个自修大学。"

《湖南自修大学入学须知》里，直截了当地写明了革新社会的办学思想："改造社会是来我们这里求学的目的。我们不愿意看到我们的同学中有一'少爷'或'小姐'，也不愿意看到有一个麻木的人。"从中可以看出，自修大学的招生对象，必须是有着非常高的思想觉悟和人生追求的人。我们可以从后来的办学情况中看到，许多共产党员、共青团员都进入了自修大学，无产阶级革命家、后来写出《就义诗》的作者夏明翰，也是其中的一位同学。湖南自修大学致力于培养具有担当、使命感和责任感的青年。可以说，它为中国共产党培养干部和青年骨干开辟了先路，是第一所中国共产党进行马克思列宁主义、共产党思想宣传教育和实践的公开学校，在中国革命和马克思主义宣传史上具有特殊的历史地位。

革命战争时期，以毛泽东为代表的中国共产党人在开展艰苦的革命运动的同时，积极开展青年马克思主义者的培养工作。"在20世纪20年代后期至20世纪30年代前期，以毛泽东为主要代表的中国共产党人，在坚持开展土地革命战争的同时，对我们党内盛行的把马克思主义教条化、本本化，把共产国际的决议和苏联经验神圣化的错误倾向进行了十分坚决的斗争。毛泽东思想是在深刻地总结开展土地革命战争的经验和反对党内'左'倾冒险主义和教条主义的历史过程中，逐步形成和发展起来的。"[①]毛泽东在1939年时，就对当时中国人民抗日军政大学（以下简称"抗大"）的学员提出了要求："通过掌握马克思列宁主义来克服小资产阶级思想。"在抗大的教育方针中，第一句话就是"坚定正确的政治方向"。在毛泽东的明确要求和精神鼓励下，抗大学员无一不饱含着革命的热情，并拥有坚定的政治立场，在后来的中国革命中成了主要的中坚力量。

在这一时期，干部教育工作为了迎合土地革命和苏区建设的要求，对专业技术和业务知识领域进行发展开拓。这些建立在苏区的培养机构与国共合作前提下合办的教育有根本性的区别，它在工农武装割据政权下成为独立领导和开创大型教育的开始。毛泽东坚持"干部教育第一"的原则，非常重视依托各类干部学校有计划地培养党的后备干部。1945年11月，大批青年师生奔赴东北，毛泽东在送行时对大家说道："此趟的任务是争取青年力量，办好大学。"在1948年召开的中共中央政治局会议上，毛泽东提出要求，为了培养党内大批干部，政府应该办立大学、专门学校等教育机构。在这之后，中共中央发出了各解放区恢复和发展学校教育的通知。

中华人民共和国成立之后，毛泽东在建设和改革年代始终重视对青年马克思主义者培养的工作。毛泽东把希望寄托在青年身上。他认为，青年人拥有蓬勃的朝气，身体、年龄、心态都处在旺盛发展的阶段，"好像早晨八九点钟的太阳"。毛泽东认为，坚持正确的政治方向应该被摆在青年学习的第一位，如果没有正确的政治观点，就相当于丧失了灵魂。毛泽东酝酿着培育无产阶级革命接班人思想，正是20世纪50年代中后期至20世纪60年代初。美国国际问题战略家约翰·杜勒斯和艾伦·杜勒斯兄弟二人在20世纪50年代末首次提出了"和平演变"战略，用以对抗社会主义国家，用意识形态和价值观念的渗透侵蚀来代替直接的武力军事威胁。在当时，以美国为首的西方国家开始采用这一战略，为了颠覆中国，向中国新一代青年输送西方资本主义思想文化和价值观念，企图从思想上进行动摇和瓦解。以毛泽东为代表的中国共产党领导对此十分重视，并且逐渐形成了应对

---

① 刘林元. 中国马克思主义理论的丰碑：中国共产党三代领导集体对马克思主义的发展[M]. 南京：南京大学出版社，2001.

"和平演变"的思想。20世纪60年代初与苏联关系的破裂，更是让中国共产党人确切地认识到培养无产阶级革命事业接班人势在必行。在此，青年马克思主义教育又回归了大家的视野，在这一时期，中国共产党对如何加强青年马克思主义教育、培养党的事业接班人、保持共产主义持续稳定前进等一系列战略问题进行了慎重考虑。

以毛泽东为代表的党和国家领导人曾明确过，正确的路线政策方针和有坚定共产主义信念的未来接班人是社会主义革命事业能够进行到底的重要保障。出于这样的要求，针对青年培养思想理论、调整创新战略成了紧迫工作，只有做好这两项，才能在新形势下对青年马克思主义者进行正确的指导和培养。

1964年6月，毛泽东在中共中央会议上将培养"接班人"这一议题正式在党内提出来，呼吁全党要把培养和造就革命事业接班人当作重点工作对待。随后，《人民日报》《红旗》等报纸、杂志在1964年7月刊登了《关于赫鲁晓夫的假共产主义及其在世界历史上的教训——九评苏共中央的公开信》，当中强调了无产阶级革命事业的"百年大计、千年大计、万年大计"就是培养无产阶级革命事业接班人。此外，毛泽东也在同年7月做出了"五项条件"，作为明确无产阶级革命事业接班人标准的精辟论述：条件一，合格的接班人并非修正主义者，务必是地地道道的马列主义者；条件二，必须是愿意牺牲个人、服务集体的革命者；条件三，必须做到团结群体、共同奋斗；条件四，坚持群众路线；条件五，勤于自我批评、自我纠正。这五个条件着眼于无产阶级革命事业的总任务而拟定的，在无产阶级革命发展的各个阶段均可以使用。

毛泽东于1953年6月发表了《青年团的工作要照顾青年特点》，文章中写道："青年团要配合党的中心工作，在配合党的中心工作当中，要有自己的独立工作，要照顾青年的特点。""党和团的领导机关，都要学会领导团的工作，善于围绕党的中心任务，照顾青年特点，组织和教育广大青年群众。"毛泽东的这些观点和指导思想，直到今天，仍然对我们抵制"和平演变"、培养青年马克思主义者和中国特色社会主义事业建设者与接班人有重要的现实意义。

（二）邓小平培养青年马克思主义者的思想与实践

在邓小平一生的工作中，他始终都非常重视青年的发展和培养工作。作为改革开放后中国共产党第二代领导核心，邓小平针对我国青年发展所面临的各种情况和问题，十分有远见地发表了许多与青年教育工作相关的思想观点，为新时期我国加强青年马克思主义者培养提供了重要行动指南。

在青年成长方面,邓小平明确指出,中国特色社会主义事业能够不断推进,离不开"几代人、十几代人甚至几十代人的努力"。在党内,他强调:"解决组织路线问题,最大的问题,也是最难、最迫切的问题,是选好接班人。""要选好人,人选好了,帮助培养,让更多的年轻人成长起来,他们成长起来我们就放心了。"中国特色社会主义事业能否找到后继者,与青年马克思主义者的培养工作息息相关,基于这样的眼界,邓小平再三强调要从战略角度来关注和重视接班人的培养工作。

改革开放新时期,培育"有理想、有道德、有文化、有纪律"的"四有"新人是主要任务。邓小平重申,对于青年来说,做到"四有"是全国人民的期许和要求。此外,邓小平还指出了培养"四有"新人的工作重点——有理想、有纪律。他重申:"对于人民群众的教育,特别是青年教育,一定要反复强调,树立远大的共产主义理想。"

邓小平关于青年马克思主义者培养的体系初步形成,是在党的十一届三中全会到党的十二大这一时期,也就是从1978年到1982年。邓小平在这一时期,发表了系列重要讲话,包括《在全国科学大会开幕式上的讲话》《在全国教育工作会议上的讲话》《在全军政治工作会议上的讲话》《解放思想,实事求是,团结一致向前看》《思想路线、政治路线的实现要靠组织路线来保证》《目前形势和任务》。这些讲话都包含了与青年马克思主义者培养相关问题的观点以及培养"又红又专"的科技工作者问题、民主问题、军队思想政治工作问题、精神文明建设问题等,譬如:"培养出大批科学家、工程技术家,壮大又红又专的科学技术大军,是实现科学技术现代化的重要手段。"

关于科技人才的培养,邓小平强调基础在于教育:"教育是培养科技人才的基础,我们务必要正确贯彻党的教育方针和路线,做好教育改革工作,才能将教育事业提高到一个新台阶。""由于在过往的时期里,我们没有真正实行民主集中制,因此在这个时期里,我们一定要把它当作重点工作进行强调。""现在还有一小部分群众,特别是青年人中间,还存在着思想混乱的情况,因此我们不仅要调动一切积极力量来发扬民主,还要学会如何去克服小群体里的思想混乱。""军队里也要抓好思想政治工作,跟以往相比,现在在这方面的工作却有所松懈,因此要号召军队里的所有军事人员、政治人员,都要做好它。""在提升物质文明的同时,也不能忽略精神文明建设,要发展好人民群众的精神文化生活,帮助群众提高科学文化水平和道德修养。""我们一定要在精神文明建设上下苦功夫、花大力气，营造风清气正的社会风气，为现代化建设提供保障。"邓小平的这些论述观点，都是以加强对青年的培养这一工作为前提条件的。

邓小平青年马克思主义者培养思想的轮廓逐渐定型的时期，是在党的十二大到党的十三大。在这个阶段，他在多个场合发表了构建邓小平青年马克思主义者培养理论轮廓的讲话，包括《建设社会主义的物质文明和精神文明》《党在组织战线和思想战线上的迫切任务》《一靠理想二靠纪律才能团结起来》《搞资产阶级自由化就是走资本主义道路》《在中国共产党全国代表会议上的讲话》《旗帜鲜明地反对资产阶级自由化》《用中国的历史教育青年》《中国只能走社会主义道路》等。例如，"即便经济建设是党的工作重心，也不能埋头在里面，党的思想工作建设也同样要加强""党内工作的生命线就是思想政治工作，容不得丝毫的疏忽和松懈"。邓小平对于思想政治工作重要意义的断言，为其青年马克思主义者培育工作丰富了更多的内容。

党的十二届六中全会做出了明确社会主义精神文明建设根本目标和主要任务的决议，这正是基于邓小平"我们要建设的具有中国特色的社会主义，包括物质文明和精神文明，两手都不能放松。要坚持'五讲四美三热爱'，做到有理想、有道德、有文化、有纪律，这是对全国人民特别是青少年的根本要求"这个重要思路所做出的。此外，邓小平认为，要结合主动学习、解放思想、调查研究新情况、侧重解决新问题，才能做好青年马克思主义者的培养工作。对此，他曾做出讲话："教育要体现理论联系实际的原则，开展思想政治教育也要经过充分的调查研究，把握思想实际和特点，进行有针对性的和有说服力的教育，任何简单的、片面的、武断的判断和措施，都是行不通的。"

即便在改革开放、发展市场经济的社会背景下，青年思想政治工作和马克思主义教育也不能松懈，这是邓小平再三重申的。这一时期，他所提出的关于思想政治教育、青年培养工作的一系列主张都有鲜明的时代特征。例如，培育"四有"新人是社会主义现代化建设和改革开放的大趋势，新形势下思想政治工作理论联系实际原则的观点，以及坚持四项基本原则、反对资产阶级自由化的观点等。此外，他还回答了青年马克思主义者培育工作在这一时期处于什么地位、起到什么作用、肩负何种任务、依据哪些原则等问题。

那么，邓小平青年马克思主义者培养思想理论体系是在什么时候正式酿成的呢？现阶段大部分的研究都指向党的十一大到邓小平1992年初的南方谈话和党的十四大召开。他在众多谈话中都提到了当时近十年的思想政治教育都存在着诸多问题。这一时期涉及相关观点的谈话主要包括《总结历史是为了开辟未来》《压倒一切的是稳定》《中国不允许乱》《保持艰苦奋斗的传统》《组成一个实行改革的有希望的领导集体》《第三代领导集体的当务之急》《坚持社会主义,防止和平演变》《在武昌、深圳、珠海、上海等地的谈话》等。

邓小平十分关心下一代领导集体以何种方法做好思想政治教育工作,他指出,第三代中央领导集体要如何做才能令人民感到满意？其一,发展好经济建设；其二,做好反腐败斗争。他认为,反腐败斗争不仅要从党内建设来切入,还要从思想政治教育的方面来强调反腐斗争的重要性,党员干部中的腐败现象会将思想教育工作中辛苦累计的成果消灭。同时,他还重申了抵御"和平演变"策略就是要做好思想政治教育工作,教育对象不仅是专政机构、军队、共产党员和干部,更是广大人民群众,特别是青少年群体。在这一系列讲话中,包含了邓小平关于"稳定压倒一切"的思想,关于十年最大的失误是教育而且主要是思想政治教育的思想,关于惩治腐败、取信于民的思想,关于防止西方"和平演变"图谋的思考等。这些思想观点的提出,标志着邓小平青年马克思主义者培养思想上升到一个新的高度,并最终形成完整的科学理论体系。

（三）江泽民培养青年马克思主义者的思想与实践

21世纪不仅是生产方式发生巨大变革的阶段,科技也呈现出新的发展。在激烈的国际竞争中,社会主义事业能否长足发展、中国能否在竞争中屹立不倒,关键就在于能不能促使青年树立起共产主义信仰、让青年马克思主义者前赴后继投身于社会主义建设中。在共青团举行的第十四届中央委员会委员座谈会中,江泽民表示:"从一定意义上讲,青年兴则国家兴,青年强则国家强,青年有希望,未来的发展就有希望。"他还在参加北京大学校庆的时候进行了讲话,当代社会最鲜活、最有创造性可能的因素就是青年群体。他意味深长地表明,21世纪青年群体的使命,就是要肩负起社会主义现代化建设,从而充分肯定了青年的重要地位以及青年培养的重要意义。

1989年10月,江泽民出席了李大钊一百周年诞辰的纪念会,并在会上做出重要讲话。在这个讲话中,他第一次明确了"青年马克思主义者"一词:"如果一个青年干部缺乏了马克思主义理论修养,那么他将难以负担起所面临的纷繁复杂的重任。不断培养和打造出一批又一批的青年马克思主义者,是我们要一直努力的工作。"同年10月29日,江泽民重申:"我们必须努力培养和造就一大批青年马克思主义者。青年马克思主义者应该具有较深厚的理论修养和较宽广的视野,密切联系群众,懂得中国国情,自觉根据理论与实际相结合的原则,创造性地开展工作。"到此,中国共产党人将青年马克思主义者这一概念确切提出,也初步阐述表达了青年马克思主义者的内涵。江泽民在推动青年马克思主义者培养工作方面,发挥了不可替代的作用。

江泽民在 1990 年 8 月 21 日会见部分全国青联七届一次会议和中华全国学生联合会第二十一次代表大会的代表时表示:"对于青年教育工作,我们既要保持热情,也要十分信任,用严格的要求、正确的引导来开展这项工作。青年群体代表着国家的未来和希望,青年学生在学习中华民族优秀传统文化的同时,也要与马克思主义世界观结合起来,尤其要加强中国近代史中抵抗外辱的学习,'富贵不能淫,贫贱不能移,威武不能屈',让民族自尊心和自信心进一步提升,成为一个'有理想、有道德、有文化、有纪律'的时代新人,为中国特色社会主义现代化建设事业贡献自己的力量。"

1992 年 5 月 20 日,江泽民在与应届毕业生代表座谈时,向毕业生提出了三点希望:一是深入实际、深入群众,坚持理论与实践相结合,坚持与工农群众相结合,把个人的前途同祖国的前途与命运紧密联系起来;二是要艰苦创业,自强不息;三是要在工作中加强学习,自觉克服缺点和毛病,使自己更快地成熟和提高起来。

1998 年 5 月 4 日,在北京大学建校一百周年庆祝大会上,江泽民向北大大学生和所有高等院校的大学生提出,要坚持学习科学文化与加强思想修养的统一、坚持学习书本知识与投身社会实践的统一、坚持实现自身价值与服务祖国人民的统一、坚持树立远大理想与进行艰苦奋斗的统一。

1998 年 6 月 24 日,江泽民在同共青团中央新一届领导机构成员和团十四大部分代表座谈时指出:"我们党历来高度重视青年,始终把青年看作祖国的未来和民族的希望。""青年人一定要有崇高理想和坚定信念。青年人一定要发奋学习,勇于创新。""全党全社会都要从永葆中华民族生机与活力的高度,从确保我们祖国长治久安的高度,热情关心青年一代的成长,积极创造各种有利条件,促进青年人才脱颖而出。"

《十四大以来重要文献选编》记载了 1996 年 6 月 21 日《努力建设高素质的干部队伍》一文。文章中,江泽民在解决培养优秀青年干部问题上强调,如果缺乏系统学习马克思主义理论,不对中国优良传统文化进行深入了解,没有切身体验过严格的党内生活、没有接受过基层锻炼,那么我们的青年干部就容易产生许多方面的不足,暴露出许多弱点。

在此基础上，江泽民进一步提出思想政治工作与制度建设相结合，理论灌输与思想疏导相结合，把握思想动态和掌握心理变化相结合，解决实际问题与解决思想问题相结合的青年马克思主义者培养工作方法等。这些方法，是对马克思主义思想政治工作的传统方法的继承，又从全方位、多角度为新时代实现青年马克思主义者的培养提供了基本依据。

（四）胡锦涛培养青年马克思主义者的思想与实践

胡锦涛从国家和民族的前途命运这一战略高度来指导开展青年马克思主义教育和思想政治工作。他秉持赢得青年、赢得未来的长远目标，号召"在广大青年中培养一大批坚定的马克思主义者"。

1998年6月19日，胡锦涛出席共青团十四大会议，他在会议上表示，国家的未来和民族的希望都寄托在青年的身上。一个民族如果要获得长远的发展，必定需要把重点关注在青年身上，在一个有远大眼光的政党看来，推动历史发展和社会进步的主要力量就是青年，中国共产党要做好青年群体的教育和培养工作，给予青年充分的信任和关爱，同时也要对青年进行严格的要求，引导和发挥青年的主观能动性。2003年7月25日，胡锦涛在同共青团新一届领导机构成员和团十五大部分代表座谈时，对广大青年提出了三点希望：勤于学习、善于创造、甘于奉献。

胡锦涛提出，在社会主义教育事业的发展过程中，必须妥善解决"培养什么人和怎样培养人"这一问题。在新形势下，为了从国家层面对大学生思想政治教育进行系统部署，中共中央、国务院在2004年8月26日颁布了《关于进一步加强和改进大学生思想政治教育的意见》，胡锦涛重申："全面实施素质教育，核心是要解决好培养什么人、怎样培养人的重大问题，这应该成为教育工作的主题。"社会主义教育的终极目标、同时也可以看作青年马克思主义者培养一脉相连的重要教育命题，就是培养出符合要求的建设者和值得信赖的接班人来发展中国特色社会主义事业。

2006年3月4日，胡锦涛看望出席全国政协十届四次会议的委员，他提出，社会主义荣辱观十分重要，一定要正确引导广大干部，尤其是青少年树立好这个观念。青少年思想道德建设工作在胡锦涛所提倡的"八荣八耻"中更加明确了任务，广大青少年群体磨炼出良好品格的动力正是来源于此。2006年10月，胡锦涛在党的十六届六中全会上表示，在青年群体中培养出意志坚定的马克思主义者，一定要站在赢得青年、赢得未来的高度，做好督促大学生开展理论学习的工作，各级各类教育都要贯穿和融入社会主义核心价值体系的理念、内涵、原则和要求。党的十七大强调，要"建设社会主义核心价值体系，增强社会主义意识形态的吸引力和凝聚力"，并进一步将核心价值体系建设与树立马克思主义信仰紧密相连，从而从根本上把握住社会主义核心价值体系的灵魂与精神实质。

2007年3月7日，胡锦涛看望出席全国政协十届五次会议的工会、共青团、青联、妇联的全国政协委员，在联组讨论中发表了讲话，他以构建社会主义和谐社会为切入点，重申了改善群众工作的重要性，对共青团在组织引导和服务青年的工作中发挥应有的作用。根据胡锦涛的讲话精神，2007年3月12日，全国政协十届五次会议第四次全体会议上，徐枫委员代表共青团、青联作了题为"重视大学生骨干培养，促进一大批优秀青年人才在构建社会主义和谐社会中健康成长"的发言，建议在国家人才培养的总规划中加入大学生青年骨干培养，通过完善相关机制，鼓励引导学生进行实践锻炼、开阔眼界。同年5月4日，共青团重要举行中国青年群英会，会上共同纪念中国共青团成立85周年，同时就如何更好地肩负历史使命这一主题，对当前面临新的形势和任务进行讨论探究，胡锦涛致信中国青年群英会，代表党中央对群英会的召开表示祝贺，并在信里明确提出了"四个新一代"的要求。

2008年5月3日，胡锦涛在北京大学发表讲话，期望青年"要在深入学习中国特色社会主义理论体系上狠下功夫，努力用马克思主义中国化最新成果武装头脑，牢固树立科学的世界观、人生观、价值观，牢牢把握人生的正确航向"。同年6月14日，胡锦涛在同共青团新一届领导机构成员和团的十六大部分代表座谈时对全国广大青年提出了四点希望，即要坚定理想信念、要勤奋刻苦学习、要勇于艰苦创业、要培养高尚品格。

2010年8月23日，胡锦涛在致全国青联十一届全委会和中华全国学生联合会第二十五次代表大会的贺信中对广大青年群体提出了厚望，期盼大家保持坚定的理想信念，砥砺前行，自觉肩负起时代使命，为实现中华民族伟大复兴而奋斗。

2011年4月24日，胡锦涛在清华大学百年校庆大会上发表了重要讲话。他在讲话中指出："青年是民族的希望、国家的未来，青年学生是国家的宝贵人才资源。党和人民对包括广大青年学生在内的全国青年寄予厚望。"并提出了三点希望："把文化知识学习和思想品德修养紧密结合起来、把创新思维和社会实践紧密结合起来、把全面发展和个性发展紧密结合起来。"同年7月1日，胡锦涛在庆祝中国共产党成立 90 周年大会上发表了重要讲话。他在讲话中高度评价了中国青年，表达了党始终代表青年、赢得青年、依靠青年的深情以及党和青年血浓于水的密切联系。他从历史唯物主义的高度看待青年的作用，表达了党对青年寄予的殷切希望，并对全体青年提出了明确的要求。

2012 年 5 月 4 日，胡锦涛在纪念中国共产主义青年团成立 90 周年大会上发表了讲话，他说："实践充分表明，广大青年确实是我国社会最积极、最活跃、最有生气的一支力量，确实是值得信赖、堪当重任、大有希望的！"在讲话中，他向全国广大青年提出了五点希望：第一，希望广大青年坚持远大理想。第二，希望广大青年坚持刻苦学习。第三，希望广大青年坚持艰苦奋斗。第四，希望广大青年坚持开拓创新。第五，希望广大青年坚持高尚品行。

（五）习近平关于青年马克思主义者培养的思想与实践

党的十八大以来，以习近平同志为核心的党中央对青少年和共青团工作极其重视。习近平围绕青年工作和青年马克思主义者培养发表了一系列重要论述，突出了许多富有时代意涵的新观点、新理论。他强调，要一如既往地重视青年与青年工作，包括青年马克思主义者培养工作。"历史和现实都告诉我们，青年一代有理想、有担当，国家就有前途，民族就有希望，实现中华民族伟大复兴就有源源不断的强大力量。""中国的未来属于青年，中华民族的未来也属于青年。青年一代的理想信念、精神状态、综合素质，是一个国家发展活力的重要体现，也是一个国家核心竞争力的重要因素。""必须把巩固和扩大党执政的青年群众基础作为政治责任。包括青年在内的广大人民群众是我们党的执政基础。"

关于正确引导青少年树立社会主义核心价值观、积极进行社会实践的重要性，也不断被习近平总书记重申："我为什么要对青年讲讲社会主义核心价值观这个问题？是因为青年的价值取向决定了未来整个社会的价值取向，而青年又处在价值观形成和确立的时期，抓好这一时期的价值观养成十分重要。""这就像穿衣服扣扣子一样，如果第一粒扣子扣错了，剩余的扣子都会扣错。人生的扣子从一开始就要扣好。""广大青年要把正确的道德认知、自觉的道德养成、积极的道德实践紧密结合起来，自觉树立和践行社会主义核心价值观，带头倡导良好社会风气。"

中共中央办公厅于 2016 年 8 月印发的《共青团中央改革方案》中明确阐述了当代改革创新团的工作的重要内容，就是要积极培育和实践社会主义核心价值观，通过转变共青团工作的侧重点、调整工作方向，以形成一股新的合作力量，从而在青年马克思主义者培养工程中发挥更有效的指导引领作用。

2014年，习近平在全军思想政治工作会议上明确提出了"铸魂育人"的思想理念，为新时期青年马克思主义者培养工作的创新指明了方向。马克思主义对中国意识形态领域具有统领作用，是社会主义意识形态的本质体现，理应主导铸魂教育的全过程。他强调："高校要把加强马克思主义学习研究宣传作为重要职责，让马克思主义主旋律唱得更响亮。要抓好马克思主义理论教育，扎实推进马克思列宁主义、毛泽东思想学习教育，广泛开展中国特色社会主义理论体系学习教育，深入学习领会党中央治国理政新理念新思想新战略。"各学科专业的学生、不同学段的学生都要学习马克思主义理论、掌握科学的世界观和方法论，为学生一生成长奠定科学的思想基础。

在青年马克思主义者培养的路径选择上，习近平同志强调要注重方式方法。他强调指出："要采取青年喜闻乐见、易于接受的形式，用科学的理论武装青年，用历史的眼光启示青年，用伟大的目标感召青年，用光明的未来激励青年，使他们不断增强道路自信、理论自信、制度自信，不断增进对党的信赖、信念、信心。"同时，他也倡导要重视第二课堂建设工作，"重视实践育人，坚持教育同生产劳动和社会实践相结合，广泛开展各类社会实践，让学生在亲身参与中认识国情、了解社会，受教育、长才干。要创新方式，拓展途径，为学生参与社会实践创造更多机会和舞台"。

2018年，习近平总书记在同团中央新一届领导班子成员集体谈话时更是强调："青年工作，抓住的是当下，传承的是根脉，面向的是未来，攸关党和国家前途命运。各级党委要关注关心青少年成长，为他们成长成才、施展才华创造良好条件。各级党委要拿出极大精力抓青年工作、抓共青团工作，切实尽到领导责任。"

四、人的全面发展的理论

实现人的全面发展是马克思主义不懈追求的重要目标，马克思、恩格斯从分析社会生产力发展水平与人的全面发展关系入手，提出并论述了人的全面发展问题。人的全面发展是马克思主义的主题，人的全面发展理论在马克思主义的理论体系中居核心地位，是马克思主义追求的根本价值目标。马克思主义关于人的全面发展理论是思想政治教育工作的重要理论基础，有着直接的指导意义，是我们确定思想政治教育内容、方法、目标等的重要理论依据。

（一）马克思主义人的全面发展思想的提出及其发展

马克思提出人的全面发展理论后，我国一直把该理论当作社会主义教育目的的首要理论基础。任何一种新的学说的产生，都有其产生的历史背景和发展过程。

1. 马克思提出个人全面发展思想的背景及过程

确切地看来，如果要更契合马克思主义经典作家的原意，"个人全面发展"这一理念更妥当。由于马克思是在某个指定的历史背景下提出的"个人全面发展"这一理论，若要保存完好马克思主义精神的时代性、把握好马克思主义思想的先进性，就不能跳过这个历史背景去讨论个人全面发展的内涵。这个时代背景包括两个方面：一是当时的广大劳苦群众只有参加生产劳动的机会，无权去接受文化教育，文化教育是特权阶级独享的，长此以往，导致了当时大众思想的发展有片面性；二是每个人由于被工业生产当中的过细分工而约束，其在从事某种职业时一般都是终身制，被当作一个大机器运转当中的零部件，这就造成了人的某一项能力过度发展而其他能力被限制的情形。

从《德意志意识形态》起，马克思、恩格斯二人在各种著作里对"个人全面发展"郑重地提出了明确的学说概念，并进行了综合论述。相对于个人片面发展而言，个人全面发展的本义是指社会中的每一个成员在进行生产过程时，能让自己的智力、体力得到各方面的充分发展，每个人都可以变成"能明白全部生产系统的人，也就是具有全面能力的人"。但是，人们的全面发展一直被私有制的旧式分工限制，在原始社会出现了"因为生理基础——性别和年龄有差别，自然而然产生了分工"，这个时期暂时没有对个人的发展有过多的制约。但伴随着原始社会因生产力发展而解体，"社会内部的分工"应运而生，原本的社会群体里逐渐分化出从事各类活动，如公共事务管理、宗教活动、教育活动等的社会成员。由于这样的分工，出现了"一些人靠另一些人来满足自己的需要，因而一些人（少数）得到了发展的垄断权，而另一些人（多数）经常为满足最迫切的需要而进行斗争，因而暂时（在新的革命的生产力产生以前）失去了任何发展的可能性"的现象。并且，"第一次大分工，即城市和乡村的分离，立即使农村人口陷入数年的愚昧状况，使城市居民受到各自专门手艺的奴役。它破坏了农村居民的精神发展的基础和城市居民的体力发展的基础"。后来发展到资本主义社会，"生产机构内部的分工"随之产生，这也可以称为"工厂的内部分工"，这种分工"让工人彻彻底底丧失独立性而称为了资本主导下的社会构成零部件"，导致工人"无法成为具有全面能力的人，不得不异常发展"。"以人为器官的生产机构"变成了资本主义手工工场的代名词，工人则沦落为"生产机构中局部的自动工具"。"用那种把不同的社会职能当作相互交替的活动方式的全面发展的个人，来代替只是承担一种社会局部职能的局部个人"是受社会发展和工业化生产的驱使产生的。在那个时代，个人的全面发展受到了资本主义私有制的重重制约，所以为了实现个人发展，必须消灭资本主义私有制。为了实现"通过社会生产，不仅可能保证一切社会成员有富足的和一天比一天充裕的物质生活，而且还可能保证他们的体力和智力获得充分的、自由的发展和运用"这一目标。唯一的途径就是将生产资料归为全社会所有，同时，开展全面的教育活动也是固然要做的，这样才能"使年轻人能够很快熟悉整个生产系统"。"可以按照社会发展的要求或自己的兴趣，在各个生产部门之间轮岗"，"脱离生产私有制分工所带来的片面发展"。"变革社会的有效方式之一，就是正确地将教育和生产劳动结合在一起"。"为了提高社会生产效率、实现人的全面发展，必须将生产劳动和智育、体育联合起来进行，这是独一无二的方式"。综上所述，马克思认为，"社会中每个人"的全面发展就是个人全面发展的本质，让社会中的人都能够使自己的智力、体力获得全面自由的充分发展。我们可以看出，马克思所提出的"社会中每个人"全面发展，是在"一部分群体有资格接受教育，但另外一部分群体无权接受教育"的背景下提出来的。这里所说的"智力""体力"，可以理解为"教育""劳动"，或者引申为"脑力劳动"和"体力劳动"，说明马克思十分重视将生产劳动和教育团结在一起。

2.人的全面发展理论的发展

继马克思、恩格斯之后，列宁、斯大林继承和发展了马克思、恩格斯关于人的全面发展的思想。在《共青团的任务》中，列宁提出了共产主义者必须具备的素质和条件。他要求青年一代具有"完整而彻底的共产主义世界观"和"共产主义道德"，树立远大理想，掌握马克思主义理论。他强调，对青年的综合技术教育和劳动教育，避免过早专门化，并在所有职业技术学校里扩大普通学科的范围。他认为全面发展的和受到全面训练的人，即会做一切工作的人。斯大林不但要求青年学习马列主义，树立远大的理想，而且必须攻克科学堡垒，强调消灭脑力劳动和体力劳动的差别，主张用提高工人文化技术水平到技术人员水平的办法来消灭体力劳动和脑力劳动之间的本质差别。

3.人的全面发展理论在中国的发展

马克思主义关于人的全面发展的理论在中国也经历了一个发展过程。毛泽东关于人的全面发展思想主要表现在：要求人要做德、智、体全面发展的人；知识分子和青年学生要正确处理政治与业务的关系，做"红"与"专"相结合的人；要通过将教育与生产劳动相结合的方式来促进和实现人的全面发展。邓小平关于"以经济建设为中心"和"社会主义本质"的论述，是关于社会主义条件下人的全面发展的物质基础的阐述；他强调两个文明一齐抓，"两手都要硬"。中国共产党第三代领导集体对人的全面发展的实现条件、发展目标的继承，更重要的是提出了现阶段在经济、政治、文化诸方面促进人的全面发展的有效措施。党的十六届三中全会明确提出"以人为本"的科学发展观，特别强调人与社会、人与自然协调发展、良性互动和循环。

人的自由全面发展是马克思主义发展观的核心内容，人的自由而全面发展在有中国特色的马克思主义发展观中，实现了二重推进：中国共产党人在探索建设中国特色社会主义的过程中对其进行理论创新和实践转换，从而把马克思主义社会发展理论推进到新的高度。

有中国特色的马克思主义发展观经历了从毛泽东的社会发展思想到十六届三中全会科学发展观的确立。在这一过程中，党的领导集体从社会主义发展的本质和主体的视角对人的自由而全面发展做出新的概括：第一，人的自由而全面发展是社会主义的本质要求；第二，最广大人民群众的利益是人的自由而全面发展的现实形式，同时，更实现了人的自由而全面发展在有中国特色马克思主义发展观中的实践转换。党的三代领导集体把这一价值诉求转化为社会主义的本质和历史任务，即"现实的人应当做什么"。因此，人的自由而全面发展既不是抽象的逻辑演绎，也不是"乌托邦"式的幻想，它是随着社会发展而逐步提高的历史过程。在有中国特色的马克思主义发展观中，包含经济、政治和文化的社会主义发展内涵构成实现人的自由而全面发展的必由之路和现实选择。党的十七大和十七届四中全会更是明确地把"推动社会主义物质文明、政治文明、精神文明协调发展"作为全面建设小康社会和执政兴国的第一要务，并进行了具体的规划，从而在探寻建设中国特色社会主义的实践中为人的自由而全面发展开辟了道路。

此外，学者石书臣和田伯伏撰文，把21世纪新阶段我们党对马克思主义人的全面发展理论的新阐释做了这样精练的概括：人的全面发展是建设社会主义新社会的本质要求，是物质生活发展、精神生活发展和政治生活发展的统一，是提高素质与人力资源开发的统一，是人与社会的协调发展和人与自然的和谐发展。

（二）马克思主义人的全面发展理论的主要内容

人的全面发展是马克思主义的主题，人的全面发展理论在马克思主义的理论体系中居于核心地位，是马克思主义追求的根本价值目标。这一理论包含着丰富的内容。

1. 人的全面发展的科学内涵

马克思主义所讲的人包括人类、群体和个人三种存在形态，人的全面发展中的"人"主要是指每个个人，因此马克思主义所讲的人的全面发展也是指个人的全面发展。

对人的本质有科学认识，是理解人的全面发展的前提条件。什么是人的本质？可以这么界定：人是在其需要、能力、社会关系和个性全面发展的历史过程中不断生成的，人是在一定社会关系中通过劳动历史地实现其需要、发挥其能力和表现其个性的存在物。关于人的全面发展，马克思把它解释为一个完好的人拥有自己的全面本质，就是全面地发展自己的一切能力，发挥他的全部才能和力量，把不同社会职能当作互相交替的活动方式的个人。人的全面发展，显而易见，指代的是在社会生产过程中，社会成员每个人的品德、智力、体力、工作素质能够充分自由地全面发展，人们都能变成具有多方面能力的人。简言之，人的全面发展就是指人的丰富本质在各方面都得到展现，人的各种能力和需要都得到充分自由的发展和实现。

这里涉及如何理解人的全面发展与人的自由发展的关系。在预设人类的未来发展时，出于对人的"全面"和"自由"之间的内在逻辑关联，马克思、恩格斯二人将人的全面发展和人的自由发展当作一个有机综合体进行考虑，坚定不移地信奉共产主义是一个"以每个人的全面而自由的发展为基本原则的社会形式"。

第一，"人的自由发展"的逻辑前提是"人的全面发展"。人的"自由""个性"的重要内容就是"人的自由发展"，人若想随心所欲地根据自己的兴趣爱好来实现自我发展，首先就要全面发展个人能力，让其自由选择的范围变得广泛。

第二，"人的全面发展"受"人的自由发展"的制约。马克思重申："个人的全面发展，只有到了外部世界对个人才能的实际发展所起的推动作用为个人本身所驾驭的时候，才不再是理想、职责等，这也正是共产主义者所向往的。"人若想拥有全面发展的可能性，就必须具有自由支配和控制外部制约力量的能力。这也说明了个人全面发展被自由规定和约束。

第二章　自媒体环境下大学生社会主义核心价值观内化的理论与实践支撑

第三，"自由"和"全面"发展是相互依存、相辅相成的。如果人可以认识和掌握自然界和社会、个人发展的规律，可以从自己的兴趣爱好出发来发展自身的综合能力，就代表着这个人能够自由发展，它最终指向的一定是人的全面发展。同样的道理，一个人如果有某方面的兴趣爱好，他所需要的条件可以从现实中创造出来，这就是人的全面发展的实现，而人的自由发展就是它的最终指向结果。人的"全面"和"自由"发展正是由于存在着内部联系，所以缺一不可，马克思、恩格斯二人从长远的发展角度来论述"全面"和"自由"发展，也就是"人的全面而自由的发展"理论。但值得注意的是，马克思、恩格斯所讨论的"全面"和"自由"具有一定的时代特征，是基于一定的历史背景而提出来的。哪怕真正实现了共产主义，个人也会受到社会客观因素和本身主观因素的制约，不可能获得完全意义上的全面自由发展，在漫长的人类发展史中，对全面、自由发展的追求是一个动态的、充满矛盾的辩证发展过程。

讨论人的自由发展，着重是探讨外部客观条件和主体能力、主体自觉性的内在联系，它可以看作发展的条件和成果。讨论人的全面发展，重点放在主体的素质状态和主体如何完成肩负的社会活动、社会任务的联系上，可以看作发展的内容。人的自由发展和全面发展二者相辅相成、互为条件：自由发展是全面发展的前提，如果失去了自由，人在全面发展的过程中会受到诸多因素的制约；全面发展也是自由发展的条件，人为实现全面发展所做出努力的最高成果就是自由发展，失去了全面发展，自由发展容易产生很多问题和困难。

2. 人的发展和社会发展的一致性

在马克思、恩格斯看来，人是一种有现实性的群体，他们在特定的社会物质条件下开展实践活动和物质生产，所以可以在社会物质生产的发展中窥探出人的发展路径，二者具有一致性。马克思关于人的发展理论的伟大之处，就是在于它能够用辩证的眼光来思考人类发展和社会发展之间的联系。二者的一致性集中表现在：社会发展被人的发展决定，也决定着人的发展。一方面，前人所遗留的生产关系、生产力等物质条件贯穿于后人的发展始终，人的本质和发展受到这些固有存在的限制，从而使人逐渐与当下的生产力和社会关系的发展相互习惯、适应。另一方面，人的发展又决定着社会的发展。人是社会的主体，是社会发展的主体力量。通过实践，人不断地发展自身的力量，积极地改造自然和社会，创造新的生产力和社会关系，改变社会物质生活条件。正是人类自身力量的不断发展，才导致社会形态的更替和社会的进步和发展。

社会的发展和人的发展之间既有一致，又有冲突。在早期的自然经济状态下，人类社会先是历经商品经济形态，才逐渐发展成共产主义形态。原始的人类在宽广的历史领域背景里被分解，通过极端片面的发展过程形成了自由个性的最终形态。虽然在一定历史时期内，社会文明的繁荣并没有伴以人类个体的高度丰富，而是浪费了个人的发展，但是正是通过极度榨取个人生命力的途径，才酿成了社会生产力的高涨、社会交往的发达和科学文化的繁盛。这就是说，在把人类个体抽象化的同时，造就了人类总体的全面性和普遍性，从而为更高社会形态下每一个人的全面发展创造了前提条件。

我们应当辩证地看待物质生活和人的全面发展的关系，创造各种物质生活条件和精神文化条件，可以改善人民群众物质文化生活，加强和推进人的全面发展；同时，人的全面发展又能对社会的经济和文化的发展起到重要的推动作用。这两个方面可以说是互为前提和基础的。社会的物质文化财富随着每一位社会成员的全面发展程度而积累，积累得越多，就能改善群众的物质生活，人的全面发展也因此被不断推进。

3. 与私有制相联系的旧式分工造成了人的片面发展

在马克思和恩格斯看来，生产力的发展导致了社会分工，使生产关系受到限制。个体要"生产什么"以及"如何生产"，都由它决定，而个人的发展也被它左右。刚开始，因为生理差别而产生的自然分工对人的发展并没有产生本质上的动摇，分工真正体现其影响，是在私有制下物质劳动与精神劳动分开之时。从某个角度来说，分工就是私有制，我们把这种分工称为旧式分工。分工出现后，每个人的生产活动只能在一定的范围内进行，而且这个范围并不是主观选择的，而是资本家强迫划分的。不管在哪个岗位，若要想保住自己的生活资料，就必须服从，成为限制范围内的人。因此，旧式分工直接导致了人得不到全面的发展。"由于劳动被分割，人也被分割了。为了训练某种单一的活动，其他一切肉体的和精神的能力都成了牺牲品。人的这种畸形发展和分工齐头并进"。城乡的分隔和对峙，造成了物质劳动和精神劳动产生了一次最大的分工。个人屈服在这种畸形的片面发展下，一部分人变成了城市动物，另一部分人成了乡村动物。

4. 以私有制为基础的阶级关系制约着人的发展

马克思、恩格斯点明，社会的阶级分化是由私有制下的旧式分工造成的，所以，个人在被一定的阶级奴役时，也不得不屈服于分工。阶级社会将每个人都划分了阶级地位，人们的生活水平受阶级地位的影响，个人的发展也被此限制。

国家等社会共同体对于统治阶级来说，是其在私有制社会中维护阶级利益的有力工具。在被统治者眼里，这些社会共同体是看不见摸不着，却又实际存在的枷锁。只有在统治阶级范围内，才存在所谓的个人自由和个人发展。需要注意的是，这并非意味着当时的个体没有个性，而是说，他们的个性受到了阶级的限制、由阶级关系所决定。

5. 共产主义为人的全面发展提供可靠保障

马克思、恩格斯提出，私有制下旧式分工和阶级关系的约束，直接导致了个人得不到全面、健康的发展，可是只有牺牲了劳动者，才能获得人类总体的进步。人的才能和个性要想得到充分自由健全的发展，必须消灭旧式分工和私有制，消灭阶级，建立共产主义制度。只有在共产主义社会下，生产力才能得到极高的发展，为全体社会成员的全面发展提供必要保障，社会成员的个性发展和人类的总体发展才能真正地走向一致。

马克思、恩格斯指出，共产主义社会是"个人的独创的和自由的发展不再是一句空话的唯一的社会"。在共产主义社会里，"任何人都没有特殊的活动范围，而是都可以在任何部门内发展，社会调节着整个生产，因而使我有可能随自己的兴趣今天干这事，明天干那事，上午打猎，下午捕鱼，傍晚从事畜牧，晚饭后从事批判，这样就不会使我老是一个猎人、渔夫、牧人或批判者"。在共产主义社会，社会成员脱离了机器，不再是它的附属物，不再为了谋生而将个人能力反复使用，可以得到健全的发展，所有的个人潜能都可以随时被激发。

6. 教育是"造就全面发展的人的唯一方法"

在马克思看来，教育对促成人实现全面发展有着不容忽视的意义。恩格斯点明，教育能使年轻人在共产主义社会中"很快熟悉整个生产系统，将使他们能够根据社会需要或他们自己的爱好，轮流从一个生产部门转到另一个生产部门"。因此，教育将使他们摆脱现在这种分工下给每个人造成的片面性。这样一来，根据共产主义原则组织起来的社会，将使自己的成员能够全面发挥他们的得到全面发展的才能。由于教育将与生产劳动的结合变为现实，因此能够发挥巨大作用。"在未来，对于全体已经达到一定年龄的儿童来说，教育就是将智育、体育与生产劳动联合在一起，在这个时候，教育不仅成为人实现全面发展的唯一途径，也是提高社会生产的有效办法"。

7. 达到人的全面发展必须实现五个方面的彻底解放

其一，随着阶级对立、阶级差别的消灭，人们抹去了身上的阶级烙印，破除了阶级观点的束缚，实现了政治上的彻底解放；其二，人们摆脱了私有观念、传统意识形态和陈腐道德礼教及旧文化艺术的影响，进入一个崇高的精神境界，实现了思想上的彻底解放，成为共产主义新人；其三，由于物质财富极大丰富，社会产品实行按需分配，人们不再为生活所困，实现了经济上的彻底解放；其四，劳动的性质发生了根本变化，劳动不再是谋生的手段，而成了人们生活的第一需要和"真正自由的劳动"，实现了劳动的彻底解放；其五，由于社会、婚姻、家庭等新型关系的确立，人的个性获得彻底的解放，从而人拥有"自主活动"。只有在共产主义社会才能实现人的全面而自由的发展。

8. 逐步实现人的全面发展，是社会主义社会的基本任务之一

人类社会由资本主义向共产主义的转变，同时也是人自身由片面的人向全面的人的发展。但是，无产阶级在推翻资本主义制度之后，不可能立即建成共产主义，由前者到后者有一个过渡时期，这就是共产主义的第一阶段——社会主义社会。同样，人的发展由片面到全面，也需要有一个过程。克服人的片面性，逐步实现人的全面发展，是社会主义社会的基本任务之一。建设中国特色社会主义的根本目的，就是既要满足广大人民群众不断增长的物质文化生活需要，同时又要大力促进人民群众整体素质的提高，实现人的全面发展。我们在"四个现代化"的进程中，一定要把人的全面发展作为我们的一项重要的任务。

社会主义社会不可能完全实现人的全面发展，但它对这一发展提出了某些要求，这就是人应当成为有理想、有道德、有文化、有纪律的社会主义公民。

所谓有理想，是指具有最终建立共产主义社会，在现阶段建设中国特色社会主义，到21世纪中叶基本实现社会主义现代化的理想。这是每个人的，从而也是全社会的前进方向和奋斗目标。没有这样的理想，社会主义就失去了灵魂，本身就将改变性质。所谓有道德，是指要有社会主义道德，它以为人民服务为核心，以集体主义为原则。成为有社会主义道德的人，是对人身上的各种旧社会遗迹的清除，也是对共产主义觉悟的培养。所谓有文化，是指人们既要有一定的劳动技能，又要掌握多方面的知识，有健康、丰富的精神生活。所谓有纪律，是指一个人能自觉地遵纪守法，自觉规范和约束自己的行为。

以上四个方面的内容，是一个完整的整体，有着内在的有机联系。理想是人的精神目标，是人的全部丰富本质的灵魂，是个人及社会坚定地走社会主义

道路为共产主义而奋斗的根本保证。道德、文化和纪律，从不同的方面对人的全面发展做了规定，指出了人的全面性所包含的内容。当然其中的每一个方面又都包含着丰富的具体侧面，例如，在文化方面还具体化为各种各样的修养、爱好、能力、知识等，但这四个方面从总体上概括了社会主义社会人的本质的丰富内容。

以上四个方面的要求充分体现了社会主义社会的特点：社会主义在资本主义中脱胎换骨，但又不可避免地带着旧社会的残留特征，既存在着残余的剥削阶级，也受到旧思想在意识形态方面的影响。正因为如此，共产主义要想通过社会主义社会形成和发展，必须经过残酷激烈的持久战。在这样的状况下，必然会影响到社会主义社会中个人的发展，即使个人在社会主义社会中所追求的发展是多面性的，但必须牢记一点，那就是毫不动摇地坚持正确的政治方向，如若不然，就会导致个体无法实现全面发展，也会使整个社会偏离共产主义的发展方向。出于这样的原因，在个人追求全面发展的时候，才必须把共产主义理想摆出来作为一个基本要求。

（三）马克思主义人的全面发展理论的新发展

马克思主义的重要构成内容包括了人的全面发展理论，马克思在未来社会中设立的理想目标就是人的全面、自由的发展得以实现。在当代，经济水平得到快速发展，科学技术与日俱新，马克思关于人的全面发展理论在这样的背景下，被赋予了时代特征，具体表现为以下几点。

1. 关注人的精神世界是当代人的生存与全面发展提出的新课题

从人的需要层次来探讨，只有做到物质生活和精神生活全面发展，才能实现人的全面发展。在漫长的人类历史发展过程中，生存需要是人的最基本需求。当处在低级阶段的人类社会时，人类所面临的主要难题就是生存需要得不到满足，生存问题是亟待解决的根本问题。然而，生产力随着人类社会的进步而逐渐得到发展，在这个过程中，精神生活成了人们追逐的重要内容，也成了评价生活质量和生活水平的一个风向标，人们急切希望自己的精神困扰得到妥善的解决。尤其是当今社会，正处于市场经济体制下，人的全面发展受到了精神生活的约束，与之相反的是市场经济所主导的内容。市场经济讲究要把利益最大化，这直接导致了人们过分追逐物质，缺乏全面发展，人的精神发展因为工具理性和功利原则的扩大化而产生了缺陷。物质世界的升值导致了人的精神世界越发失去价值，人们的精神家园在物质世界的灯红酒绿中被模糊了踪影，人的本质、意义和价值都被掩盖在物质世界中。只有在进一步提高人们物质生活水平的同时努力提高人的精神素质、丰富人的精神生活、满足人的精神需求，才能更好地促进人的全面发展。

2. 知识经济时代的人格转型是人的生存全面发展的必然趋势

历史证明了人的创新能力随着社会历史的发展、其主导地位和作用会愈发显得重要。人的知识和创造力能够在知识经济社会中作为支撑力量，为社会的发展起主导作用。换言之，人的知识和创造力在知识经济时代背景下是社会发展的根源力量，知识、智慧虽然看不见、摸不着，但在二者武装下的人类，不得不说就是知识经济的灵魂。人力资本在经济增长过程中，发挥着比物质资本更关键的作用，经济增长的第一要素便是人力资源的质量和人力资本。因此，在知识经济时代，社会发展的真正源泉来自富有知识和创造力的人，血缘关系、权力等各种要素都只能居于次位。

3. 人力资源开发成为人的全面发展的主要目标

人的智力将很有可能随着知识经济时代的到来而爆发革命，人力资源开发和人的创造力发挥将在这场革命中居于中心地位。人通过智力创造出了知识，它为经济增长发挥了巨大作用，从社会生产的一般因素转变为直接生产力；产业结构和就业结构在知识化生产的影响下，逐渐体现出了智能化的特点，使智能商品和智能服务的开发软件行业变成了蓬勃发展的产业。过去，人们通过比拼资本和设备，以便在传统工业时代占领主导地位；如今，素质和人才才是比拼的重点要素；人才实力的角逐将成为国力竞争的主要内容。社会发展无论处于发展市场经济阶段，还是面临知识经济阶段，都非常渴望用人的智力、知识、创造力来壮大队伍。所以说，人全面发展的主要目标逐渐演变成了对人力资源的充分开发，人的实践重心也逐渐转移到对人的开发。

4. 整体性范畴是深化人的全面发展的科学方法论

科学的方法论是落实人的全面发展的重要根据和行为指引。当代剖析世界观和方法论最主要的范畴是整体性范畴。从整体性出发，就是要求人们在看待事物的运动、变化和发展时，要把它当作一个整体，从而确立一个在世界观和方法论角度上的整体范畴和整体思维。整体性的根本要义就是为了理清事物在发展过程中所体现出来的性质、关系、地位以及所发挥的作用等，掌握它的整体发展规律，以便对此进行补充和提升，为主体性发展提供帮助。纵观人类发展史，其也是一个从片面到全面发展的进程。在早期的资本主义社会，人们在落后生产力的环境下，只能把注意力放在物质生产上，导致了人的发展丧失全面性。可是在今天，世界历史进程中第一个要解决的根本问题就是人的全面发展问题。由于在资本主义社会，追求剩余价值在雇佣劳动关系下变成了追逐生产的驱动力，生产社会化也在它的推动下得到一定程度的发展。这里所讨论的社会化涵盖生产力和生产关系两个内容，生产力的社会化即生产资料使用的社会化、生产过程的社会化、产品的社会化，这些社会化不断地突破历史上形成的地域性局限，使世界经济逐渐一体化；生产关系的社会化是指由生产的社会化、世界化决定的资本主义经济关系的普遍化和世界化。生产的社会化、世界化本质上就蕴含着人的全面发展的必然要求。

当前，仍然由许多亟待解决的问题存在于人类社会中。比如，贫富差距、政治不平等、文化冲突、人口爆炸、环境变暖等，这些问题反映着社会结构的各个层面，合理解决哪一个问题，都会对全局或整体产生影响。不仅如此，由于人的现实本质是一切社会关系的总和，所以我们在探讨当前时代下人的全面发展问题时，要站在全局角度上对整体有一个正确的认识。综上所述，当前时代下，人类若想取得良好的发展方式，必须讲整体思维，在整体的大局观下处理好人与自然的关系、人与社会的关系，使人的个性和自由在现实文化中得以实现。

（四）马克思主义人的全面发展理论对思想政治教育的当代价值

作为马克思主义理论的主要构成内容，人的全面发展思想也是当代思想政治教育的终极目的和价值归属。从思想政治教育的角度出发，人的全面发展理论为其提供了有重大意义的指导作用，具体价值如下：

1. 树立以人为本的教育理念

随着时代的发展、社会的进步，对于以人为本的教育理念的需求与日俱增，这也是实现人的全面发展必须完成的目标。什么是以人为本？这是指在从事教育工作时，对人的价值要给予十分的肯定，正确认识到人所处的主体地位，以人为出发点。以往开展思想政治教育时，侧重于党和国家的需求，对于使教育对象成为合格公民、实现人的自由全面发展的需求，往往一笔带过；只把灌输党的政治理念和思想道德作为主要手段，疏忽了如何培养受教育者的主观能动性，从而提升自身的知识和能力的问题。归根结底，还是因为我们没有把"以人为本"的理念带到思想教育工作中，没有弄清人的发展和社会发展之间的内在联系。一旦个体价值和整体价值出现了不一致的情况，就容易导致社会中所提倡的牺牲个人为整体的思想传播泛滥，忽略了人在各方面的要求，影响了思想政治教育的口碑和效果。

2.把促进人的全面发展作为思想政治教育的根本出发点和最终指向

在现代教育理论中，一直把教育的中心和教育目的放在人的身上；作为教育的根本出发点和最终指向，人才是教育的基础。如今，中国的思想政治教育工作要求我们要对照社会主义现代化建设的总目标，开展个人的发展，坚持遵循个人发展的客观规律和发挥主观能动性，把"四有"社会主义新人作为培养的方向。同时，号召广大思想政治教育工作者将"灵魂工程师"的巨大作用落实在思想和行动上，通过创新工作方法在新形势下发展人性化思想政治教育，真正地实现人的全面发展。

3.教育与生产劳动相结合

在马克思主义教育学说中，它的基本原理之一就是教育与劳动相结合。两者的结合揭露了教育与社会实践之间的内在联系。在人类漫长的教育发展历史中，人的身心无法得到全面发展的原因之一就是没有把教育和劳动有机结合在一起。马克思认为，人若想获得全面的发展，只能通过把生产劳动与智育、体育联合在一起，这也是社会生产得到提高的有效方式之一。社会成员在生产劳动中，都获得了全面发展、表达自己的智力、体能的契机。在马克思的这番看法中，我们可以窥探到，所谓"教育与生产劳动相结合"，也就是劳动者通过"教育""劳动生产"两个方式，使自身的综合素质得到全面发展，脑力劳动或体力劳动都一视同仁。生产劳动，也可以看作社会实践，涵盖了人类社会实践的各个内容，不仅包括知识、人际关系，还包括劳动过程中的具体生产和操作方式。人类根本性质通过社会实践得以展现出来，人类本性能否得以实现，也是由社会实践活动所决定的。当一个社会成员在接受教育的时候，若要把其内心的道德品格转变为性格特点、达到教育的要求，唯一途径就是亲身开展社会实践活动。在现代社会中，教育也要求与生产实践相联合，这也是社会发展对人才建设提出的要求。而现代教育如何体现这种教育思想呢？主要方式就是设置课程体系、选择教育内容、改革教学方法。如今，社会主义现代化建设在不断向前推进，人类社会实践的内容和形式产生了非常多的变化，其深度和广度也随之加深和拓展。教育在如此大的时代变迁下，如果要更好地发挥其在社会中的全面性、根本性、引导性作用，务必要将现代化发展的要求体现出来。

4. 确立"需要层次分析"的方法，不断满足人的全面发展的基本需求

马克思认为，人不仅有生命，还有一定的需求。在早期的资本主义社会中，血缘共同体、血亲联结和对权力的渴求，都是人的这种特性的表现。在资本主义社会，这种表现集中体现为对物质的需求；而在未来的社会中，人对内在本质力量的需求就变成了人所追逐的主要内容。前两种需求可以看作对物质的占有欲，但这并不是实现人的全面发展的本质需求。在人的全面发展过程中，"占有"并不是人的本质需求，"实现"才是。如何理解"实现"？意思是要借助外部力量来表达、实现这个人的内在本质力量。换句话说，当人的需要从对人情、权力、物质这类狭隘的东西的占有欲转变为对内在本质力量的需要时，人的全面发展就逐渐实现了。据此，如何确立一个"需要层次分析"的方法势在必行，如果一个人连温饱都成问题，还如何对他大谈民主、创新、自由？就业之所以是民生之本，就在于许多人的安全需要受到了威胁。

综上所述，如果要实现人的全面发展，首先，要理清当前人的需要停留在哪个层次；其次，用合理的办法来满足人的这种需要，不仅如此，也要用正确的方法来引导社会成员，让人们从简单的物质占有欲转变为对自身才能的追求，把充分发挥人的能力干事业、干成事业和干好事业当作真正的需要。

5. 把是否有利于人的全面发展作为思想政治教育评估的根本标准

在日常的思想政治教育评估中，人们通常用一些看得见的标准来衡量思想政治教育的成效，把开展思想政治教育的工作量，如开座谈会的次数、个别谈心的人数、宣传板报的期数等作为思想政治教育评判标准。诚然，这些方面是可以从一定的侧面反映思想政治教育成绩的，但它们绝不可能成为思想政治教育评估的客观价值标准。那么，思想政治教育评估到底应该以什么为标准呢？当然应以思想政治教育实践的社会效果为标准，即思想政治教育既要符合最高教育主体——党在新时期的基本路线和社会发展的根本要求，又要满足教育客体——受教育者自身成长、发展的要求。因此，思想政治教育评估的根本标准不仅表现为是否有利于社会主义生产力发展和社会历史进步，还表现为是否有利于人的全面发展。思想政治教育是以人为对象的工作，它将提高人们认识世界和改造世界的能力，努力培养全面发展的社会主义"四有"新人作为自己的根本目的和任务。因此，是否有利于人的素质提高、人的潜能发挥、人的全面发展，是检验思想政治教育成败的一个根本标准。

五、马克思主义理论关于价值的思想

在马克思主义哲学、政治经济学和社会主义思想学中，我们可以窥探到马克思主义关于价值观的思想都充斥其中。马克思主义价值观将解放人民群众作为根本目标，在揭露鞭笞资产阶级的虚伪和丑陋本质的同时，为无产阶级提供翻身解放的思想理论武器。"为大多数人谋利益、实现社会公众平等、人的自由全面发展"等都充溢着深沉的价值情怀[①]。

首先，"人"是具有社会性的，人们生活在复杂的社会关系里，开展着社会实践活动。马克思以人的存在论为切入点，认为"人"是具有主观能动性的，所有客观的现实价值都和"人"的需要有着千丝万缕的关系。当某个自在自然物与"人"没有任何关联时，它对"人"是没有价值可言的。

其次，马克思通过研究资本主义生产关系，对异化劳动进行深刻剖析，发现在异化劳动中，剥夺了工人的价值，谴责了资本主义社会毫无人性的一面，将资本主义所宣扬的自由、民主、平等等价值观的虚伪面具撕裂并展示在世人面前，充分体现了马克思对劳动和劳动者的价值关怀。因此，进一步提出只有扬弃私有财产，消灭异化劳动，使生产劳动从负担变成快乐，才能真正实现人的解放与自由全面发展。

最后，在马克思主义理论的发展过程中，可以看到关于人的自由全面发展理论贯穿其中，成为马克思主义的核心价值观。马克思主义确立了共产主义的价值理想，将其作为人类解放的愿景方案，《共产党宣言》把这种社会称为每个人的自由发展是一切人自由发展的条件的"联合体"，在这样的社会中人的价值才能得到真正实现。

然而，任何美好愿望的实现都要历经艰难险阻，共产主义思想也不例外。第一，无产阶级具有重要价值，这一点是被马克思主义肯定的，马克思、恩格斯二人以唯物史观为切入点，将无产阶级本身所具备的优点、所处的地位以及所蕴含的无限力量都挖掘出来，点明了无产阶级与先进生产方式之间的内在联系，是一个前途广阔的阶级，同时也注意到了，历史的创造者是广大人民群众。第二，马克思主义发现了革命的价值。革命的目的是"建立人的世界"，随着社会的发展，现存的资本主义必然要丧失其历史合理性，被新世界新制度替代，替代的方式便是革命。

---

① 杨鹏. "现实的个人"视域下马克思主义大众化论析 [J]. 湖北第二师范学院学报，2012，29（4）：43-46.

（一）马克思、恩格斯关于思想政治工作的有关论述

第一，关于思想政治工作，马克思从道德的效用进行切入，发表了许多相关论述，对道德的功效、社会性质等内容，用历史唯物主义和辩证唯物主义的方式进行揭露和剖析。马克思通过他的著作指明了道德之所以有别于其他社会意识，原因在于道德的目的和内容，道德的目的是为社会成员的实践活动提供指引，主要内容是规范社会成员的行为活动，究其根本，这是一种独特的、指导实践的精神。而想要在道德范围内发挥功效，主要是依赖思想政治教育，对目标和内容进行一定程度的改变，最终落实成有一定目的的实践活动。能否被社会成员接受和认可，是这个实践活动能否通过对人们的目的产生影响并最终变更行为的关键。

第二，思想政治工作根本方法的关键在于能否有效地把实践和理论结合在一起。理论只有符合现实的具体情况、能够根据主客观条件进行探讨剖析，才能在一定程度上指导实践、促进实践。理论的有效作用在于其能否满足实践的需求、能否正确指导实践。

探究人的本质究竟是何许的根本方法，就是将具有个性的人联合社会关系、社会实践进行研究。正是因为马克思的人的本质理论是建立在实践之上的，它才能够明确真正的人的本质就是社会属性这一结论。不仅如此，马克思也重申了教育与人的发展之间不可分割的联系，将教育放置于"改变一般人的本性"的重要地位，作为人区别于动物的一个显著标志。

（二）列宁关于思想政治工作的有关论述

第一，在列宁看来，"灌输"是思想政治教育工作中最重要的一种方式；在无产阶级群众的意识里，并不会天生就存在无产阶级政党意识和理论，这些内容也无法轻易拷贝到无产阶级群众的意识里。因此，列宁表示，马克思主义理论和无产阶级的政治意识只是初具雏形，尚未扎根在工人心中，与资产阶级广泛传播的状况相比，它仍然十分被动。因此，要善于利用"灌输"这种方式，将社会主义思想进行深入人心的宣传，从而激发无产阶级的主观能动性，用无产阶级革命运动来撼动资本主义的本源。列宁还进一步指出，新型无产阶级政党必须坚持以革命的理论为指导，坚定不移地坚持马克思主义理论，如果工人动摇理论信仰，思想灌输的作用就容易失效，甚至会变得毫无意义。

第二，列宁一直主张教育工作与政治工作之间的内部联系，这一点十分重要，

特别是要将坚持教育工作和无产阶级政治相联系。[①]教育队伍一直被列宁当作重要的群体,在思想政治工作中处于不可替代的位置。列宁对于如何壮大教育队伍提出了相应的方法,即将"贯彻党的精神"在教育队伍中进行宣传。列宁明确过,将党的精神进行有效推广和实践,是壮大教育队伍的主要目的。

列宁的"灌输论"是马克思主义理论宝库的重要组成部分,也为研究大学生社会主义核心价值观的培育提供了理论依据与现实指导,其基本内容包括以下几点。

1. 灌输的重要性

列宁主张,工人阶级在一开始的时候并不具备自觉掌握科学社会主义的能力,唯一能让他们接受这个意识的方式就是灌输。科学社会主义理论由资产阶级的知识分子所发明,起源于资产阶级的意识形态。世界各个国家的无产阶级斗争实践证明,无产阶级是无法自发掌握科学社会主义理论的,在其自发接受理论的过程中只能在头脑中产生"工联主义",而灌输则让无产阶级形成阶级意识,掌握科学社会主义。

2. 灌输的实施者

无产阶级能否取得革命的胜利,与其是否能掌握科学社会主义息息相关。关于灌输理论的实施者,列宁主张由"革命的社会主义知识分子"和无产阶级的政党来进行。他指出,"革命的社会主义知识分子"和无产阶级的政党"应当既以理论家的身份,又以宣传员的身份,既以鼓动员的身份,又以组织者的身份'到居民的一切阶级中去'"。

3. 灌输的接受者

列宁认为,亟待接受科学社会主义灌输的群体应该是无产阶级与人民群众,特别是具有较强革命性且迫切需要提高阶级意识和政党觉悟的无产阶级。当对他们进行灌输时,一定要区分层次,有目的、有针对性地开展灌输。其中,无产阶级有接受科学社会主义理论的能力和意愿,而对于人民群众的灌输则可以壮大革命队伍,增强革命力量。

4. 灌输的主要内容

列宁认为应该向无产阶级和广大群众灌输马克思主义理论,即马克思主义哲

[①] 张文玲. 列宁的政治教育思想对思想政治工作的现实启示[J]. 教育现代化, 2018, 5 (18) : 331-333.

学、马克思主义政治经济学和科学社会主义。马克思主义理论应该同俄国的革命实际相结合,在这种灌输下使无产阶级和广大人民群众发挥革命的作用。

5. 灌输的实施方法

关于采用何种方法来进行灌输工作,列宁认为在政治上进行宣传带动,并且不忘记将革命斗争与马克思主义理论有效联合在一起。除了宣传带动外,还要积极引导无产阶级和广大人民群众,发挥其主观能动性,主动参加革命,这样才能让无产阶级和广大群众更快地、真正地掌握革命理论。

(三)马克思主义中国化关于核心价值观思想

新民主主义革命时期,我国社会的核心价值观研究主要体现在传播马克思主义、强调"为人民服务"思想、提出建立社会主义的价值设想三个方面。在社会主义建设时期,我国社会的核心价值观研究集中体现在两个方面,一是对马克思主义、毛泽东思想进行大范围的传播,在进行土地改革、恢复国民经济的同时,开展了一系列的意识形态建设工作。二是在社会主义工业化基础上,于1964年底提出了建设"四个现代化"的战略目标,为全国人民指明了奋斗的方向,凝聚起强大的思想共识。

改革开放以来,我国在意识形态建设领域不断进行新的探索,具体体现在以下几点。

第一,始终坚持用中国特色社会主义共同理想凝聚力量,以民族精神和时代精神弘扬和培育中国精神。随着改革开放的深入,我国取得举世瞩目的伟大成就,极大地坚定了全国各族人民对实现共同理想的信念,激励人们为了中国特色社会主义光明前途奋斗。女排精神、抗洪精神、载人航天精神等成为这一时期突出的典范,逐步形成了改革创新的时代精神,富强、民主、法治、公正、文明、和谐等价值观念深入人心。

第二,重视社会主义荣辱观在社会风尚中的引领作用。"八荣八耻"是党领导人民在长期奋斗中概括出的最基本的道德规范,为在社会生活中扬善惩恶提供了基本准则,促进良好社会风气的形成和发展。

六、环境与思想政治教育辩证关系原理

马克思主义认为,整个世界就是一个普遍联系的有机整体,一切事物都和周围其他事物有条件地联系着。正是由于事物普遍、客观、多样性的联系,它们之间相互作用、相互影响,才构成了事物的运动、变化、发展。没有联系,就没有

世界，也就没有发展。事物的内部联系，就是事物的内部矛盾即内因，它是事物发展的根本原因。事物的外部联系即外部矛盾，就是事物之间的相互影响、相互制约，即外因，它是事物发展不可缺少的条件。

思想政治教育的价值决定了思想政治教育的本质和矛盾运行过程，即思想政治教育服从和服务于社会全面进步和人类全面发展的需要。从这个意义出发，思想政治教育得以存在和发展的根本动力在于社会全面进步和人的全面发展的要求同相对落后的思想政治教育体系之间的矛盾。同时，作为一个独立的系统，思想政治教育与社会其他领域有着广泛、深入的联系和渗透。其活动开展不仅受到一定历史条件下的政治、经济、文化等外在要素的影响和制约，而且这些因素必将被思想政治教育融入和吸纳，最终服务于一定历史条件下的政治、经济、文化等。

可见，思想政治教育与环境之间是一种相互影响、相互作用、相互依存、相互制约的对立统一关系。作为外部条件，环境对思想政治教育的开展及效果有实实在在的影响，而作为思想政治教育的作用对象，环境的变化发展又带有思想政治教育能动的"烙印"。

（一）环境对思想政治教育的作用

思想政治教育作为一种人类实践活动，必须被放在一定的时空环境下才能得以进行。环境既是思想政治教育的外部条件，也是思想政治教育实践过程的构成要素，是思想政治教育作用和改造的对象。它不仅影响过程，也影响思想政治教育的有效性评价。

环境是思想政治教育赖以存在和开展的客观基础。思想政治教育作为人类一种有意识、有目的的教育活动，必然与一定的人类历史背景相联系。环境既为思想政治教育活动的开展提供必要的物质和文化条件，其时代背景又对活动的开展进行了制约。环境决定着思想政治教育的性质、内容和目标，思想政治教育是为一定历史条件下的社会政治、经济、文化等服务的。马克思主义认为，环境作为一种客观存在，是不以人的意志为转移的，有其自身发展的内在逻辑。人类认识世界、改造世界的活动，必须基于这一出发点。因此，人类可以创造自己的历史，但并不是随心所欲地创造，而是在直接遇到的、既定的以及从过去继承下来的条件之下创造的。

环境是影响思想政治教育效果的重要因素。环境是思想政治教育活动得以进行的客观条件，不仅其自身的构成要素、分类、结构具有特殊性，其作为思想政治教育过程的参与要素，对于教育过程的进行及人们思想品德的影响也不是单一

第二章 自媒体环境下大学生社会主义核心价值观内化的理论与实践支撑

的,而是复杂多变的。人类教育史表明,良好的环境有利于思想政治教育活动的顺利开展,人们在这种环境下所接受的引导、启迪和熏陶是积极健康的,所接受的教育符合社会前进和个人发展的目标,其结果有力地推动了人类历史的加速发展。反之,负面的环境则阻碍着思想政治教育目标和任务的实现,人们在这种环境中所接受的是消极的、负面的教育,思想品德容易遭到腐蚀。在较大的思想阻力面前,人类社会停滞不前甚至是倒退。当然,思想政治教育环境是一个错综复杂的综合体,有利因素和消极因素往往交织在一起,其影响效果往往通过合力表现出来,不存在纯粹的有利环境和不利环境。

环境也是影响思想政治教育活动评估和决策的重要依据。思想政治教育是人类有意识、有目的的教育活动,其教育目标、内容、方式等体系的确立不是主观臆测的,而是建立在调查研究、科学评估和规划的基础上,遵循一定的指导原则和标准。科学的指标体系是思想政治教育评估和决策的基本依据,而指标体系中最重要的是可测性。就主观性因素而言,环境的变化是客观存在的、相对稳定的、持久的。历史证明,环境的变化必然会带来思想政治教育方针、政策、目标、内容、地位等一系列的变化。

总之,思想政治教育一直处在一个多要素、多层次以及动态性的、开放的环境体系中,既包括为人类提供物质生产资料的自然环境,也包括体现社会关系的社会环境;既包括国际大环境,也包括与人们生活直接相关的局部环境。各要素共同组成有机整体,对思想政治教育产生广泛性、多重性、多样性的影响。一方面,该环境系统的各要素在构成思想政治教育环境整体时相互影响、相互作用,在思想政治教育实践中表现出同一性,通过合力对思想政治教育各要素及过程施加影响;另一方面,这些要素总是以人为中心,对教育者、教育对象的活动空间按照一定的形式进行组合排列,并体现出一种由简单到复杂、由低级向高级递进的过程。

坚持从实际出发,是辩证唯物主义的根本要求。在思想政治工作中坚持从实际出发,就要求我们根据思想政治教育所处的环境分析问题、提出决策,做到主观和客观具体的、历史的统一。脱离思想政治教育的实际,就等于是把思想政治教育活动和环境因素两者割裂开来,且无视它的存在与影响,那么思想政治教育就会迷失正确的方向,最终失去应有的作用。正如邓小平所指出:"我们是历史唯物主义者,研究和解决任何问题都离不开一定的历史条件","那种否定新的历史条件的观点,就是割断历史,脱离实际,搞形而上学,就是违反辩证法"。[①]

---

① 邓小平. 邓小平文选(第2卷)[M]. 2版. 北京:人民出版社,1994.

因此，只有深刻揭示和把握思想政治教育与环境的内在联系，使思想政治教育在环境发展中与时俱进，才能保持和发扬思想政治教育的政治优势，巩固其生命线的地位和作用。

（二）思想政治教育对环境具有能动作用

思想政治教育的有效实施离不开积极向上的环境的影响，环境的营造同样也离不开思想政治教育活动的促进。其表现为环境作用于思想政治教育的各种信息，只有通过思想政治教育个体和客体能动的反映、评价和决策等过程才能认识和把握环境的现状；只有通过在思想政治教育活动中的调节和控制，才能够发挥对思想政治教育积极方面的作用。环境的发展是离不开思想政治教育的保障和优化的，具体表现在以下几个方面。

1. 思想政治教育对环境的认识和把握

马克思主义认为，认识世界是改造世界的基础。就思想政治教育而言，对环境的认识和把握既是思想政治教育活动得以顺利开展的前提，也是思想政治教育发挥能动作用的基础。思想政治教育实践依赖于一定的环境，大量各种各样的环境信息始终环绕在思想政治教育主体周围。面对这些环境信息，如何识别、判断并加以选择，就成为摆在思想政治教育主体面前的首要任务。只有通过一定的认识过程加以把握，并使之成为决策依据，才能更好地对环境起到能动作用。

对环境的能动反映，是思想政治教育主体认识和客体把握的最重要也是最基本的阶段，是评价性认识和决策性认识的基础。其中最常见的方法是选择和整合。选择是整合的基础，它是在实践的基础上，以社会发展的需要为依据，以主体已有的思想结构为依托，对环境提供的各种信息进行分析、归类，从而进行取舍的能动活动。通过选择、剔除一些信息，保留一些信息为进一步的加工提供"原料"。整合是在选择环境信息的基础上进行的加工制作活动，它是指将已弄清楚的各种环境信息及其相互关系融合成一个整体，把握其本质和规律的过程。通过整合，使每一个环境信息、成为思想系统的一个有机组成部分，成为可以理解和把握的东西。

2. 思想政治教育对环境的调节和控制

马克思主义认识论告诉我们，认识世界的最终目的是更好地改造世界。就思想政治教育环境而言，认识和把握不是目的，其最终目的是在认识和把握的基础上实现对环境的调节和控制。思想政治教育的实质是通过作用人的思想意识，使其得到提高和升华，改善其行为，进而提高适应社会行为能力的实践过程。要达到这个目的，除了以正确的指导思想、内容、方法等开展思想政治教育活动之外，其实际效果还依赖于一定有利的、正常的环境。思想政治教育环境客观存在的系统性、复杂性、多变性，决定了思想组织教育效果具有一定的不确定性。因此，为了使思想政治教育沿着既定"轨道"进行，对环境进行一定的调节和控制，就显得非常必要。可见，调节和控制环境是思想政治教育主体认识和把握环境的继续和深入，是思想政治教育对环境能动作用的核心。

思想政治教育对环境的调节和控制必须以环境各组成部分和要素的特性为依据。思想政治教育环境既包括独立于思想政治教育系统之外的环境，也包括经过选择、加工和改造过的环境。前者主要是指自然环境和社会环境，具有客观性、整体性、变化性等特征，是不完全可控的。后者是指根据一定的教育目标，有意识、有计划地选择、加工过的环境，是可控的。对于前者，遵循"弃恶扬善"的原则，即凡是有利于时代进步和人的思想品德形成的，应该加以扶植、宣传、弘扬、鼓励、培育；凡是不利于时代进步和人的思想品德形成的，则应该抵制、消除。对于后者，思想政治教育的调节和控制主要体现在选择和设定上。选择和设定的根本原则是服从和服务于思想政治教育。

3. 思想政治教育对环境的保障和优化

思想政治教育对环境的调节和控制，究其实质，是为思想政治教育的顺利开展和人类思想品德的形成创造一个有利的环境支持。从这个意义上来说，对环境的调节与控制属于思想政治教育范畴，是思想政治教育的重要环节，是思想政治教育能动作用的外在体现。然而，思想政治教育的最终目的绝不限于思想政治教育本身。促进社会的全面进步和人类的全面发展是思想政治教育的价值所在，其中就包括促进环境的全面发展保障及其基础上的优化，这超出了思想政治教育本身的范畴。它是思想政治教育本质的外在表现和集中表露，是其得以存在和发展的"合法性"基础。思想政治教育对环境的保障是指思想政治教育主体对环境进行有效的管理和控制，使思想政治教育开展的环境得以维系和存在。思想政治教育环境的优化是指"环境系统内各要素完善和发展，要素间实现有机耦合以发挥系统最大功效的过程"。

环境既是人类产生和存在的必要条件，又对人类的生存和发展产生极大的影响。因此，保护并不断改善环境，为人类自身生存、发展营造一个良好的空间是一切实践活动的共同目标和任务。"思想为行动的先导"。思想政治教育作为一种特殊的人类实践活动，以人的思想品德为对象，能够通过提高人的思想认识水平，强化环境意识，夯实科学的方法论基础，在环境的保障和优化中发挥特殊的作用。①

第三节　自媒体发展实践

一、自媒体的由来与内涵

作为一种有影响力的信息传播方式和平台，自媒体首次曝光于美国新闻网站"德拉吉报道"事件。1998年1月份的一个星期六，一位叫德拉吉的博主按下回车键，发出了一颗"重磅炸弹"。首次独家报道了美国前总统克林顿的性丑闻，迅即在全世界引起了轩然大波。一夜之间，"德拉吉报道"风靡全球。网站访问量由900万人次激增到1.2亿人次，迅速成为全球最炙手可热的新闻媒体。随后"德拉吉报道"对"9·11"恐怖袭击以及2004年美国大选等一系列重大新闻事件的报道，把"德拉吉报道"推上了媒体的巅峰。"德拉吉报道"的影响力甚至一举超过了传播业巨头——《今日美国》和《华盛顿邮报》的网站，这充分展示了自媒体的巨大威力。

（一）自媒体的由来

自媒体的产生大致经过了以下四个阶段。

1. 前媒体时代

在大众媒体出现之前，人们传播信息的方式是单向的、点对点的传播，如口口相传、鸿雁传书、书信往来等方式。它的主要特征是信息的生产者和消费者都是少数人，信息的传播是有明确指向性的，传播模式属于小众传播，特别是一对一的传播，如苏武牧羊的故事。汉武帝时期，苏武出使匈奴，历经十九年而不变节。汉宣帝为了迎回苏武，就编造了收到苏武鸿雁传书的故事。如果真的有这样的事情，苏武在通过鸿雁传递书信的时候，不会指望全天下的人都知道，只要汉武帝知道自己就算有救了。这种传播模式当然属于小众传播。信息传播的主体和受众都是特定的。

---

① 周涛. 网络舆论环境下的高校思想政治教育研究[D]. 成都：西南财经大学，2011.

第二章 自媒体环境下大学生社会主义核心价值观内化的理论与实践支撑

2. 传统媒体时代

随着人类社会步入工业时代，人们对信息传播的要求更高。于是，大众媒体开始出现并得到了快速发展。大众媒体也被称为传统媒体，它的传播途径主要包括以纸、墨为媒介的报纸，以图像为媒介的电视和以声波为媒介的广播等。1615年创刊的《法兰克福新闻》一般被看作大众媒体的起源，其后，广播和电视得到了迅速扩散。传统媒体的主要特征是信息的生产者是少数，而消费者是多数，其传播模式属于典型的点对面的大众传播，传播的受众开始趋向于多样化。传统媒体的传播模式如图2-1所示。

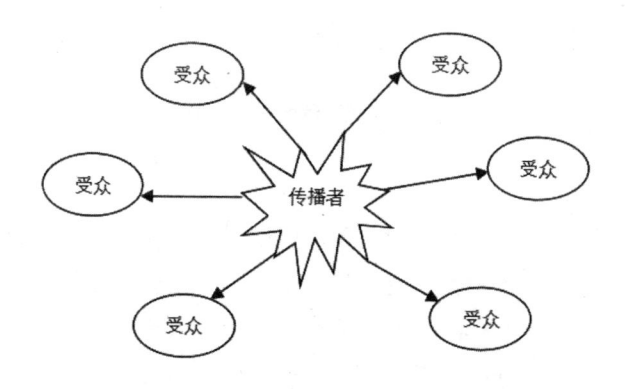

图2-1 传统媒体的传播模式

3. 新媒体时代

互联网的出现使信息的传播更加方便、快捷，也使得消费者接收信息的方式和端口逐渐朝计算机工具转移，于是大量门户网站如新浪、网易、搜狐等开始出现。各传统媒体也纷纷建立了自己的新闻网站，如人民网、新华网、纽约时报网、新加坡联合早报网等。与传统媒体相比，新媒体的传播速度更加快捷（网站可以随时更新），传播方式也更加多样化（除了文字传播外，还增加了声音、动画、视频等多种方式），但其传播模式仍是少数人对多数人的点对面的传播。所以新媒体与传统媒体相比，在传播模式上没有大的变化，可以说是"新瓶装旧酒"，如图2-2所示。

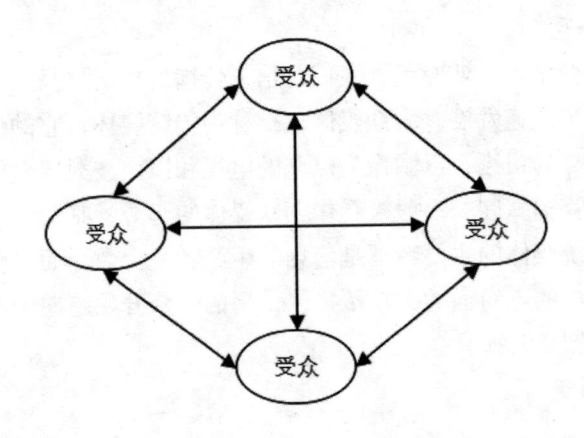

图 2-2　新媒体的传播模式

4. 自媒体时代

与前三个阶段相比，自媒体的出现可以说是划时代的变革。自媒体是以互联网为媒介的网络媒体，其代表类型主要有短视频、微博、播客、微信、QQ 空间、BBS、音频、综合平台等。自媒体具备互联网传输方式的方便、快捷、即时等特征，它不是针对特定信息消费者的传播，而是面向所有终端的交互式的分享，每个参与自媒体的人都可以是信息的受众，也可以是信息的传播者，所以自媒体的传播模式是面对面的传播，是"一切人对一切人的传播"。1995 年，尼古拉斯·尼葛洛庞帝在《数字化生存》中提出了一个新的名词——"我的日报"来与"我们的日报"相对比。他想象出一个完全以计算机为媒介的系统。该系统能从所有的有用新闻源中自动、动态选择（无须人工编辑）所需要的材料，以满足每个读者的需求。

自媒体的发展如此快速，以至于美国作家丹·吉尔默在《我们媒体：民治、民享的草根新闻》中感叹："我们正在开启一个新闻业的黄金时代，但是这个新闻业不是我们通常熟知的新闻业。媒体未来学家已经预言，到 2021 年，50% 的新闻将由公众提供，主流新闻媒体不得不逐步采纳和实践这种全新的形式。"

（二）自媒体的内涵

美国学者谢因·波曼和克里斯·威里斯合作了"We Media"研究报告，并于 2007 年 3 月由美国新闻学会的媒体中心所出版。在这份研究报告中，"We Media"也就是"自媒体"被定义为"是普通大众经由数字科技强化，与全球知识体系相连之后，一种开始理解普通大众如何提供与分享他们本身的事实、他们本身的新闻的途径"，这也是公认的较为缜密的关于自媒体的定义。

2009年7月，中国互联网络信息中心发表了《社会大事件与网络媒体影响力研究》，研究中也对自媒体进行了定义："私人化、平民化、自主化的传播者，以现代化、电子化的手段，如邮件、手机、博客等，向不特定的大多数或特定个体传递信息的新媒体，称为自媒体。"

综上，笔者以为，自媒体是以数字新媒体为载体的个人媒体的统称。

（三）自媒体的特征

从媒介发展的角度来讲，人类社会诞生至今已经历了精英媒体、大众媒体、个人媒体三个阶段。随着信息技术对人类社会的影响日益增强，我们已步入自媒体时代。相对于传统大众媒体而言，自媒体具有以下特征。

1. 主体平等化与去中心化

信息受众在过去的大众媒介时代里，主动选择信息的权利被专业信媒人员剥夺。这些专业信媒人员对报纸、广播、电视等媒介进行严格把控，丝毫不给受众留下自主选择的余地。而这些专业信媒人员所处的机构，都有着森严的层级分别，信息首先通过严密的各级组织，被挑选和重构后才向广大受众进行传播，受众丝毫不清楚信息究竟源于何处，所能做的事情就是被接受和被灌输。当社会发展到自媒体时代时，话题、信息以及与此关联的各种组织内容都已经不再受到传播的限制，信息接收者可以随心所欲地接收自己喜欢的内容。特别是手机、计算机、互联网的飞速发展，为自媒体软件的开发提供了传播工具，无论身处何时、何地，社会成员都可以便捷地分享自己的态度和观点。在自媒体来势汹汹的进攻下，传统媒介的中心地位被撼动、被分解，去中心化的网状架构取代了所谓的传统意义上的"中心"。

2. 内容个性化与小众化

社会个体在自媒体年代，都有机会成为话语的发起者或生产者，这不断地激发了个体的创作热忱。如何理解自媒体的"自"？也就是着重突出个体的自我，能够自由自在地在社会中表达自己的看法和观点。在呼吁表达上用户倾向于"话语创新"，热衷于"话语重构"，极力突出话语内容的个性化以争夺话语注意力，表达方式上也更注重推陈出新。个性化的内容得以广泛宣传开来，得益于"先发布、后过滤"的方式。所以，信息接收者拥有一定的技术条件来满足自身的表达需求，伴随而来的是自身选择信息的自由度大幅提高。如果人们对某一类信息感兴趣，可以在微信上自由地决定是否关注这个自媒体公众号，如果丧失了兴趣，随时可以取消关注。这使传播的内容逐渐出现了分层抱团现象，最终形成了一个个面向小众的话语圈。

3. 形式多元化与碎片化

数字传播技术在自媒体时代得到了突飞猛进的发展，也为自媒体的壮大提供了有力的保障。互联网、电视、广播三个平台交融在一起，传播媒介如手机、计算机等工具各式各样，传播形式也发展出了文字、视频、音频、图片、动画等多媒体形式，具有很强的创新性。在这个时候，话语版图因话语内容及形式的多样性发展而以碎片化的方式分布。背靠大框架下的话语系统所呈现的周密细致性已经一去不复返，多元主题、多元表达形式混杂的方法居于主流地位。

4. 传播即时化与社区化

在社交网络的支持下，自媒体用极其快速的传播速度，打破了地域和行业之间的屏障。正是传播的及时性方便了群体、个人之间的互动。仅凭一个互联网端口，自媒体的话语范围就能涵盖全球任何一个角落，个人交往、群体互动可以实现同步，所有使用互联网的用户都能够无时间差别、无地理差别地加入这个自媒体的组群中。传播的即时化产生互动的便捷，让世界上任何角落的社会个体方便地通过某一热点、某一兴趣甚至某一关键词聚集到一起。相同的关注让具有类似特征的人具有共同的目标而组织成为社区，即时敏感的反馈让社区具有了旺盛的生命力，这反过来刺激独立或合作的话语生产。

5. 媒介草根化与跨界化

由于自媒体技术赋权话语主体拥有了平等地位，话语之间的界限越来越笼统，这都是由在自媒体时代下话语去中心化结构所导致的。一方面，由于平等的地位，草根化、平民化是自媒体时代下话语生态的一个趋势，人人都可以凭借自己的选择来接收或过滤信息，为了占有更大份额的话语市场，话语生产者只能迎合受众，通过改变自己的话语内容、形式以及传播方式，抢占有限的受众注意力。与毫无感情、硬邦邦的说教相比，接地气的话语内容才更受大家的欢迎。另一方面，话语之间的界限由于失去了中心，成了一道摆设。在过去的传统话语中，由于受到层级结构的束缚和制约，传播信息有着固定的途径，都是围绕着中心来运作的。随着去中心化，信息开始毫无秩序地流动传播开来，原本的界限日趋模糊。

（四）自媒体的优势

1. 曝光度高

一个自媒体人可以通过自媒体平台的曝光拥有几万甚至几十万的粉丝。比如人们熟知的主播，通过直播带货出现在大众视野中，在淘宝、抖音、微博、美拍等各大平台获得了大量粉丝，这就是自媒体曝光度高的体现。

2. 能够赢利

一旦自媒体人受到大众关注，就会有企业来找他们合作，而自媒体人可以通过给企业发广告软文来获利。除此之外，自媒体人也可以利用自己的影响力进行商业变现，自媒体能够获得高盈利的特点也是很多人追随它的原因。

3. 打造个人 IP

个人 IP 不是靠发图文或者动态就能形成的。因为个人 IP 必须是有粉丝量、有影响力的自媒体才可以打造的。

4. 权重特别高

权重是通过各个平台的平台指数来反映的，如原创度、健康度以及与粉丝的互动程度等，这些都升高之后，权重就会越来越高。权重还有另一个解释，比如人们以前在论坛上发一个帖子就不一定能展示出来，没有人在下面顶帖就很容易石沉大海。所以论坛的权重相对来说比较低，而在自媒体平台发表的文章比较完整，无论是通过标题还是通过内容增加吸引力，都有更多的机会被用户关注。

二、自媒体的形态和发展

纵观自媒体发展脉络，大致可分为三个阶段：发展初期、发展爆炸期、发展集约期。

（一）发展初期（2003—2010 年初）

2003 年，中国互联网出现了博客，用以记录用户的日志并进行推广传播；2009 年，微博被推出，顾名思义，微博就是一个微缩版的博客，性质与博客一样，但是形式变得更加轻巧；2010 年，微博开始在互联网普及起来。据统计，截至 2010 年 10 月底，新浪微博用户数已超 5000 万，日均发布数高达 2500 条。

我们可以把这一时期看成中国自媒体的启蒙时期，话语市场正是凭借着庞大的用户基数得以蓬勃发展的。这个时候的自媒体在大多数时间都游离在固定组织之外，被视为无组织的存在，自媒体人在话语间隙里来去自如，凭借自身的兴趣或爱好来指引自己的话语行为。只要具备移动终端，便可以即时分享所见、所得、所思、所感，一时之间话语成了一场全民普及的狂欢游戏，刷微博成为一件让所有人上瘾的事情。部分话语传播者开始自由展现自己的表达欲求，逐渐化身为小群体的意见领袖者，在热点事件中与传统媒介抢夺话语权。其后各行业组织逐渐意识到自媒体的强大威力，逐步进入自媒体话语场建立公众号以发表言论、维护形象、与用户互动。

（二）发展爆炸期（2010—2015 年）

舆论场的力量因微博用户的增长而变得日益强大。2010 年是掀起全民"织"微博热潮的一年。据统计，我国微博服务用户在 2010 年 10 月已经超过 1.25 亿，累计活跃账户突破 6500 万。在 2010 年舆情热度前 50 排名的舆情事件中，由微博首次曝光的案例占 22%。自媒体在各类舆论舆情的发酵和扩散中发挥了一定的助力功效。普通用户已经养成了随手在微博上查看公共事件的习惯，并进行自由的转发和吐槽。2010 年 8 月，河南开封高考学生"被调包"事件在微博上被曝光，各路草根意见领袖、明星大 V、行业主导者都对此发表意见和看法，充分行使自己的话语权，后来，这起"被调包"事件被称为微博改变命运的经典事件。随着自媒体的发展，微博已经无法满足各方的要求。2012 年 8 月，微信公众号一经问世，便受到了自媒体的热烈欢迎。在公众号上，自媒体仿佛得到了二次生机，在公众号的助力推动下，自媒体得到了长期稳定的发展空间。

在微博里全民狂欢的同时，有一部分群体开始把目标瞄准到如何通过占领话语场以赢利，这就是一众微信公众号运营者和新浪微博等自媒体平台。

（三）发展集约期（2016 年至今）

自媒体经历过上述两个发展阶段后，信息接收者的期待值已经日渐提高，关注点已经分散到各处。此时的话语场景已经走向碎片化，大量的专业自媒体平台如雨后春笋般出现，对如何整合自身在自媒体占有话语权进行了多次努力。例如，今日头条、百家号、喜马拉雅 FM、大风号、知乎、搜狐号、企鹅号、抖音等专业自媒体平台，在不断探寻如何引起信息接收者的关注时，也尝到了话语利益的甜头。

不难看出，正是由于自媒体、用户、广告商和传统媒体在话语场的各种较量，才孕育出了专业自媒体平台。在自媒体看来，专业的平台相当于它的"经纪人"，它只需要投身于如何挖掘和产出优质内容中即可，平台负责帮助其扩大宣传、增强影响力,二者便被捆绑为利益共同体。从广告商的角度出发,自媒体用户的分散性不利于广告投入和集中传播,但在专业化自媒体平台的支持下,可以发挥其媒介经营、用户匹配、海量用户、运作便利等中介性优势,实现广告的有效投放。对于用户来说,通过自媒体专业平台可以以极低的时间以及精力成本获得自身所关注、所喜欢的信息。专业自媒体平台通过用户使用数据的精细化画像,在与自媒体人、用户、广告商的互动中处于信息链的核心位置。

三、大学生常用自媒体形式

(一)即时通信自媒体

在现代信息社会,人与人之间的交流有一种非常高效的方式,那就是"即时通信"。它将互联网的运行作为承载信息的主要方式,社会上的个体、群体或官方机构都可以成为它的使用主体。即时通信依托于各种软件,在各种软件上,人们通过文字、声音以及图像进行交流与展示。

1. 腾讯QQ

腾讯QQ是腾讯公司开发出的一款即时通信工具,自1999年创立之始,就以多元的功能、有趣的聊天方式赢得了一众网民的心。据腾讯2020年第一季度财报,QQ智能终端月活跃账户数为6.935亿,超过1.2亿用户参与线上教育,单日最多有超过2000万人参与直播。换言之,在其他社交软件不断涌现的今天,QQ依旧是备受网民青睐的社交工具。QQ平台拥有广大的网络市场,如果我们能在QQ平台进行推广,也必定会取得绝佳的效果。

(1)肥沃土地——QQ空间

QQ空间是QQ下设的一个虚拟空间,也是极其重要的互动社交平台。在使用QQ的过程中,我们不仅可以将自己的信息与近况发布到QQ空间,也可以以此为窗口了解到很多QQ好友的私人信息。QQ空间是一个交互的平台,交互意味着来往,来往则意味着机遇,QQ日志、相册、视频、说说、留言板等功能都可以利用交互来实现推广,从这个角度来讲,QQ空间确实有很大的发展空间,是个人和企业推广时不容错过的"肥沃土地"。

利用说说与日志分享。QQ空间内有一项可以发布自己心情、感想、状态的功能,即空间说说,可以说发生在自己身边的故事,也可以说自己的心情,还可以引用经典的名人名言,形式与微博相似,输入文字的字数有一定的限制。QQ空间日志与说说类型相似,都是用来表现自己所思、所想、所感的存在,但是日志篇幅比说说长，说说可以说是短句的集合，日志基本上都是一篇内容独立、观点明确的文章。不过总的来说，两者都是能够被QQ好友看见，且以文字分享为主的。

说说和日志能被他人看见，因此这两大模块也非常适合进行推广，只要我们撰写的说说观点足够明确，撰写的文章能够吸引大众，庞大而熟悉的好友群体将会通过转载把我们的说说与日志传播给更多的人看见。广为传播的六度空间理论指出，我们如果认识了六个人，就能认识整个世界，因此，只要能够抓住QQ空间的好友们，我们也就拥有了无限的机会，让世界认识我们。

（2）传播圣地——QQ群

QQ群是腾讯推出的适合多人一起聊天的组群。使用QQ的用户基本都会加入QQ群，由于QQ群具有互动性强、操作简单、成本低廉的特点，再加上用户密度大、黏性强，QQ群也被自媒体人视为最常用且效果最为显著的推广工具。无论是谁，只要会使用QQ，就基本上会使用QQ群，不管是自己创建QQ群，还是加入别人的QQ群，都不需要店面费和营销费，只要付出时间和精力就能获得回报。所以说，想要玩转QQ平台，作为"传播圣地"的QQ群你一定不能错过！

①抓住"群功能"展开推广。和QQ空间一样，QQ群也具有多种多样的功能，如群公告、群相册、群文件、群邮件等，这些功能同样也可以被自媒体人利用，从而在QQ群中全面地展开推广攻势。

在QQ群中进行推广，第一个要注意的功能就是群公告，群公告是群主和管理员设置的用来发布"群规"的，每个进群的人在聊天时都可以看见。作为群中最为醒目的警示板，自媒体人可以利用它赚取群成员的眼缘，对于一些最新创作的文章、一些平台的活动消息、一些特别的观点以及一些定时的成员福利，自媒体人都可以在群公告中及时发布，以吸引群成员的关注与了解。

第二个要注意的功能就是群相册，在群相册中上传图片，群中的成员都可以看见并可以使用这个功能。自媒体人若想利用群相册发挥推广功能，只需要上传与文章相关的图片，或者为上传照片加上水印，就能够发挥群相册的推广功能。不过要注意的是，自媒体人不要发一些"明目张胆"的广告，这样很容易引起群成员的反感。例如，在某QQ群中，有人曾上传了九张图片凑成一个完整的九宫格，每个图片分开看并没有什么特点，但是合在一起看，便是一句具有推广功能的广告语，这样不经意却又别出心裁的推广方式不仅将广告完整地推出，也不会引起他人的厌恶。

第二章 自媒体环境下大学生社会主义核心价值观内化的理论与实践支撑

群文件是和群相册比较相似的一个功能，群用户可以上传 PDF、Word、Excel、WPS、PPT 等格式的文件在群中共享，其他群成员看到文件可以随意下载。

一般来说，群成员不会主动去浏览和群用户没有关系的群文件，这时候自媒体人可以设置一些比较吸引人的题目，或者上传一些比较有价值的文档来吸引他们，继而在文中进行隐形推广。

群邮件是现阶段比较受自媒体人欢迎的群功能。群主只要开通了 QQ 群邮件功能，每个群成员都能够给群中其他成员群发邮件。将自己的文章、推广信息直接发送给指定的群成员，这是一个比较直接也比较有效的推广方式。自媒体人为其他成员发送邮件的时候，一定要起一个醒目的名字，邮件的正文内容也要保证相应的价值，在群邮件之后也要注意附上自己的联系方式，这样有成员看到邮件后产生了兴趣，也便于和自媒体人取得联系。

②结合"群发技巧"展开推广。俗话说"条条大路通罗马"，通往成功的道路很多，但是也一定要掌握技巧，才能更好、更稳地达到推广效果。很多 QQ 用户加入 QQ 群的初衷无外乎是想和多个群成员进行交流。上文概述的功能是 QQ 群的衍生功能，其实"聊天"才是 QQ 群的主要功能，利用聊天进行推广是最方便，也是最直接的方式。

2. 微信

微信是腾讯公司于 2011 年 1 月 21 日推出的一个为智能终端提供即时通信服务的免费应用程序，微信支持跨通信运营商、跨操作系统平台通过网络快速发送免费（需消耗少量网络流量）语音短信、视频、图片和文字。截至 2021 年 6 月 30 日，微信及 WeChat 的合并月活跃账户数达 12.51 亿户，同比增加 5.2%；收费增值服务注册账户数达 2.20 亿户，同比增加 21.9%。用户覆盖 200 多个国家、超过 20 种语言。据统计，25% 的微信用户每天打开微信超过 300 次。55.2% 的微信用户每天打开微信超过 10 次。

（二）社交自媒体

1. 微博

微博是博客的迷你版，用户在微博上传递的信息可以是非常简短、精炼的。这样的信息传播形式大大提升了信息的互换和交流的效率，并且微博还具有同 QQ 和微信类似的交友方式，它的产生和流行比微信普及的时间还早，受用群体还是年轻化的大学生群体，他们在这样的网络平台上可以接收到自己关注的名人资讯，并且可以实现与目标用户的人际互动，缩短了普通人和名人之间的距离，实现了不同社会阶层之间的交流与互动。

2. 抖音

随着智能手机和移动互联网的进一步发展，在内容方面，各大平台和用户越来越追求短、平、快。自 2016 年起，微博各项收入增速骤减，微信公众号打开率降低，用户已经不满足于枯燥单一的图文形式。在这种情况下，短视频以其直观、立体、生动的强传播优势成为新的流量入口。

2021 年，才出现短短五年多的抖音成为众多短视频产品中的"黑马"。抖音官方发布的数据显示，截至 2020 年 9 月，抖音国内日活跃用户突破 6.8 亿，月活跃用户超过 6 亿，抖音总裁张楠在 2020 年巨量引擎大会上宣布，2017—2020 年，抖音全球日下载量排名第一，TikTok（抖音国际版）在多个国家的 App Store 和 Google Play 上双榜登顶。

在这场抢占短视频风口的大战中，抖音已经远超快手、西瓜视频、腾讯微视、抖音火山版等，成为其中的"领头羊"。排除其他因素，对用户理解深入和内容创意较强，是抖音能走在前列的重要原因。

经研究，抖音在使用体验、创作者引入、平台影响力方面没有明显的短板，而在贴合用户心理和内容引人入胜方面相对其他 App 又比较突出，因此能迅速超越同类 App，被用户追捧。抖音上注册的用户越多，自然商家、媒体、机构、名人会争相入驻抢占流量。下面我们就来看一看为什么要做抖音。

（1）做抖音是一种流量趋势

互联网营销的实现归根结底依靠的还是流量，任何品牌营销和商业变现的成功都离不开流量的支持，没有流量的营销最终都是无用功。

目前，国内"两微一抖"的格局已经形成。微博、微信的格局已定，新用户已不能实现飞跃增长，而抖音短视频作为一种新的、更直观有效的方式，成为新的流量入口。为了争夺流量，无论是对于机构还是对于商家，无论是对于素人还是对于大咖，抖音已成为流量的必争之地。

（2）在抖音上做营销的成本较低

企业或品牌用来做营销和变现的渠道，无非是电视、广播、线下广告等传统手段，以及百度、微博、微信等互联网平台。但是就目前来看，电视、广播、线下广告和百度竞价费用高，一般的中小企业根本无力承担。而微博、微信目前的流量也趋于饱和，利用其获客和引流的成本简直又难又高。相对而言，目前抖音正处于新用户倍增的阶段，而且它独特的算法和推荐机制，使用户更容易获取新的流量，同时营销的成本也更低。

（3）抖音短视频的内容价值能更好地提升品牌影响力，实现商业变现

相比微博、微信以图文为主的展现形式，短视频的形式更有利于品牌和产品的展现与传播，能让用户迅速对品牌或产品形成认知。抖音平台强大的平台规则和推荐机制能使一个视频轻松获得百万以上甚至千万以上的播放量，给品牌带来强大的曝光量，这是其他平台所不能比的。另外，商家在巨大的抖音流量池里，用自己的内容吸引粉丝，能获得精准用户，从而使变现更容易。

抖音不仅为大家提供了展现自我、分享美好事物的机会，更成为众多素人一夜成名的舞台，各行各业的商家要顺应潮流，利用抖音宣传品牌和产品，以增加产品销量和提高企业知名度。因此，趁着抖音还处在成长时期，无论是素人还是商家，应尽快入驻抖音抢占流量入口，实现自身的价值。

3. 快手

（1）快手平台形态

快手是一款以"快手——记录世界 记录你"为口号的短视频社交软件。作为首席执行官，宿华是快手的联合创始人。他将"快手"定义为一款记录普通人日常生活的 APP。也有学者认为，快手是当今最大的短视频社区，是继微信、QQ、微博之后的第四大社交平台。

GIF 快手诞生于 2011 年初，用户使用它来创建和分享动画图片。它是"快手"的初始版本。该软件的操作比较简单明了，用户可以在短时间内进行制作，并且软件中有微博和 QQ 的快捷链接，可以快速上传分享给其他平台或朋友。它占用的内存是其他社交软件上相同分辨率图片的二十分之一。此时，快手只是一个简单的移动端动画创作工具。智能手机摄像头技术的应用降低了拍摄行为的准入门槛。普通用户可以通过简单的操作将照片变成表情，一键分享给大家或分享到 QQ 空间。这极大地吸引了用户并创造了一年的收益，创造了以万计的用户使用记录。

2012 年 11 月，GIF 快手开始转型为专注于视频内容的软件。此刻，快手的用户数量已经累积到数百万，日活跃用户数量达到近 10 万。同年，快手获得晨兴公司投资 200 万元。2013 年，GIF 快手转型为短视频社交平台。同年夏天，拥有谷歌和百度背景的宿华成了 GIF 快手的领导者。短短一年时间，快手变身的用户数量增加了近百倍。时间来到 2016 年初，快手用户数量已增至 3 亿，金融机构估计市值为 20 亿美元。

快手第三方移动应用商店累计下载量最高。与其他视频软件相比，快手的用户活跃度和参与度名列前茅。随着市场环境的发展，快手公司在2016年接入了直播功能，实现了信息流广告功能。根据快手官网公布的数据，2020年，快手创造的用户数量达到2.57亿，平均月活跃用户（仅应用）达到4.85亿人，点赞数超过1500亿，日活跃用户平均每天使用快手应用超出85分钟。这反映出快手APP在下载次数、用户活跃度和流行度方面均处于市场前列。

（2）"快手"短视频快速发展的动因

①政治因素。近年来，网络视听产业的爆发式发展及其在社会层面造成的巨大影响，使国家越来越重视其对国民经济、社会和政治层面的积极影响。为更好发挥对社会发展的积极作用，我国提出了"加快发展网络视听产业"的计划，推动了多业态联动的创新发展模式，深度融入全球产业链，对网络视听产业寄予厚望。

2017年5月，中央有关部门发布相关文件，强调文化产业和文化产品的战略地位，从媒体上明确文化产品的社会定位。党的十九大强调，加强基础应用研究，特别注重发展互联网技术，着力培养和建设一批高层次信息化人才，建设网络强国。

此外，通过对各级监管法律法规、行业标准和内容设计的不断完善，更加有效地监管网络视听行业，规范移动短视频的平台内容、传播渠道等。创意营销得到更加明确的引导和助力，实现了手机短视频市场的有序发展。

2016年以来，国家广播电视总局、国家互联网信息办公室等有关部门出台了多项相关政策法规，对网络视听行业进行监督管理，客观上保障了网络视听行业的健全和规范。

②经济因素。资金是保障短视频市场发展的重要支撑力量。2012年从图片分享工具转型为视频制作平台后，快手先后获得持续投资。如2016年，快手用户达到4亿时，获得了华人文化集团和腾讯的巨额投资。2017年，快手宣布完成新一轮3.5亿美元的融资，再次获得BAT（百度、阿里巴巴、腾讯）的支持等。

目前短视频应用市场竞争激烈，注入的资金正在推动移动短视频的发展。作为互联网三大龙头，BAT纷纷加入，预示着短视频市场将再次掀起大浪潮。

③社会因素。移动短视频的快速发展是由客观、主观、内外部等多种原因造成的。总的来说，对其发展产生积极影响的主要有两大因素，即内部因素和外部因素。前者包括传播主体、内容和渠道的更新升级，后者包括创新传播技术、不断变化的媒体环境和信息环境，共同推动移动短视频的发展。

第二章　自媒体环境下大学生社会主义核心价值观内化的理论与实践支撑

改革开放以后特别是党的十八大以来，中国经济实现跨越式发展，我国社会主要矛盾已转化为人民日益增长的美好生活需要和不平衡不充分的发展之间的矛盾。现实生活中，越来越多的80后、90后人群在生活和工作中感受到较大的生活和工作压力。2018年6月9日，《第一财经周刊》和欧姆龙健康联合发布的《都市人压力调查报告》显示，中国已经进入"轻"社会，包括对消费品的轻量化的要求。短视频娱乐内容轻松愉快的特点正好迎合了这一需求。

近年来，生活成本的不断上涨和竞争内卷的加剧给我们带来了更大的压力，而我们周围日益浮躁的社会也让我们越来越焦虑。"内卷"的压力促使人们使用沉浸式娱乐进行自我调节。随着技术的发展和自媒体发声的可能性，短视频平台的用户数量急剧增加，自媒体用户数量持续增加。

④技术因素。由于媒体的移动短视频制作、传播、信息反馈都依赖互联网技术的发展，我们从移动短视频兴起原因的讨论中了解到，不断改善的移动网络环境提供了更广阔的发展空间。手机短视频领域空间对智能手机的整体制作流程进行了极大的创新，其运行速度得到了极大的提升，空间也得到了扩展，拍摄效果也变得更加逼真。

第三章 大学生社会主义核心价值观内化的内涵、特征与功能

价值观内化是本文的一个核心概念。明确价值观内化的内涵、特征及功能，是研究自媒体环境下大学生社会主义核心价值观内化的逻辑起点。此外，价值观内化研究不仅是思想政治教育学科研究的命题，与心理学、伦理学、教育学、社会学、传播学等其他学科内化思想也有千丝万缕的联系。新时代加强和改进思想政治教育，需要我们进一步厘清价值观内化的基本范畴，明确信息化背景下价值观内化的特质，乃是本章研究意义之所在。

第一节 大学生社会主义核心价值观内化的内涵

界定自媒体环境下大学生社会主义核心价值观内化的概念，需要抽丝剥茧，依次明确三个具有递进关系的概念：一是内化本身的含义，二是价值观内化的含义，三是自媒体环境下大学生社会主义核心价值观内化的含义。

各个学科的侧重点不同，就导致内化的具体含义有所差异。然而，其内涵又是相对确定的。譬如，将个人外在的社会文化规范、态度、价值观等行为准则整合到自己的心理结构或人格中，都可用来调节自己的一切行为。

在学界的研究中，思想政治教育内化之概念逐渐明晰。例如，"在思想政治教育学中，内化是指受教育者在教育者的帮助下将社会发展所要求的思想观念、价值观点、道德规范纳入自己的态度体系，使之成为自己品德意识体系有机组成部分的过程。"[1] 思想政治教育心理学中类似的界定："内化就是教育者引导和帮助教育对象将一定社会政治思想、道德规范的要求转化为个体的品德认知、情感、信念、意志等内在的意识和心理活动的过程。"[2]

随着网络思想政治教育工作实践的不断变化，网络思想政治教育内化的含

---

[1] 陈万柏，张耀灿. 思想政治教育学原理 [M]. 北京：高等教育出版社，2015.
[2] 王仕民. 思想政治教育心理学概论 [M]. 广州：中山大学出版社，2015.

义也得到了不断丰富。一般认为，网络思想政治教育工作起源于"网络危害论"，兴起缘于"网络工具论"[1]，发展缘于"网络社会论"[2]。

一、内化

作为人及人类社会一种有意识、有目的的活动，"内化"古已有之，在人类早期许多思想中都有所涉及。但内化作为特定的概念出现，则可以追溯到文艺复兴时期。近现代人类思想发展史特别是西方哲学和心理学强调自我的视角，内化这一心理过程研究得以凸显，这一思想轨迹随后在包括尼采、弗洛伊德等学者在内的学术思想中体现出来。尽管学者研究的视角不同，且对内化概念研究的基础（如二分法的效度）存在质疑，但内化作为人及人类社会外在变成内在的过程这一事实是基本共识。包括胡塞尔、维特根斯坦、海德格尔、德里达、海森伯格等学者对内化理论持续研究，不断推动各学科理论体系走向深入。

外部世界如何影响和重构人的内部体验和精神世界，人的内在世界又如何认知和制约这一过程，是人社会化和人类社会发展过程中非常重要的问题，因此一直以来也成为哲学社会科学研究的热点。罗国杰教授在《中国伦理学百科全书（伦理学原理卷）》中指出，道德内化是道德知识逐步转化为个人内心的道德信念的过程。而道德知识内化为内心之信念，可以成为一个人道德意识的有机组成部分。道德内化是一个缓慢的过程，要真正达到道德内化，须理解道德要求的实质和意义。并且对形成信念须持积极主动的态度，通过道德实践进行情感体验和意志锻炼。[3] 车文博教授在《当代西方心理学新词典》中认为，内化，即指接纳、吸收与合并外部东西为自身之一体，并列举了五种不同心理学分支中对内化含义的表述。[4] 鲁洁教授在《德育新论》中指出，内化是指认同和接受某种社会要求的思想和规范。在教育者的引导下，使受教者经过教育、环境熏陶、自主学习和实践体验，并转化为自己个体的思想和行为反应模式，成为支配自己行为的内在力量的过程。[5] 可见，不同学者基于不同学科背景对内化关注侧重点不尽相同。伦理学认为，内化是保证普遍准则在人们的道德生活中具有有效性的重要过程，即外在的规范逐渐融合于自我的内在意识，并在伦理实践行为中变为一种稳定的德性。心理学从认知发展、图式、潜意识、条件反射原理的视角揭示了内化的重要作用。

---

[1] 张再兴. 网络思想政治教育研究 [M]. 北京：经济科学出版社，2009.
[2] 曾令辉. 虚拟社会人的发展研究 [M]. 北京：人民出版社，2009.
[3] 罗国杰. 中国伦理学百科全书（伦理学原理卷）[M]. 长春：吉林人民出版社，1993.
[4] 车文博. 当代西方心理学新词典 [M]. 长春：吉林人民出版社，2001.
[5] 鲁洁，王逢贤. 德育新论 [M]. 南京：江苏教育出版社，2002.

社会文化学认为内化从实质上讲就是个体的社会化过程。强调内化是个体将一定社会精神文化转化为心理因素的过程。

因为立场、学科、研究领域不同，以上关于内化概念及特征的基本界定，从内容、过程、要素等不同角度的展开来看，都呈现出了学者的一种差异化的内化观。关键是这些概念阐释为内化理论的进一步研究提供了基本性论域，并总体上指明了一些重要的方面。

首先，内化的主要含义是确切的。主体通过一定的认知和实践，把外部事物转化为自身内部意识、思维这样一个过程，可以借以调节或指导自己的言行。这个过程是主动与被动、自律与他律相互叠加的结果，如此就能让外在的社会文化规范、价值观、行为准则和个体内在品德在成长发展过程中趋向一致，进而成为人们展示自身的一种存在方式，即达到了"自我同一性"。这既是个人对于所处社会在意义、规则和期望的一种适应、接纳和感悟，也是主体的自我感知、自我满意的人格建构。

其次，内化概念自然包含着有效性的意蕴，即思想和客体总是在不断地发生转化，这种转化是否有效，是否能达到期盼之目的，总会受到诸多因素的影响。

一方面，不同的主体在环境、认知、利益、阅历和心理特征等方面存在差异。

无论是鼓吹二元论范式还是提倡整体论范式的学者，都认为内化总是和现实世界、内部精神体验、"能知觉的""感性的""记忆的"等概念相连接，进而不断尝试通过内化理论来消除僵化的主体与客体的划分方式，将外部环境内嵌于人们的内部认知过程中。内化主体和内化对象要经历一个漫长的复杂的互渗过程才能趋于一致。按照马克思主义认识论所揭示的真理，即内化主体即使充分发挥了其主观能动性，也不可能按其个别实现的方式无条件地把对象全部转化吸收。由此看来，内化主体的主观意识、情感、意志、经验、知识结构和内化的外部环境、条件、教化的手段等，都一道构成了内化有效性的影响因素。

最后，内化绝不是主体对于外在对象的简单反映和复制。它是一个不断加工重构、蕴含质变的过程。如前所述，内化过程受到诸多因素的影响，因而这一过程体现出明显的主体性、个性化、多样性特征。按照马克思主义关于量变与质变相互关系的基本观点，在主客体交融转化的同时，在量的积累之上可以催生出新的质的变化。而内化主体和具体对象之间的实现过程是一种周而复始的特殊性体验，这些体验形成的具体经验又不断渗入新的内化体验中，从而推动着内化活动循环往复地向前发展，在这个循环中总是存在着内化主体与对象之间的"信息交互""物质变换"，同时又是相互吸引、相互作用的内心能量的蕴积、耦合与发展。

二、价值

（一）价值的含义

从词源学角度，价值源于拉丁语 valera，意为值得、有力量的，是指一件事物的价值，并主要是指经济价值。19 世纪，德国哲学家如叔本华、尼采等对价值的意义进行了拓展，他们将价值作为其哲学中的一个主要概念，并形成了价值学。在德国价值哲学创始人威廉·文德尔班看来，价值就是"意味着"，就是具有意义。

中国古代哲学史中，价值概念和系统的价值理论并未形成。由中国古代思想家对义与利、理与欲、志与功等问题所进行的争论中，我们可以得知这种道德价值是以功利价值为基础的。

从西方哲学史来讲，苏格拉底、柏拉图等哲学家喜欢用善、美、正义等来表达具体的价值，但没有对价值进行定义。直到现代西方以后，才有一些哲学流派开始致力于对价值的研究，并提出了各自的思想观点，可概括为以下三类。

一是主观主义的看法。认为价值完全依赖于人类经验，或者说价值仅仅同人类经验有关。

二是客观主义的看法。认为价值不依赖于逻辑而存在或本质为认知，而且它也没有实体存在的状态和作用。

三是形而上学的看法。认为人的价值和社会价值均以神的价值为基础和前提，在承认上帝价值的前提下，承认人的价值和社会价值的统一。要知道，任何价值都具有客观性，有其客观的基础和源泉。价值是客观性、主体性、实践性和历史性的内在统一。这是马克思主义哲学的价值观。

（二）价值的特征

1. 价值的主体性

价值主体性的含义应当包括以下几点：①主体自身所具有的结构规定性。②主体的为我性。③主体的自为性。④主体自律和他律的统一。

上述几个方面体现了价值自身的特点。主体的特点之间相互关联，价值的特点表现了主体的内容，也反映着主体的内容。由于主体的需要是形成价值关系的主要因素，因此主体需要的不同直接影响着客体对于主体的意义。主体需要不同，客体对于主体的意义也不同。主客体之间的价值关系是主体在实践的基础上确立的，而不是一种自然形成的关系。

2. 价值的客观性

价值的客观性体现在价值关系的各个环节都是客观的，即人的需要是客观的，满足人的需要的价值对象是客观的，满足人的需要的过程和结果也是客观的。

3. 价值的社会性

总之，价值由人类及其社会生活的作用而体现，又是通过人们社会交往的过程而突显出来的。

4. 价值的多维性

一方面，价值的多维性体现为主体需求的多层次性和多面性。我们可以将任何一个层次的主体都视为一定的整体，并且它的主体结构和规定性，不仅是复杂的、立体的，还是全面的。另一方面，客体的属性也是多层次、多方面的。客体属性的多层次性和多面性决定了客体可以从多层次、多方面满足主体的不同需求，因而可以形成不同的价值关系。

三、价值观

通常来讲，价值观是价值观念的简称，是人关于价值问题的总的观点和系统看法，包括什么是价值、怎样评判价值及如何创造价值。它是价值主客体之间基本关系的一种"主体性描述"，以人们的"心理因素"和"思想观念"为前提，用来判别"客体满足主体需求"的程度以及"客体主体化过程"的性质和规律。[①]

价值观是多种类型和多层次的。历史和现实表明，人类社会不同时期思想领域一定是多元、多样、多变的，各种思想观念交相杂陈，不同价值取向并存，价值观之争长期存在。对于这些价值观，依据不同的分类标准，会有不同的类型。如果按照性质和对社会发展所起到的作用来划分，价值观可分为正向价值观和负向价值观；如果按照主体来划分，价值观可分为个人价值观、群体价值观、社会价值观；如果按照与经济社会发展符合程度来划分，价值观可以分为超前的价值观、适时的价值观和落后的价值观；如果按照在社会思想观念体系中所处的地位来划分，价值观可以分为核心价值观和一般价值观。在本研究中，主要概念之一的核心价值观即从社会思想观念体系中所处的地位来划分的。

通过揭示价值观的分析可以看出，尽管价值观只是一种"主体性描述"、一种社会意识，但它对个人、群体和社会都产生十分重要的影响。这种影响主要体现在两个方面：一方面，它是价值主体追求的价值目标；另一方面，它是价值主

---

① 袁贵仁. 价值观的理论与实践 [M]. 北京：北京师范大学出版社，2006.

体衡量具体事物价值大小的标准和尺度。人们总是根据一定的价值观念对现实社会及存在的各种问题、现象做出相应的价值判断，以此指导自己的言行，并成为各种社会规范形成的重要基石。因此，价值观不仅对个体认识世界、改造世界，也对社会治理起着重要的指导作用。这说明，价值观安全、核心价值观认同及内化是一个实实在在的命题，对于个体成长成才、国家生存发展有着重要意义。价值观的两极性得以凸显：当价值观与主体发展的客观需要相一致时，就会对主体的生存发展起到积极推动作用；反之，如果价值观与主体发展规律相背离，就会对主体的生存发展起到消极甚至是破坏作用。这就是价值观的正功能和负功能。从这个角度讲，促进信息化背景下大学生社会主义核心价值观的认同与内化实际上就是保持价值稳定、避免价值冲突，激发正向功能、遏制负向功能。

作为一种社会意识，价值观是一定社会实践的产物。对个体而言，价值观的形成受到个人认知、环境、性格、经历、利益等诸多因素的影响。价值观一旦形成，便具有一定的稳定性。对社会而言，受到所处时代经济社会发展的影响和制约，并随着经济社会的变化而变化，体现出多元价值观并存、新价值观不断取代旧有价值观念的规律。正因为如此，价值观建设是一项长期工作，需要全社会不断努力。

四、价值观内化

价值观内化本质上是思想政治教育活动，符合思想政治教育过程及规律，因而对价值观内化概念界定需从思想政治教育要素入手。在思想政治教育学中，尽管各位学者见仁见智，但主体、客体、内容、介体、环体作为思想政治教育基本要素是共识。其一，作为要素的教育主体和对象依然存在，在信息化背景下二者的关系演变为平等共存、双向互动，具有去中心化、主体间性的趋势。其二，内化的内容应集中体现社会主导思想观念体系的价值观点及对应的社会规范，这也是阶级社会思想教育的内在要求。其三，价值观内化本质上仍属于思想政治教育活动，过程性是内化的基本属性。其四，内化的环境是信息特定传播的环境，在符合传统思想政治教育规律的同时，体现出信息传播结合的特征。因此，价值观内化概念得以界定：在一定环境下，价值主体将一定价值观点及对应的社会规范纳入自己的认知态度体系中，并整合成自身价值体系有机组成部分的过程。

这一内化过程大体分为三个阶段：一是对该价值观的认知过程。从整体上对其有大体的了解、认知，可分为感性认知和理性认知。感性认知是从情感上对其认知，理性认知是对其本质的认知。二是对该价值观的认同过程。在自身情感上高度认可该价值观，认为其是科学可行的，对自己有实际帮助。三是对该价值观的践行过程。在实践中将其作为自身的价值观，用于指导自己的言行。

五、核心价值观

（一）核心价值观的内涵、基本特征

1. 核心价值观的内涵

如前所述，人类社会不同时期思想领域一定是多元、多样、多变的，各种思想观念交相杂陈，不同价值观并存。其中，必定有一种价值观在整个社会思想观念体系中处于主导地位，并体现社会的性质、运行的基本规则和发展方向。这种核心价值观承载着一个民族、一个国家的精神追求，体现了社会评判孰是孰非的价值标准。

2. 核心价值观的基本特征

通过考察可知，核心价值观不仅具有主导性，而且具有稳定性。它绝不是等待我们去发现的某种经验的存在，而且它具有理想性和建设性等特点[①]。

（1）主导性

核心价值观犹如一条串联事物的主绳，能够发挥固定、凝聚的作用，将其他各种价值观念串联贯通并凝聚起来；如果其他价值观念受到冲击，核心价值观就会展现出强大的主导性，回击外来干扰，并及时修正已有的价值观。

（2）稳定性

核心价值观一旦确立固定，不易发生变更。因为它是经过实践检验及岁月的洗礼才得以形成并稳固下来的，稳定性是它的一个主要特征。另外，只有稳定的核心价值观才能为个人或群体的价值观构建提供基本遵循，为其价值观构建的阶段性和连续性指明方向。

（3）理想性

核心价值观不仅在价值观体系中起到统摄作用，而且它还能够充分调动个人或群体的自觉能动性，具有强大的召唤力量。这个强大的感召力主要来源于核心价值观的理想性。它是个人或群体对未来发展前景的一种希望和愿景。正是因为具有这种理想性特征，核心价值观才能把个人积极性充分调动起来，把人们像"石榴籽"一样紧紧地聚合在一起，形成强大的合力。

---

① 张学森. 核心价值观的历史演进与当代构建[M]. 北京：人民出版社，2014.

（4）建设性

正如价值具有正负之分一样，价值观也有正确和错误之分。当这种价值观与客体属性满足主体需要的关系相吻合时，就能正确地反映价值的要求，否则就不能正确的反映客观价值。因此，作为居于核心地位的价值观念需要不断地建设，才能正确地反映客观价值。尤其是核心价值观，一旦确立之后，仍然需要不断地建设，才能渗透到各成员的思想观念中，发挥其应有的作用。

（二）社会核心价值观

1. 社会核心价值观的理论内涵

按照目前许多学者对"核心价值观"进行的定义，所谓核心价值观，其实就是指社会核心价值观。譬如，李德顺教授指出："一个社会要想和谐健康地发展，就必须有一个相对能够成为大家共识的价值观，也叫主导价值观。"核心价值观决定整个价值体系的总方向和总特征，为当前社会制度所遵循和社会公民普遍认同，体现着这个社会特有的文化精神追求和基本价值理念。[1]

综上所述，可以看出社会核心价值观的内涵有以下特点：其一，社会核心价值观是指一种价值观念，具有主观性。其二，社会核心价值观是社会核心价值观念体系中的核心内容。其三，社会核心价值观比较稳定，但也会随着社会实践的发展而改变。社会核心价值观就是社会核心价值观念体系中居于主导地位并对其他价值观念起着支配、引导作用的核心价值观念。

如何准确把握社会核心价值观中的"核心主体"与"核心内容"两个基本点？首先应明确社会的核心主体是谁，然后才能确定它的核心内容。通过对中国历史的各个发展阶段进行分析，我们不难看出，在封建社会里，政权掌握在统治者手中，核心价值观是以"统治阶级"为核心主体的，"核心内容"必然要为统治阶级服务。在社会主义社会，"核心主体"是"共产党"的领导，党代表广大人民群众的利益，"核心内容"必然是以人民的利益为标准的价值观念体系。总之，有什么样的社会形态就会有什么样的社会核心价值观。

2. 社会核心价值观的功能

纵观整个人类社会的发展，社会核心价值观不可或缺；即使物质基础再丰富，这个社会也不可能有长足的发展。社会核心价值观能调动人的自觉能动性，并对

---

[1] 王太海，郭霞. 社会主义核心价值体系与当代大学生价值观教育[J]. 科技创新导报，2010（17）：235-236.

全体社会成员进行思想约束。如果无法形成自己的核心价值观，这个社会必然就仿佛一盘散沙，缺乏凝聚力，不可抵达胜利的终点。

（1）导向功能

社会核心价值观在社会实践中对社会全体成员具有引导和定向作用。马克思曾说过，"最蹩脚的建筑师一开始就比最灵巧的蜜蜂高明的地方，是他在用蜂蜡建筑蜂房以前，已经在自己的头脑中把它建成了"。这是由于人的实践活动具有目的性和计划性，这种目的和计划总是受到人的精神因素的影响，价值观就是其中一个重要因素，即社会核心价值观可以为人们提供理想、目标、选择标准等。当社会成员面对困难抉择时，社会核心价值观就为人们的选择提供方向和依据。一句话，社会核心价值观既引领着社会的发展方向，又不断制约着个体的价值选择和目标取向。

（2）凝聚功能

马克思主义哲学认为，人都是社会关系的总和。社会的发展是由社会中全体成员的合力推动的，这个合力是由人的意志所产生的。一个社会要想不断发展进步，就要靠全体社会成员的共同努力。因此，一个民族要形成强有力的凝聚力就需要有共同的社会核心价值观。如果社会核心价值观以宗族观念、民族观念或阶级观念呈现出来，就会产生强大的凝聚力。反之，如果社会的核心价值观模糊混乱，这个社会就不易发展，甚至会开历史的倒车。

（3）规范功能

社会核心价值观具有主导性，是社会主流意识形态的核心，是我们的基本价值准则。社会核心价值观能协调人与人之间的关系，维持社会的相对稳定。比如，我国两千多年的封建社会之所以能够保持基本不变的大格局，中国传统社会核心价值观中的仁、义、礼、智、信，在其中起着不可替代的重要作用。

3. 我国社会主义核心价值观

（1）我国社会主义核心价值观的内容

党的十八大提出，倡导"富强、民主、文明、和谐，自由、平等、公正、法治，爱国、敬业、诚信、友善"的社会主义核心价值观。这24个字，概括了我国核心价值观的内容。

富强、民主、文明、和谐——从国家层面来讲，这是我国社会主义现代化建设的目标。中国有着五千年的文明史，从原始社会、奴隶社会、封建社会到今天的社会主义社会。一路走来，中国的发展经历了太多的坎坷。近代以来，由于清王朝的腐败统治，国力日衰，与工业革命后的西方国家相比，差距越来越大。八国联军占领北京，血的教训警示国人，落后便要当亡国奴。1921年中国共产党创立，中国的面貌焕然一新。1949年，中华人民共和国成立，中国的综合国力日益增强，人民的生活水平逐步提高。特别是改革开放以来，我国进入发展的快车道，经济持续快速增长。经过持续健康发展，我国已经发展为世界第二大经济体。但随着我国经济的快速发展，也产生了诸多问题，如体制僵化，让老百姓感觉不够民主，还有贫富差距等，这些都是在发展中亟须解决的问题。因此，我们应把中国建设成为富强、民主、文明、和谐的社会主义现代化国家。

自由、平等、公正、法治——从社会属性来看，这是中国特色社会主义的基本属性。自由，主要是指人的意志、生存与发展的自由，也是人类的美好愿景。自由是相对的自由，并不是为所欲为，而是人人都遵守法律法规形成的自由。平等，即法律面前的人人平等。公正，主要是指社会公平与正义。法治，是社会主义现代化建设的重要保证。我国在立法、执法、司法方面虽然存在某些不足，但可以通过及时补充完善，务求使国家法治公信力日益增强。因此，我们应始终把自由、平等、公正、法治作为治国理政的基础。

爱国、敬业、诚信、友善——从个人属性来看，这是每个公民都必须恪守的基本道德准则。爱国，即热爱祖国，拥护国家统一，维护民族团结，将国家利益放在个人利益之上。敬业，即爱岗敬业，有较高的职业素养。诚信，乃立身之本，"人无信，无以立天下"，要始终坚持诚信原则。友善，即相互关心、帮助，和睦友好，构建社会主义新型人际关系。可见，爱国、敬业、诚信、友善始终是我国评价公民道德行为的基本价值标准。

由此可见，我国社会主义核心价值观的三大主体，分别从国家、社会和公民三个层面提出了不同的要求。"富强、民主、文明、和谐"，是中华民族追求的最高目标，是实现中华民族伟大复兴的必备要素。"自由、平等、公正、法治"，只有社会各方面都确立起良好的社会规范，按照"自由、平等、公正、法治"来制约一切不良社会现象，才有可能在全社会树立起人人遵守的行为准则和价值规范。"爱国、敬业、诚信、友善"，是社会主义核心价值观在个人层面上的要求，这不仅有利于提高公民的思想道德素质，还有利于维护社会安定和谐和国家的长治久安。

（2）我国社会主义核心价值观的特征

先进性。正如习近平总书记指出的，社会主义核心价值观是对我国现实发展状况的科学总结，是立足于中华民族的发展实际所得出的科学结论，也是对中国特色社会主义的发展和总结，更是对马克思主义理论的传承和发扬，是先进的科学的思想理论。

引领性。社会主义核心价值观是经过科学实践总结出来的经验，能够正确引导国家以及人民的发展方向，犹如我们前进的灯塔，具有引领性。

发展性。社会主义核心价值观将我国当今的发展实际与我国已有的思想理论相互融合，形成了具有时代特征和符合现实社会发展要求的科学的思想理论。因此，它具有发展性。

需要指出的是，社会主义核心价值观与社会主义核心价值体系是两个不同的概念。社会主义核心价值体系的基本内容包括：马克思主义指导思想，中国特色社会主义共同理想，以爱国主义为核心的民族精神，以改革创新为核心的时代精神以及社会主义荣辱观。可见，社会主义核心价值体系体现了四个价值层面：指导思想、理想信念、精神支柱以及道德规范，它们构成了社会主义的精神内核。社会主义核心价值观与社会主义核心价值体系关系密切，不可分割，但并非同一概念。

社会主义核心价值观是社会主义核心价值体系的高度概括，是社会主义核心价值体系的灵魂，它更形象、直观、具体，对社会主义核心价值体系的构建具有引领作用。而社会主义核心价值体系是社会主义核心价值观的表现形式，没有社会主义核心价值体系，就没有社会主义核心价值观。社会主义核心价值体系的内容要比社会主义核心价值观广泛丰富得多。社会主义核心价值体系和社会主义核心价值观有机联系且相互统一。

六、社会主义核心价值观培育

培育，是指对幼苗的精心呵护，使其茁壮成长。

社会主义核心价值观培育，一是指社会主义核心价值观自身的培育，不断推进社会主义核心价值观不断成长，逐渐展现出主流价值观的理论魅力、说服力、凝聚力、引领力等。并不断形成意识形态领域的高地和释放自身的话语权。二是指社会主义核心价值的培育，即通过主流媒体的大力宣传教育，使受众能够深入了解并认同，进而践行之，使其成为广大群众自己的价值观。

培育和践行社会主义核心价值观,是中国共产党的一贯要求。主要体现在以下几个方面。

首先,推进国家治理体系的完善和治理能力的提升,离不开社会主义核心价值观的培育。我国改革开放进入攻坚阶段,人民日益感受到国家治理能力对取得攻坚战胜利的重要性,以及我们治理能力的不足,为此,党的十八届三中全会提出关于推动国家治理体系和治理能力的现代化发展的战略方针,这是实现现代社会治理的重大转折点。一个国家要完成从传统管理方式到现代化治理方式的转化需要讲清楚两个问题:价值考量的问题和价值引领的问题。因此,要实现国家治理体系和治理能力的现代化,必须以主流价值观为指导,只有在价值观念上达成共识,形成合力,才能共筑中国梦。当然,只有主流价值观还不够,还必须有现代化的核心价值观,只有理念和观念的现代化,才能推动治理能力的现代化。因此,社会主义核心价值观需不断培育。为此,《关于培育和践行社会主义核心价值观的意见》指出:"把培育和践行社会主义核心价值观落实到经济发展实践和社会治理中。"这就是要在思想层面、价值层面为国家治理体系和治理能力的现代化提供价值指引。

其次,要使广大人民群众思想统一步调,必须重视社会主义核心价值观的培育。坚持以科学理论武装头脑,是党的一贯要求,也是改革开放取得胜利的思想保障。马克思指出:"批判的武器当然不能代替武器的批判,物质力量只能用物质力量来摧毁;但是理论一经群众掌握,也会变成物质力量。理论只要能说服人,就能掌握群众;而理论只要彻底,就能说服人。所谓彻底,就是抓住事物的根本。"培育社会主义核心价值观,最重要的一点就是要使之内化于心,外化于行。只有坚持以科学理论的力量来武装群众,才能更好地推动社会的发展和人的发展。正如马克思所言:"思想的闪电一旦彻底击中这块素朴的人民园地,德国人就会解放成为人。"可见,培育社会主义核心价值观,其目的就是要用科学的理论武装头脑,为广大人民群众在实现中华民族伟大复兴的奋斗历程中提供思想指导和精神激励。

再次,培育社会主义核心价值观是推动个人发展的精神需要。要实现全面建成小康社会的宏伟目标,归根结底还在于人民的共同奋斗。现在,国家与个人发展的关系比以往任何时候都要紧密,个体在国家发展过程中,只有不断提升自我,才能推动社会进步。在经济全球化视域下,国家的发展需要每个人具备政治意愿和国际眼光,这就需要培育群众的现代理念,认同国家的主流价值观念。新时代中国特色社会主义不断向前发展，尤其要让每个社会成员都具备战略眼光，了解实现"中国梦"的重大意义。

最后，培育与践行社会主义核心价值观要达到内在统一。从某种意义来讲，培育的过程本身也是一个践行的过程，两者内在地统一于社会实践中。社会主义核心价值观建设重在培育，这关系到主流意识形态能否为群众所掌握，为群众所接受，为群众所认同，进而让社会主义核心价值观化为一种物质的力量。培育是一个螺旋式上升的过程，即在践行过程中不断得到培育，在培育过程中不断得到践行。它们内在地统一在一起，形成一个螺旋式上升的过程。一句话，社会主义核心价值观离不开践行。这也是中国共产党始终要求把社会主义核心价值的培育和践行紧密相连的原因。

由上可知，社会主义核心价值观的主体是谁，关系到理论本身的性质和方向，也关系到理论本身的生命力问题。社会主义核心价值观来源于人民实践，是在人民实践基础上形成的理论成果，也是经过执政党的高度总结和理论提炼形成的。社会主义核心价值观的主体应该是人民，乃是我们党理论发展的重要路径之一。基于此，可以说培育社会主义核心价值观就是作为社会主体的人民的一种自觉的理论行动，从而区别于那些认为这是执政党的意识形态灌输和宣传的工具论，其本身就体现了人民作为主体的意志和理论自觉。这也是社会主义核心价值观具有强大生命力的根本原因。

七、自媒体环境下大学生社会主义核心价值观内化

基于以上分析，自媒体环境下大学生社会主义核心价值观内化这一概念界定中的核心要素得以确定，其一，作为要素的教育主体和对象依然存在，在信息化背景下二者的关系演变为平等共存、双向互动，具有去中心化、主体间性的趋势。其二，内化的内容应集中在符合时代发展与社会进步的价值观点及对应的社会规范中，社会主义核心价值观是当代中国精神的集中体现，这也是思想政治教育的内在要求。其三，自媒体环境下大学生社会主义核心价值观内化本质上仍属于网络思想政治教育活动，过程性是内化的基本属性。其四，内化的环境是自媒体传播下的时空环境，在符合传统思想政治教育规律的同时，体现出诸多新的特征。因此，自媒体环境下大学生社会主义核心价值观内化概念得以界定：在自媒体传播环境下，大学生网民将中国特色社会主义发展所要求的价值观点及对应的社会规范纳入自己的认知态度体系中，并整合成为自身价值体系有机组成部分的过程。

需要指出的是，自媒体环境下大学生社会主义核心价值观内化的内涵理所当然也包括广义和狭义两个层面。从广义上讲，自媒体环境下大学生社会主义核心价值观内化泛指一切自媒体传播环境下大学生社会主义核心价值观内化活动；从狭义上讲，自媒体环境下大学生社会主义核心价值观内化则专指在自媒体互动中开展的大学生社会主义核心价值观内化活动。现代信息传播打破了传统高校思想政治教育的疆界，赋予了思想政治教育全新的理念、过程、环境，这也是"三全育人"本质精神所在，因而本研究倾向广义界定。

此外，自媒体环境下大学生社会主义核心价值观内化的内涵是不断丰富发展的。可以预见的是，随着社会的进步和科技的发展，现实社会和虚拟社会的融合进一步加快，当人们无论是被动还是主动卷入"数字化生存"中时，信息化背景下思想政治教育从机制、方式到机理都发生了巨大变化，自媒体环境下大学生社会主义核心价值观内化也因此被赋予更为丰富的内涵。

因此，我们应该注意到，对于自媒体环境下大学生社会主义核心价值观内化概念未来演变的探寻存在一定困难，这是人自身发展需要的变化与信息技术发展共同造成的，因而要进一步明晰自媒体环境下大学生社会主义核心价值观内化的概念，必须明确一些关键性问题。其一，自媒体环境下大学生社会主义核心价值观内化是与现代传播技术的发展相伴相随的，自媒体环境下大学生社会主义核心价值观内化的概念必定会吸纳不同传播技术的特质。其二，自媒体环境下大学生社会主义核心价值观内化动力因人民日益增长的美好生活需要而生，其内涵也必将随人们全面发展的需要变化而变化。其三，自媒体环境下大学生社会主义核心价值观内化目标是因现代网络社会的进步和发展而生的，核心价值观在一个社会的思想观念及治理体系中处于主导地位，其内涵也随着未来网络社会的发展趋势而变化。其四，自媒体环境下大学生社会主义核心价值观内化既是对一种结果的呈现，也是对一个过程的展示，特别是对"外在化内在"的关键性过程的展示。

第二节　大学生社会主义核心价值观内化的特征

大学生社会主义核心价值观内化的特点主要有内化起点的不确定性、内化主体的多样性、内化阶段的反复性和内化过程的长期性。

一、内化起点的不确定性

为什么说内化起点具有不确定性特征？缘于知、情、意、信、行这一基本规律，是大学生内化社会主义核心价值观的基本遵循。他们思想品德的形成和发展都与这"五字"要素紧密相连。这"五字"要素的紧密衔接对大学生内化社会主义核心价值观至关重要。一般来说，大学生行为方式的选择比较自由，内化的具体实施过程又无法完全遵从知、情、意、信、行的过程排序，而是往往表现出多种发轫，故而大学生社会主义核心价值观的内化总是表现出诸多的不确定性。以"五字"要素中的任何一个或多个内容为起点进行内化皆有可能，并非每个学生都有确切的和同样的内化起点。

在对大学生社会主义核心价值观内化教育时，施教者要注意把握受教育者的不同内化起点，教育要有针对性、目的性。不管大学生内化起点的选择是什么，都要对他们的实践锻炼和自我修养加以引导，导之以知，导之以情。只有不断加强大学生对社会主义核心价值观的认识，培养其良好的思想品德和行为习惯，才能使大学生具有稳定思想品德，并在知、情、意、信、行各个方面得到和谐发展。

二、内化主体的多样性

大学生社会主义核心价值观内化的多样性，是其内化主体的又一个特征。内化主体的多样性，是指大学生个体在不同发展阶段的价值取向和行为准则存在着差别；而且不同的大学生个体之间由于生活环境之不同，彼此之间存在着习惯等方面的差异，故而大学生社会主义核心价值观内化活动必然存在多样性的特征。有的大学生，其内化知识的能力、主观能动性相对好一些，有的要差一点。不同阶段的大学生具有不同的学习生活需求，内化过程中的侧重点也不尽相同。[1]一个刚入学的大一新生和即将毕业的大四学生，其特点总有不同，施教者在对他们进行社会主义核心价值观内化教育时，应当根据其年龄、年级、地域、需求等选择不同的教育方式，采取不同的教育方法。唯有如此，才能收到极佳的内化效果。

三、内化阶段的反复性

大学生社会主义核心价值观的内化存在各种积极或消极的因素，对内化活动的开展起到不同的作用，内化主体的情绪、意志、情感等也会发生变化。这些变

---

[1] 白强. 理论审视：大学生社会主义核心价值观内化的心理分析 [J]. 重庆大学学报（社会科学版），2017, 23（2）: 147-154.

化不能往消极的方向发展，否则就会使价值观念混乱，影响核心价值观内化之后果，甚至会导致大学生社会主义核心价值观内化阶段呈现反复性，必须引起高度重视。

四、内化过程的长期性

社会主义核心价值观内化是一个长期的过程。这一过程中必然存在反复性、长期性。受诸多因素的影响，内化过程不可能按照知、情、意、信、行的既定方向发展。而且大学生身心素质和认识水平比较脆弱，对各种网络信息的识别度较低。

大学生社会主义核心价值观内化要经历三个境界："昨夜西风凋碧树，独上高楼，望尽天涯路"；"衣带渐宽终不悔，为伊消得人憔悴"；"众里寻他千百度，蓦然回首，那人正在灯火阑珊处"。没有长期的规划和努力，不可能实现价值观内化之目标。为此，施教者对大学生可能遇到的诸多问题，都要有一个正确的预判，并有针对性地制订教育规划，设计教程方案，更好地完成社会主义核心价值观内化工作。

第三节 大学生社会主义核心价值观内化的功能

大学生是祖国的未来，是将来国家建设的中坚力量。坚持用社会主义核心价值观武装头脑，将其内化于心，外化于行，意义重大。切实搞好社会主义核心价值观内化工作，有利于提升大学生的综合素质，有利于和谐校园与和谐社会目标的落实，有利于推动中国梦的早日实现。

一、有利于提升大学生的综合素质

随着市场经济的不断发展及以互联网为代表的现代传播技术的日益普及，社会上各种价值观，如个人主义、拜金主义、功利主义等都会在大学校园里大行其道。大学生具有很强的可塑性，处在正确价值观确立的核心时期，此时加强大学生社会主义核心价值观的教育和内化，让他们确立正确的价值取向，最终在道德素质、文化素质、政治素质等方面都得到提升。

加强对大学生社会主义核心价值观的教育，通过不断的学习认知，并内化为个人价值观，必然有利于大学生培养高尚的人格，有利于大学生提高政治思想觉悟。大学生自觉践行社会主义核心价值观，有助于自身品行的不断完善以及综合素质的提升，从而成为我国经济社会发展所需要的优秀人才。

二、有利于构建和谐校园与和谐社会

为构建和谐校园与和谐社会，必须对大学生进行社会主义核心价值观内化。社会主义核心价值观所倡导的二十四字方针为大学生指明今后奋斗的目标，并为其在自身发展过程中提供环境保障，指明行为准则。让当代大学生远离低俗文化，抵制消极观念，形成良好的校风、学风，是我们开展并完成内化教育工作的重要目标。在内化工作中，我们要努力促进校园文化建设，开展"以文化人"工作，营造一种和谐、融洽、积极、向上的校园氛围。

有数据显示，大学生群体占据我国青年建设者的50%以上，他们代表着祖国的未来和希望，是和谐社会建设的中坚力量。因此，加强大学生的社会主义核心价值观教育，提升对其的内化效果，有利于形成社会和谐人际关系。对大学生进行社会主义核心价值观内化，能促进和谐社会的构建。

三、有利于推动中华民族伟大复兴中国梦的实现

加强对大学生进行社会主义核心价值观内化教育，有利于推动中华民族伟大复兴中国梦的实现。

当代大学生是祖国的未来，是社会的精英，是中国特色社会主义现代化建设的生力军。大学生一旦将社会主义核心价值观内化为个人价值观，便将形成强大的群体合力，以推动中国梦的实现。因此，大学生是否将社会主义核心价值观内化，内化的程度怎么样，直接关系到他们是否能齐心协力肩负起实现国家发展目标的历史使命，关系到我国第二个百年奋斗目标能否顺利实现。

第四章　自媒体对大学生社会主义核心价值观内化过程影响机制与规律

大学生社会主义核心价值观内化过程影响机制是一定环境下思想政治教育各要素基于某种机理作用，相互联系、相互作用的原理和运行方式。教育对象核心价值观内化是一个不断运动、变化、发展的过程，是一个动态运行的连续体。它既要遵循自身内在发展逻辑，又要受到外在机制的制约。研究自媒体传播环境下的核心价值观内化过程机制有助于我们深化对网络思想政治教育动态性、科学性和整体性的认识，把握具体环境下网络思想政治教育的规律，提高网络思想政治教育的效果的有效性，更好地解决现实过程中的问题。

第一节　自媒体对大学生社会主义核心价值观培育的积极影响

对于大学生群体来说，自媒体可对他们的社会主义核心价值观产生正面影响，大体包含五个方面：第一，使教育方式和教学方法得到了丰富；第二，将时空情景加以拓宽，使教育载体得以创新；第三，高校社会主义核心价值观的培育手段在自媒体环境下得到了丰富发展；第四，高校社会主义核心价值观培育的效果有了明显增强；第五，传播更具有自主性和互动性，其感召力也越来越强。

一、丰富了教学方法和改革了教育方式

自从自媒体问世后，大学课堂便发生了巨大变化，而其丰富多样的形式常被高校教师当作必备的教育载体。

首当其冲发生变化的便是教学组织的形式。学生可以在上课之前，在自媒体的帮助下完成自习。利用小组作业的形式，学生围绕某一个议题，利用自媒体开展资料收集工作，以小组讨论的方法得到议题结论，并发表学习成果。这样的学

习模式不仅使学生的学习自主性得到提高,鼓励其加入主动学习的队伍中,还让学生的信息采集能力、辨别能力得到了很大的提升,并培养其小组协作能力。

在自媒体的帮助下,学生不但可以便捷地得到并学习社会主义核心价值观的知识,还能够通过自媒体平台——微信、QQ等进行观点讨论与沟通。

二、拓宽了时空情境和创新了教育载体

在自媒体时代,大学生能够更便捷地获取各种信息。由于自媒体天生就带有自主性和便利性,时空之间的界限被自媒体打破,一旦信息公开发布,网友就能在手机或者计算机进行转发、评论,将这个信息卷入传播巨浪中。

鉴于自媒体与生俱来的便利性,它在较短的时间内取代了传统教育载体,成为高校开展大学生社会主义核心价值观教育的新载体。大学生对于自媒体有着很高的接受程度,他们认为自媒体与自身的日常生活息息相关,而且还可以从中学习到知行合一的必要性,让大学生对社会主义核心价值观逐渐认可、接受并实践。占据着不受时间空间限制的优点,自媒体使社会主义核心价值观教育资源的奏效传播成为现实,对大学生的学习产生了积极影响,因此加快了大学生社会主义核心价值观教育的进度。

三、丰富了高校社会主义核心价值观培育手段

高校社会主义核心价值观培养在"互联网+"的帮助下,踏上了一个新的台阶。利用网络工具,高校社会主义核心价值观得以广泛传播,不得不承认其对于大学生价值观形成中的重要作用。高校社会主义核心价值观培育在"互联网+"的时代背景下,利用创新的教学理念和方式,深入发掘视频、音频、大数据,多管齐下,吸引和感染了众多大学生。在这样的环境下,高校教师和学生的创新创造能力得到了极大的提高,也使如何丰富大学生核心价值观教育有了新思路。

一些社会话题常会吸引民众的关注和讨论,得益于"互联网+"时代下的开放性特点。在这样的前提条件下,高校开始探索一些新的教育方式,能否利用社会热议话题吸引学生的注意,并在教师的正确引导下形成自己的观点、发表自己的看法,这是令学生受益匪浅的。在铺天盖地的热点舆论中,如果大学生能够通过教师的正确指引提高网络道德修养,使正确的网络价值观渐渐地在其内心中树立,这不得不说是一种有效的社会主义核心价值观内化方式。

为了使社会主义核心价值观在高校中得到有效的传播,使大学生的学习效

果得到进一步提升，要求在开展高校社会主义核心价值观培养的过程中要与时俱进，不断地进行改良创新。价值观教育在过于采用传统媒介作为载体时，常被学生认为内容乏味无聊，难以吸引学生的注意力。如今在网络技术的帮助下，传播载体得到了更新，培育内容有视频、音频、表情包、漫画等，声色并茂，使大学生的学习兴趣油然而生。有效地使用"互联网+"来发掘大学生的学习兴趣和增强其学习主动性，使得高校社会主义培育工作能够在一个轻松愉悦的氛围里开展，让大学生在潜移默化中向国家提倡的主流价值观靠近并逐渐认同主流价值观。

四、增强了高校社会主义核心价值观培育传播效果

随着互联网技术日新月异的发展，信息传播的速度更为快捷、范围更加广阔，这是任何一个传统媒体都无法企及的效果。这样的时代环境也带来了一个机会，使得社会主义核心价值观教育在高校中存在着成效极高的可能性。大学生在互联网技术的帮助下，不再受到时间、空间的限制，实现了便捷有效地收取信息，这些信息自然也包括了社会主义核心价值观。

当高校需要及时有效地公开发表与社会主义核心价值观有关的最新报道、最新动态的时候，QQ、微博、微信不失为行之有效的互联网传播手段。在过去，学生和教师之间的交流受到空间的限制，只能在教室进行，如今在互联网所搭建的平台上，学生和教师可以在线上交流，渠道得到了有效拓展。在互联网留言板的帮助下，双方的交流也不因某一方不在线上而受到影响，当学生希望能与教师交流某些观点、想法时，只需要进行留言，待教师上线后就能阅读到留言并进行回复，充分利用了碎片时间沟通交流，提高了沟通的效率。

在现代传播技术飞速发展的影响下，地理距离的遥远与否已经不再是社会主义核心价值观培育的阻碍。在互联网这个平台上，全国乃至全球的高校实现了信息共享。高校应该充分利用经济全球化的发展趋势，追随"互联网+"的脚步，将优质的共享资源当作加强社会主义核心价值观教育的有力武器。除了可以将社会主义核心价值观通过网络进行世界范围的传播、塑造中国的正面形象、展现真实的中国社会外，还可以让大学生的视野得到扩大，凭借便捷的网络便可了解到世界先进文化的科研成果，通过新成果、新科技的耳濡目染，让大学生逐渐树立起积极、正面的价值观念。

一言以蔽之，若要优化高校社会主义核心价值观的培育工作，利用全球的优秀成果是必不可少的手段。不仅如此，大学生对社会主义核心价值观以及中国特

色社会主义现代化建设的认同感也会逐渐增强，从而才能作为优秀的社会主义接班者在国际竞争中充满自信。

五、增强了传播的自主性和互动性并提升了其感召力

自媒体为大学生提供了自主查询、选择信息的环境，社会主义核心价值观在这样的环境中传播时，对于大学生来说更具选择性，不得不说，这也对增强社会主义核心价值观教育效果创造了优势。

在自媒体的帮助下，教师可以借助生动的教学素材来展示、传播社会主义核心价值观，学生的自主学习欲望和想象力得到了充分鼓励，进而增强了社会主义核心价值观的学习效果。比如，将尊老爱幼的价值观用情景短剧的形式进行拍摄后，在快手、抖音等小视频手机程序中投放播出，将积极正面的能量释放给广大用户、吸引用户点击观看转发等，也不失为寓教于乐的方式，有利于社会主义核心价值观的内涵和精髓为大学生所领会。

第二节 自媒体对大学生社会主义核心价值观培育的消极影响

自媒体的便捷性是一把双刃剑，它不仅让信息传播变得更加容易，而且也会因为缺乏正确约束而使许多不良信息在其中鱼龙混杂，让消极的、不良的信息传播肆虐。从这个角度来看，自媒体在对大学生进行社会主义核心价值观培育的过程中也带有消极影响，主要包括五个方面：第一，教育环境因为信息的良莠不齐而变得纷繁庞大、难以控制；第二，高校大学生的价值判断标准被网络消费主义误导；第三，当自媒体正在迅猛发展时，教育系统却没有形成相对应的机制；第四，教育内容因受后现代主义思潮的冲击而变得不再深刻；第五，大学生对于社会主义核心价值观的价值判断因受自媒体的冲击而动摇。

一、信息的良莠不齐使教育环境变得更加复杂

如今，得益于自媒体时代的发展，民众的声音可以凭借微博、微信、抖音等平台进行传播，但良莠不齐的信息也影响了网络的真实性，对社会主义核心价值观的培育产生了消极影响。

首先，社会主义核心价值观的培育环境在良莠不齐的信息中变得愈发复杂。其次，由于大学生的人生观、价值观还未完全成型，还不具备较高的能力对所有

信息进行甄别、筛选，错误的、虚假的、消极的信息难免会对其价值观的塑造产生消极影响。最后，在信息获取的方式越来越便捷的情况下，大学生的自我思考、奋斗拼搏的毅力很有可能被消磨殆尽，最后受网络支配。

所以，对自媒体加以规范约束、创造良好的环境便迫在眉睫。教育者在享受、操作便捷的自媒体工具开展教学活动时，也应该思考如何达到两全其美的教学效果。

二、网络消费主义模糊了高校学生的价值判断标准

人们的学习、生活、工作和娱乐模式被网络改变，大众消费时代因市场化的迅猛发展而开始。面对大量来自网络媒体和传统媒体喷涌而来的商品信息，民众的消费欲望受到了各种刺激，民众开始倾向于消费主义，市场需求随之增加。

在过去，当人们的物质要求得到满足后，消费和娱乐作为一种精神层面的需求也是自然产生的，并未与社会主义相对立。即便在马克思看来，他也没有对这类精神层面的需求进行过抨击或否认，并把它称为合理的满足。然而，一切都因为网络声嘶力竭的宣传而变味了，受利益的驱使，各个电子商务平台借助网络的便捷性和传播优势，进行各类消费宣传，给民众的消费欲望带来了极大的刺激。过去，在电商的包装下，11月11日变成了"双十一购物节"、12月12日变成了"双十二购物节"，如今还有"618"年中促销节、"818"大促等，几乎每个月都有一次促销狂潮。同时，受到新冠肺炎疫情的影响，实体店铺经营受到冲击，网络"直播带货"的模式油然而生，网络购物的形式越来越具象，让人们足不出户便仿佛游走在商业广场中。在各个主播的大声疾呼下，众多网民纷纷掏出了自己的腰包贡献销量。在不良的消费观念诱导下，"剁手族""月光族"等消费群体逐渐出现，悄无声息地影响着社会消费观念。特别是现在的00后，在这样"消费为王"的信息冲击下，容易迷失自我、形成错误的价值观。

当前大学生仍然是我国线上网络消费的主要人群，其资金来源于父母，而且大学校园生活的空余时间较多，为大学生进行线上商品选购提供了充足条件，再加上刚脱离了中学时期学校和父母的约束却暂未踏入社会，缺乏历练、意志力不够坚定，因此部分大学生不可避免地受到了网络消费主义的入侵，在电子商务平台的迷惑下，错误地对待自己的消费需求和消费能力，未树立起正确的价值观，对于高校开展社会主义核心价值观教育来说，这不可否认的是一个挑衅，也是亟待解决的主要困难。比如，一些大学生本身并不具备足够的经济实力来进行消费，却被灌输了西方资本主义国家超前消费的理念，从而在网络上进行借贷——也就

是我们常说的"网贷",而一些电商平台也提供了针对大学生的借贷,只要能提供身份证、学生证,就可以给大学生"打白条"。这些都是商家追逐利益的过程中所采用的不当手段,大学生暂时没有固定收入和工作,很容易导致无法按时还贷,进而影响其信用,甚至进入失信名单,这不仅不利于大学生的个人发展,还不利于社会的和谐稳定。

三、迅速发展的自媒体使教育的应对机制呈现滞后性

在传统教育方式中,思想政治教育工作通常是在教室中进行的,教学设备只有黑板、粉笔等,且内容较为枯燥乏味,无法及时地与时事挂钩,教学理念追不上时代发展的脚步。在这种封闭的模式下,高校掌握着知识传播的主动权,如果出现了突发事件,能够及时地掌握事态进展情况并加以控制。

但在自媒体时代,这种传统方式一去不复返。大学生的身份不再是单纯的受众,面对信息时,他们可以主动地选择接受或拒绝,同时也有自主权来发表并传递信息。由于自媒体具有自觉自主性,大学生使用大量的闲暇时间去刷屏,看微博、逛朋友圈[1]。

放眼望去,自媒体的表现形式有着更多样式的变化。在这样的条件下,个体的话语权也从弱变强,人与人之间有着更为开放的交流形式,不仅如此,由于网络具有隐匿性,如果信息监督工作缺失,便容易让各种不良的意识形态趁虚而入,侵蚀大学生的意识形态,导致其思想凌乱,不能达到社会主义核心价值观培育的目的。这样的消极教育环境的出现,正是由自媒体信息监管缺失、应对机制滞后所导致的。

四、后现代主义的涌入使教育内容的深刻性渐渐被降低

鉴于思政课理论性、抽象性和特殊性的特点,高校在社会主义核心价值观教育时,要充分考虑到大学生对于该价值观的需求,能否将社会主义核心价值观教育同大学生的生活实际相关联、跟上时政热点的脚步、与国家发展策略的步调相一致,是开展社会主义核心价值观教育的考量要素。只有做到了这些,大学生才能在生动具体的事例中领会社会主义核心价值观的内在意义。然而,自媒体在不断发展的过程中显现出了"后现代主义"的性质,碎片化等成了自媒体信息的代名词。在多数高校大学生看来,自媒体无非是与外部世界交流的方式之一,也被

---

[1] 高雁,张叶丹,刘子浩. "微时代"大学生社会主义核心价值观教育探析[J]. 张家口职业技术学院学报,2016,29(2):35-37.

当作休闲娱乐的工具。有的大学生认为，自媒体更多的是让他们浏览时事、娱乐八卦变得方便了。这间接导致了大学生群体中对于某些重要深刻事件的讨论流于形式，也因此降低了社会主义核心价值观教育的内容深度。

五、冲击了大学生在社会主义核心价值观培育中的价值判断

在自媒体呈现出爆发式发展的情况下，大学生对于社会主义核心价值观的选择判断受到了冲击。一方面，大学生的视野因为自媒体的发展而得到了拓宽，大学生社会主义核心价值观教育资源得到了丰富和完善，大学生的精神世界也越来越富足；另一方面，大学生的价值观选择判断受到了多种多样文化的冲击，变得动摇。[1]

大学生涯正是青少年的转变期，在这一阶段大学生逐渐变得成熟，也过渡到了成人阶段，对于其塑造人生观和价值观，也是极其关键的。[2] 在这个阶段，大学生在选择价值观的时候，其行为都有动摇性和不确定性，周遭的人或事物都会对其思想、行为产生影响。特别是包含大量鱼目混珠信息的自媒体，在这种情况下的极速传播，可能对于大学生来说并不全是好事。

在同一时刻，大学生价值观的眼界得到了拓宽，世界范围内多种多样的价值观念丰富了大学生的认识，让他们接触到了更新的认知。但是，主流媒体也好，非主流媒体也罢，没有哪一个时期、哪一个组织能够保证其对任何信息都能够做到准确、迅速、客观的判断。一些大学生由于人生历练不足、经验缺乏，心态幼稚，难以辨别是非，容易被这类信息误导。因此，必须第一时间排查出有害思想并予以根除，避免大学生受到消极信息的影响，危害其身心健康，也不利于构建社会主义核心价值观体系。

第三节 自媒体对大学生社会主义核心价值观培育消极影响的原因

一、多种社会思潮的渗透和影响

在这个变化多端、暗流涌动的国际形势下，各国之间综合国力较量的竞争势

---

[1] 孙冰. 自媒体环境下高职学生资助教育工作的思考——以微信公众平台为例 [J]. 淮南职业技术学院学报, 2016, 16（5）：92-94.
[2] 李建军. 青春期成长攻略 [M]. 北京：现代教育出版社, 2008.

头不减。凭借着奋斗不屈的精神和百折不挠的努力，中国共产党带领中国在国际竞争中崭露头角。作为一个发展中国家，中国向其他发展中国家，甚至是世界各国展现出了一套有着中国特色的发展模式。随着中国综合国力的日益强盛，一些西方资本主义国家日益害怕中国"威胁"到自己的国际位置，趁中国改革开放之际，将自己的思想潮流和价值观念输入中国，更有甚者，还与各类反华势力沆瀣一气，企图在中国吹捧西方价值观，进行和平演变。在这样一个看不见硝烟的意识领域斗争中，高校成了各国觊觎的战略阵地，个人主义、享乐主义等与社会主义核心价值观相违背的价值取向朝着高校的大学生发起攻势。

（一）个人主义产生负面效应

作为目前世界上最大的社会主义国家，中国一直以来坚定不移地夯实各项社会主义制度。在这样的背景下，集体主义价值观被当作主流的社会价值取向，如何处理好个人与集体之间的关系贯穿着教育的始终。在社会主义核心价值观中，将集体利益放在首位是必要原则，如果集体利益受到威胁，甚至可以牺牲个人利益来维护集体利益。出于这样的价值观念教育，中华民族才能在一次又一次的危机中齐心协力地攻克难关、化险为夷，向新时代前进。与集体主义、社会本位主义有着根本区别的个人本位主义，则是将满足个人利益摆在首位，专注于个人价值和个人利益的实现。如果盲从于个人本位主义，则容易影响高校大学生的价值取向，滋生出个人优先、"宁我负天下人，不让天下人负我"等错误的极端思想。

（二）享乐主义催生不良消费方式

如果物质追求的程度恰到好处，也不失为人们追求美好生活的动力来源。一旦物质追求超过"度"，则会畸变成个人享受至上的享乐主义。在享乐主义者看来，人生的终极目标就是"享乐"，它是社会行为的根本动力。能否满足物质需求和精神享受，主宰着享乐主义者的行为选择。伴随享乐主义而来的是过度消费。在享乐主义的麻痹之下，过度消费、超前消费变成了人们的首项选择，部分大学生被这样的思潮带动，为了商家所鼓吹的"高品位"生活而进行盲目消费，活在幻想的小资世界中，没有考虑过自己的消费能力是否能够匹配"高品位"生活，更有甚者踏上了网贷的道路一去不复返。

二、社会主义核心价值观主导性的弱化

随着网络技术的进步和经济的繁荣发展，民众对于网络文化产品的需求也逐

渐增加，催生了种类多样、形式新颖的网络文化产品。然而，在这样纷繁复杂的网络文化消费名目中，也有多种多样的异样价值观念。

各样的文化价值观充斥在网络中，如何筛选符合社会主义核心价值观的网络文化产品，成了大学生首当其冲要考虑的问题。并且，由于网络文化消费环境带有极其宽泛的自由选择权，当面对各类网络文化产品，特别是附着西方思想文化观念的网络文化产品时，大学生原本尚未成型的价值观未必不会被动摇和受到冲击，从而产生了对原本价值观和现在价值观之间的选择困难症，并体现在其实践活动中。当表现出对网络文化消费的疑惑和不解时，部分大学生开始随波逐流、盲目追随，社会主义核心价值观在大学生中的地位便会遭到质疑和动摇，解决这样的价值观困惑迫在眉睫。

所以，如果没有把大学生价值观的第一粒纽扣扣好，就容易导致其在复杂多变的价值观环境中迷失自我，无法在网络文化消费中建立起正确的社会主义核心价值观，对其往后的成长造成不利影响。

三、市场经济条件下的价值观念多元化

我国在1978年党的十一届三中全会之后确立了对外开放、对内改革的发展战略，党和国家的工作重心开始转移到经济建设上来。此时，如何号召和聚集国人的积极主动性来投身生产建设，是党和国家首要考虑的问题，因此，中共十四大把社会主义制度与市场经济有机地结合起来，社会主义市场经济体制应运而生。在二十多年的努力下，中国各个方面的发展都得益于社会主义市场经济带来的巨大能量，中国社会发生了翻天覆地的变化。在经济方面，过去的劳动力约束已经被社会主义市场经济解放，现代化机器成了生产的主要力量，让产品的产量和生产效率得到了明显提升。在思想文化方面，随着社会主义市场经济的逐渐改善和进步，自主创业、科学管理、改革创新等理念深入人心。在居民生活方面，民众获得了越来越多的就业选择，国民生产总值得到了提升，为了促进个人的发展，也有了越来越多的支出。

随着社会主义市场经济的发展，开放性、竞争性也日益凸显，为国家和人民带来了新的挑战。从开放性来看，先进的生产技术、优秀的管理方法得到了传播扩散，但西方资本主义社会的价值观也掺杂其中被推广。从竞争性来看，企业和个体在"能者多劳、多劳多得"的激励下，愈发工作得卖力，贡献了社会经济建设的力量，但随着社会责任意识的逐渐薄弱，悲观消极的个人主义产生。在这样的社会主义市场经济环境下，高校大学生的成长和学习虽然有着便利的物质基础，

但要经受住更为复杂严峻的精神考验。随着经济全球化的推进，暗流涌动的西方资本主义价值观念夹杂在各类载体中冲击着高校大学生的思想。不仅如此，由于社会改革来到了一个重新配置的新阶段，许多从未见过的困难和矛盾随之显现，大学生社会主义核心价值观也受这样的因素影响，他们所追求的价值理念和所信奉的对象逐渐变得多样化。能否在这个特别的时期塑造好大学生的世界观、人生观、价值观，也是对高校的一大考验。在社会主义市场经济发展和现代化过程中，有着各种各样的困难和问题，这就要求高校要对大学生做好指引工作，正确地对待这些内容，同时用辩证的眼光来看待西方思潮的优缺点，从而坚定大学生的马克思主义信念，使其更有信心成为一名合格的中国特色社会主义现代化建设的接班人。

第四节　自媒体传播对大学生社会主义核心价值观内化的作用机制

所谓机制，就是事物之间的连接模式和运作方法。在社会学中，机制可以理解为承认事物各要素均为存在的条件下，为了让它发挥更有效的作用，而对此加以协作、调整。社会主义核心价值观内化机制即以社会主义核心价值观教育为出发点，探寻其内部规律，并使之与事物发展、人的身心发展规律相适应，基于科学理论而形成的与主客观现实相契合的机制。

当前，我国高等教育由精英教育走向大众化，向纵深发展，大学生在整个社会占比呈现上升趋势，在校大学生逐步成为自媒体创作的主力军，高校在自媒体传播版图中的重要地位日益突出。以当前短视频自媒体龙头——抖音为例，据2021年1月26日发布的《2020抖音大学生数据报告》显示，截至2020年12月31日，抖音在校大学生用户数量已超过2600万，占全国在校大学生总数的近80%。同时，北京大学、清华大学、中国人民大学等94所"985""211"高校，均已在抖音开通了官方账号，展现校园风貌。除了高校官方账号外，大学生也成为短视频创作者中的"生力军"。2020年，抖音在校大学生用户发布视频播放量累计超过311万亿次，点赞量1184亿次，分享量27亿次。与其他青年群体不一样的是，大学生具有许多特点，其中之一便是学历层次较高，有着一定的知识内涵和学习能力，同时其实践水平较高、创新意识较强，集多样性于一身。并且，大学生由于其年龄、成长经历、学习专业等的不同，其外在表现也有所差异。根据这样的特性，考虑大学生思想特点可以从大局观念和一分为二的角度来进行切入，以此为基础分析自媒体对大学生社会主义核心价值观认同的影响机制，这对推进高校思想政治教育教学改革与贯彻落实立德树人都大有裨益。

一、自媒体环境下的高校特征

高校的自媒体传播特性不仅包含共性特征，还带有个性特点，是整个社会中构成自媒体大环境不可或缺的部分。

（一）高校网络舆论场是社会舆论的重要发源地和集散地

像前文所论述的那样，舆论若要成形，其必不可少的条件与空间环境便是"场"。在爱因斯坦看来，"互相依赖存在的事实所构成的整体"便是"场"，[1] 在同一个空间中，人们才能聚集在一起并形成共同的看法、观点。当人和环境之间产生了相互联系时，人的舆论行为油然而生，其在众人的感受、现实活动和相互映照的函数关系中得到具体表现。因此，我们可以把舆论场看作一种时空环境，这种环境由各类影响因素和多数民众的一致意见构成。社会成员的密集程度、往来程度和社会的开放程度都是舆论场的组成部分，舆论场在这些要素的共同作用下表现出不一样的特性。

与其他社会团体机构有所差异的是，高校是一个专门进行高等教育和科学研究的场所，它所具有的"网络舆论场"特点有些与众不同：第一，高校作为教育部门和人才孕育地，其人员较为集中，移动场所如工作、生活和学习的地方以及动线较为稳定，不会有太大变化。"人们之所以能进行顺利的意见交流，大量的人口密集必不可少。"[2] 不仅如此，高校舆论场之所以如此活跃，也得益于校园主体活动地域的集中程度较高。第二，高校大学生因为年龄相仿、成长的时代背景和教育经历也差不多，表现出了素质的整体性和相似性。大学生拥有较高的文化水平，有一定的政治意识，心系国家和社会的建设发展，也对理想有着美好的追求，在这么一个圈子里，大学生之间的思想交流容易产生出共鸣。并且，出于较强的学习能力，大学生能够很快地熟悉网络技术，并进行信息收集和观点交流。第三，作为学术的研究基地和交流场所，我国高校的学术氛围比较开放和自由，大学生的思想火花在此碰撞燃烧。在当初的新文化运动中，正是北京大学所具有

---

[1] 刘建明. 社会舆论原理 [M]. 北京：华夏出版社，2002.
[2] 刘建明. 社会舆论原理 [M]. 北京：华夏出版社，2002.

的"兼容并包"的学术氛围，培养出了大量具有先进思想的知识分子，有力地推动了中国历史向前迈进。第四，高校中配备了较为齐全的学习设施和生活设备，有一定的独立性，常被人们当作一个小型的社会。出于上述的四个特点，各式各样的思想观点在高校中奔涌而出，极易为舆论提供源源不断的资源，从而成为带有活跃性的舆论场，所以可以把高校看成社会舆论的重要来源。

（二）高校传播主体高素质性、多元性和矛盾性

传播主体的看法、观点、情绪和态度受其年龄、心理状态、思维模式和社会地位的影响，因此高校网络舆论也因大学生的个性特点而表现出与其他舆论不一样的特点。

舆论环境的质量高低受到传播主体教育水平的影响，并对现实舆论环境进行约束，与此相适应的舆论特点由此产生。

舆论环境的质量好坏被传播主体的受教育水平的约束，与此相适应的舆论特性便油然而生。高校孕育了众多学历层次高的人才，作为校园主体，其特点便是有着高等教育的知识水平，这使校园网络舆论显现出与众不同之处，可从以下几个方面看出：第一，出于求知欲和适应环境的本能，主动探寻信息、加入信息搜索、发表意见看法等行为取代了过去被动接受的状态。第二，高校拥有众多的人才，他们有着比大部分民众更高的知识涵养。当校内外发生了热点事件时，校园主体能够利用自身受过高等教育的优势，来正确、全面地进行分析，提升了高校的网络舆论质量，并且也对社会舆论有着牵引作用。第三，校园主体由于受过高等教育，有着独立思考的能力和自由的思想，甚至还具有积极的批判精神，外界或其他舆论较难去动摇校园主体的观点、看法，因此高校校园网络舆论有着一定的独立性。

高校网络舆论环境受到传播主体结构特点的影响，表现出多层次性和多样性。从高校主体构成来分析，教师和学生是校园主体的两大构成部分，而学生所占比例高。从培养目标来看，学历层次有着专科、本科、研究生等不同，其年龄、所处社会位置、知识储备量、人生经历等都有着差别。不同层次的高校主体在面对同一社会现象时，会表现出不一样的认知程度和关注程度，哪怕是同班同学之间，也会因受其生长区域、家庭背景、成长经历等的影响，对同一舆论有着不同看法。

此外，高校传播主体也会在舆论看法中存在着对立和矛盾，这是受其年龄和心理状况影响的。大学生正处于年轻气盛的时期，对新事物有着较高的接受程度，

他们大多能够很快地学习并掌握对互联网传播媒体的使用，并利用它作为自己传播舆论活动、交流个人看法和观点的工具。但不可否认的是，大学生的人生观、价值观还尚未成型，当一些与社会主义核心价值观不相符的思想以及伪科学出现的时候，大学生难以分辨出这些消极信息，从而在网络舆论的传播中出现了感性、激动、过于情绪化的行为。

（三）高校传播客体特定指向性及学术性

人类社会及其存在的各种现象问题被称为传播客体。高校有着不同于其他社会组织的职能和空间构成，这为校园网络舆论客体带来了特有性质，使其内容有了更加具体的指向。

首先，特定群体的利益在校园网络舆论客体中显现。作为进行高等教育活动的场所，高校是专门培养人才的机构，学生和教师是其构成主体。只要是与学生或教师利益相关的话题或社会事件，如教学工作、校园生活、学校发展方针等都会被其关注。尤其是大学生，有着活跃的思维状态和敏感的内心，他们是高校的培养对象，有着被高校重视的内心需求。如果其利益受到了轻视或破坏，没有表达自我观点的平台，就容易为校园网络舆论埋下"地雷"，随时爆发而影响校园稳定。

其次，高校科研、学术都与校园网络舆论客体息息相关、不可分割，为校园网络舆论创造了带着学术氛围的环境。高校的教育教学工作和人才培养工作若要想取得良好成效，营造浓厚的学术氛围是必不可少的。另外，高校大学生常把求知欲当作现实追求，其成长阶段中必须经过人生规划，而这源源不断的动力便来自自我价值的实现。所以，校园网络的重要构成和舆论的主要内容，便是知识文化的扩散和沟通交流。

最后，高校大学生作为受过高等教育的群体，有着丰富的情感和爱国情怀，对于国内外热点事件都有着较高的关注度。网络平台常常成了他们寻找同伴、发表看法的地方。通过检索高校网络，我们不难看到许多网络热议事件，多为现实矛盾和问题冲突所造成的，这些热议事件多为突然发生的，大学生敏感又跳跃的思维极易受到热议事件的刺激，从而产生热烈的反应。在热忱的爱国之情驱使下，有的大学生勇于揭露和抨击社会中存在的阴暗面，有的大学生分享并赞美身边的美好的人或事物，有的大学生积极维护国家尊严、捍卫领土完整，将自己对祖国的热爱和对未来的希望都展现在这些言论中。

（四）高校传播介质充分数字化特征

高校网络舆论表现出了丰富多样的信息内容，也展现了数字化的特性，这均得益于新媒介在高校中能够被广泛传播和利用。所谓新媒体，是指依靠新技术来支持运行的媒体形式，在数字技术、互联网技术、移动通信技术等的帮助下，将信息服务展现给受众进行选择的新兴媒体。新媒体不是静止不变的，作为一种动态的理念，它当前的主要特点就是数字化传播。在过去，信息业、电信业、大众传媒之间"井水不犯河水"，但数字化传播打破了这个局面，使三者融合在一起，从而出现了校园"三网融合"。如今，新媒介也把校园网络舆论当作自己的展示平台，并把它当作根据地来开展数字化内容的制作工作。

基于数字化传播的及时性、交流性、整体性以及不受区域限制的特点，人们的生活方式和思想境界都有了飞跃性的变化。新兴媒介的使用人群中，高校大学生占大多数。通过这几年的统计数据可以看到，当代大学生成为自媒体使用的主力军，手机网络成为高校大学生上网的第二平台。据中国互联网络信息中心于2021年2月发布的《第47次中国互联网络发展状况统计报告》显示，截至2020年12月31日，我国大学生网民占全体网民比重的19.8%。这部分用户受新事物的影响较大，彼此之间由于特殊的关系，对于新的应用传递性高，发展迅速，快速成为最大用户群体。

如今，自媒体已经逐渐代替了传统媒介，当大学生需要进行人际交往活动或者发表个人意见的时候，自媒体成了首选方式。在自媒体的互动交流和创新创造的特点下，大学生获得了更为辽阔的发展平台，也让自我观点在平台上充分释放，这也意味着，新媒介时代在当代大学生的行为方式、思维模式上留下了深刻的印记。

二、基本机制

从价值观内化的角度来看，传统主导的价值体系之所以会进行解析和重构，一个重要原因是媒体传播环境的作用机制。

作为价值塑造与重构的主要介质，自媒体舆论所构成的舆论环境在社会价值体系的转化过程中充当着不可替代的角色。一方面，意识形态的主要来源之一便是舆论。舆论是表层意识的反映，最初直接反映了人们的社会实践活动，表达了人们的生活体验，人们面对新的社会动态时，第一反应就是舆论的内容。如有学者所指出，"表层意识向深层意识的不断转化，二者若即若离地完美结合，不断构筑社会意识形态的最新视野,直至产生一个完整的、崭新的意识形态体系。"[1]舆论的意识形态价值在此得以高度体现。

另一方面,舆论对社会价值体系产生直接的影响,使价值的解析与重组成为可能。而这一作用是基于舆论的评价活动所实现的。简单来说,当社会出现某个现象或者行为时,舆论对此进行评价,如支持或者反对,进而使被社会文化认可的事物和现象得到褒扬,而使被社会文化否定的事物和现象遭到贬抑。正如有学者所指出"舆论也反作用于意识形态,有时,甚至突破原有的意识形态,开辟新的认知领域。"[2]舆论价值的解析与重组功能也从这一方向被归纳起来。舆论的导向作用之所以极其重要,就是由于它对意识形态有着巨大的牵引力。只有正确地引导网络舆论,才能保持社会发展在平稳、正确的轨道上运行,否则将会使道德丧失,使法制观削弱,甚至使价值体系变得混乱不堪。

三、具体机制

(一)内在需求机制

所谓社会主义核心价值观认同的内在需求机制,可以理解为在开展价值观认同教育的实践活动中,将价值主体的内在需求作为根本出发点,充分考虑到个体差异性来进行交流沟通,从而使人们对社会主义核心价值观的认同感更强烈。若要开展大学生的社会主义核心价值观心理认同工作,必须对其身份定位和个性需求进行准确的分析,其个性需求涵盖了物质需求、政治需求、精神需求等。以物质需求为例,在马克思主义看来,当人们对于外界物质有了一定的需求并期待能被满足时,"价值"一词便产生了。人们的价值取向决定了外界事物对于人们的需求和需求满足度。并且有一点必须明确,哪怕是在某个群体中,其利益需求也是千差万别的,而且还带有现实性质。在人类的最高层次需求中,"自我实现需求"是最高的。对于大学生群体来说,他们年龄相对较小,没有独立的经济收入,对于如何实现自我价值,他们常常有着热烈的追求,希望能够朝着明确的目标迈进,在自己擅长的领域发挥才智。从政治需求来看,民主意识是为大学生所推崇的一个意识形态,他们对自己的内在需求和利益要求有着表达的愿望,希望能实现人格独立,拥有自由的思想状态。一方面,身处自媒体时代,整个社会的信息化程度日益提高,越来越多的渠道能够为大学生提供发声平台,面对国家的政策方针、社会主义现代化建设等各项措施,大学生都投以关注并乐意发表自己的见

---

[1] 刘建明,纪忠慧,王莉丽. 舆论学概论[M]. 北京:中国传媒大学出版社,2009.
[2] 刘建明,纪忠慧,王莉丽. 舆论学概论[M]. 北京:中国传媒大学出版社,2009.

解，在求职就业、评优评先、学校公共事务等与自身利益相关的方面尤其如此。另一方面，现代大学制度建设日趋完善，对于高校的学生权益、管理方式等，大学生有了更多的自主和民主意识，对于高校和自己的发展契合度有了进一步认识，更需要参与和关注，道德素养、价值观判断力都在逐步提升。自党的十八大明确提出后，社会主义核心价值观便被当作国家价值目标、社会主流价值观和公民价值标准的集合，它不仅体现了国家和社会对于价值观的要求，而且还能满足人民的利益诉求，同时规范和约束了人民的价值取向，体现出了正确的价值观引导作用，所以也可以被大学生群体接受，这对于大学生实现自我成长、塑造正确的价值观大有裨益，而且还可以将积极的影响辐射四周。

（二）知识内化机制

当知识有了一个具体的形象，这个过程便是知识的内化，也就是知识从显性转化为隐性的过程。在这个过程中，学习的主体通过自身掌握的知识和经验来接收外部的新信息，对此加以学习、实践。知识内化一般可以分为同化性知识内化、顺应性知识内化，以及渐进式的知识内化三种机制。所谓社会主义核心价值观的知识内化，是指价值主体基于对社会主义核心价值观的科学含义、历史发展、现实需求的认识上，把社会主义核心价值观转化为新的认识，加入自身的情感，用以指导自己的学习、工作和生活，并树立起坚定的社会主义理想和信念。从根本上来看，就是把社会主义核心价值观的精髓内涵转化为自身的精神能量，在社会实践中获得共识，达成一致。如何把社会主义核心价值观的认同转变为实际可操作性的工作？第一，正确地认识并把握好社会主义核心价值观的精髓内涵是必不可少的，只有掌握其科学涵义、主旨目标、价值意义三者之间的关系，才能构建起认知框架。过程初始，个体原本的自我认识和价值观念等会与社会主义核心价值观的初步认知产生冲突、对比，随着自我需求的明确，开始对社会主义核心价值观进行评判和选择，进而对其产生了与以往不同的态度，如果实现了融合，便会产生可接受的情感。在认同的过程中，认知、情感、实践意向是陆续产生的三阶段，认知是整个过程的奠基石，而能否实现认同的关键在于是否产生了可接受的情感，从而将实践意向作为目标。然而，第一阶段对于树立社会主义核心价值观认同，是完全不够的，内化阶段必不可少。社会主义核心价值观认同包含两个阶段，除了在意识层面上的显性认同之外，还包含了无意识层面的隐性认同，这种隐性认同是一种自主的、习以为常的反映。可以毫不犹豫地说，价值主体对社会主义核心价值观的认识和接纳程度，影响着价值观教育的效果。

大学生对社会主义核心价值观产生认同的过程中，他们遵循着对应的要求，运用自己的主观能动性来认识主观世界并对此实施改造，筛选、过滤各种各样的社会思潮，进一步搭建出与社会主义核心价值观相一致的价值体系和认识构架。所以，教育者对大学生的正确指引，在社会主义核心价值观认同教育中有着十分重要的作用。不仅如此，教育者还应该考虑到大学生的性格特点，使其积极主动地对自我心理状态进行调整、适应，鼓励其自动自觉地拒绝各种无关的声音，增强认同教育的效果。

（三）自律转化机制

所谓自律转化机制，是指把社会主义核心价值观落实在社会实践的过程中，个体价值观的产生和演变，体现了社会对于个体的教育、美育、德育要求，也被看作自律的发展形式，在这个过程中，他律逐渐发展为自律，进而成为辩证统一的存在，形成了自我领悟、自我涵养的机制，这个机制与社会主流价值观的要求相符合。判断社会道德是否真正地在社会中起到了约束作用，主要依据是其是否已经发展成为个体道德。作为个体实践活动的内在标准，个人道德的性质是内隐的，这就要求从他律过渡到自律，但这也是需要满足一定条件才能实现的：第一，需要提供一个自由的空间，才能让道德主体发挥其主观能动性；第二，道德能表达出自身的合理性，拥有充足的理性和人文精神并发散出来。

形成共识的过程意味着社会当中的个体接纳了某种信念观点，并将其过渡为自我信念。从根本上来说，若要使社会个体产生认同和共鸣，社会主义核心价值观的自律转化是必不可少的先决条件，只有这样，才能形成精神层面和实践层面上的内化自律意识。在马克思看来，人类意志的他律基于宗教，而人类意志的自律则来自道德。即便是社会主义核心价值观，如果它无法实现从他律过渡到自律，也一样无法展现出自身的优势。当个人发表某些言论或者开展某些实践活动时，要基于自律，并遵守一定的准则。高校大学生以社会主义核心价值观约束自己的行为是顺理成章的，也应该落实在日常生活、学习中。所谓他律，则是指来自社会各个方面对于个人的牵制。在实际生活、工作中很难实现绝对的自律，所以督促大学生形成良好的行为、培养良好的习惯，离不开外界的他律。

由上述可以看出，在高校建立起社会主义核心价值观来规范、制约大学生的行为，是势在必行的。同时，也要注意从大学生的实际需求出发，关注他们在开展社会主义核心价值观实践活动时的情况，从而将价值观的评判标准建立在一个科学的、行得通的基础上。事实上，如果社会个体对某个价值观产生了认同，便乐意遵照这个价值观来开展实践活动,当个体的行为得到了其所在群体的认同时,这个价值观也会在该群体中得到广泛传播和实践。不仅如此,高校也要对关于社会主义核心价值观实践的评价机制加以完善,保证反馈渠道的畅通,及时对大学生实践活动进行考查和评估,做到"事事有回应,件件有答复",鼓励学生发挥主观能动性,通过自律的方式将社会主义核心价值观真正转化为自己的内心信念,并在实践中体现出来。

第五节 自媒体环境下大学生社会主义核心价值观内化的规律

事物的内部各要素产生了根本的、必不可少的联系,并遵循一定的方向进行发展,这就是规律。价值观内化是社会个体有意识、有目标的实践活动,该过程遵循着一定的规律,层次性是该过程规律呈现的特征之一。正如厦门大学潘懋元教授所指出的那样:"教育规律展现出层次复杂的特点,有外延宽的,有外延窄的,浅显地来看,就是说规律有大有小……处于底下层次的规律,通常会被发掘出来并被当作定义、原则、关联的来源。"[1]正是由于这些多层次的规律,才建构了自媒体环境下大学生社会主义核心价值观内化的规律体系。

价值观内化过程的具体规律,是指价值观内化过程中各要素之间内在的本质联系及其矛盾运动的必然趋势。基于自媒体传播下价值观内化过程的特殊性,价值观内化也存在具体规律,主要包括内化时空延伸律和重合律、内化过程双向互动律、内化结构"弱中心化"律、内化过程拉伸律等。

一、内化时空延伸律和重合律

延伸律主要是指自媒体的传播打破了时间和空间的物理界限,表现为任何一个主体无论身处何处、在何时,都可以利用自媒体与不同国家和地区的人开展沟通,信息化交往已经不再像过去一样受到制约。

在哲学中,物质存在的形式用时间和空间来体现。在物质运动过程中,展现出连续性和一定的前后顺序,这便是时间;而物质所存在的伸展范围则体现了空间。时间和空间都不因人的主观意识而改变,并与运动的物质有着不可分割的关联。

---

[1] 潘懋元. 高等教育学讲座[M]. 北京:人民教育出版社,1986.

第四章 自媒体对大学生社会主义核心价值观内化过程影响机制与规律

价值观内化离不开具体的条件,这其中就包含时间和空间。随着科学技术的进步,时间和空间能够得到新的延展和重建,展现出新的形态,在一些学者看来,"不同的媒介赋予了不同的时间和空间。不同的轮子决定了人所能拥有的不同的时间和空间,决定着人与人交往的方式。"[①] 从人类社会的发展历程中不难看出,人类的生活模式、交往模式、社会构建,都会被每一次的科技发展影响,新的生存区域被扩展出来,人们的时间、空间观念被解构并重建。其中一个重要技术,就是以自媒体为代表的数字化传播。在自媒体特有的技术性下,与过去截然不同的社会环境和生存空间展现在大众面前。在这个环境中,时间、空间不再限制于某个具体的区域,从固有的形式中抽离出来——也可以说是"虚化"了,它所展现的是一种新型的社会特点,不再拘泥于地图上的物理地点,虚拟空间应运而生。

在现实空间里,拥有着人类生存发展所必备的物质环境条件,这也包含了宇宙中的行星运转、流星爆炸等物质现象和过程,它基于非常复杂的结构而存在,并遵循一定的规律运行,人类的生存发展、对知识的探索,都在现实空间的基础上进行。虚拟空间则是指由数码计算与传输的物质基础以及由数码虚拟的多维空间及其演化所构成的空间。虚拟空间与现实空间一样,都有着极为繁杂的具体结构和信息输送运载系统,除此之外,还有着现实空间所没有的特点——数字模式规律运行机制。事实上,部分的现实空间和部分的思维空间共同构成了虚拟空间,但它又不依赖现实空间,有其特有的内容和规律,也对现实空间产生极大的影响,甚至影响着现实空间的根基。

价值观内化的时间和空间因为自媒体传播的兴盛而得以无尽伸展,思想政治教育的时间、空间也因此得到了开拓,变得更为广阔,且过程也不再受到时空的制约,更为广泛地在人群中进行传播。其表现有以下几点:第一,在自媒体传播的帮助下,教育实践活动摆脱了地理限制,实现了不同时间、不同地点开展思想政治教育并被广泛传播;第二,思想政治教育把阵地转向了自媒体空间,势头之猛,大有赶超现实空间的可能。在现实社会中,生存环境在数字化的层面上被网络空间模仿和重新构建,搭建起了一个虚拟的社会空间,这个虚拟的社会空间可以让人们在其中生活。和现实社会的物理空间、心灵空间不同的是,这个虚拟的社会空间同时带有上述二者的特点,一方面,人们的生活空间被它开拓,让生存空间的多维存在性成为可能;另一方面,人们被虚拟空间带领,来到不可思议的

---

① 吴伯凡. 孤独的狂欢:数字时代的交往 [M]. 北京:中国人民大学出版社,1998.

模拟世界中，在其中不断去探寻自我、实现自我。当人们与这样的虚拟生存环境逐渐相适应时，虚拟世界也会默默地与现实世界相交融，直至互为一体。

二、内化过程双向互动律

自媒体传播的主要特点之一就是交互性。传统的传播方式是单向的，而自媒体正好相反，实现了信息传播的交互性和一致性。交互性是指人和机器、人和人之间借助机器等进行实时交流、沟通的方式。根据传播学原理，在交互关系中，每一方都具有集信息接收者、提供者、发表者于一体的身份。由于自媒体传播具有交互性，人际交往的水平得到了极大的提高。在摆脱了空间、时间的制约后，自媒体可以把拥有共同话题的个体集中在一起，制造出一个虚拟空间，供大家分享观点和看法。同时，自媒体传播还实现了多元化的互动方式，无论是横向的还是纵向的，都能够交织在一起进行交流互动。

自媒体环境下的核心价值观内化同样具有这一规律。双向互动规律是指在自媒体传播条件下，教育者和受教育者在价值观内化过程中是一种双向活动，两者相互影响，相互促进，相辅相成。

如何正确理解双向互动，笔者以为至少包含两层含义：第一，在价值观内化过程中，无论是教育者还是受教育者，都是具备主观能动性的个体，起主要引导作用的是教育者，而将能动作用发挥出来的则是受教育者。在二者的互动下，内化过程得以实现，不管是哪一方发挥了作用，都会对另一方产生影响。从这个角度来看，教育者和受教育者之间的配合情况和互相影响的程度，也影响着内化的效果。第二，自媒体信息、传播下的价值观内化过程具有互动性特征。在传统传播模式下，信息传播者和接收者处于不对等的关系中，而自媒体打破了这个模式，使信息传播的交互和平等得以实现。得益于互动，多种多样的信息在同一个传播路径中往返，路径两头的信息传播主体和信息接收者身份交错，在这种互动模式下，主体间的交流自主性和积极性得到了很大的提升，也丰富了内化资源和内化载体。

三、内化结构"弱中心化"律

在自媒体传播过程中，"去中心化"这一特点被明显地表现出来，这当中涵盖了技术逻辑的无中心化、传播主体的消解及主体的去中心化思维。首先，自媒体技术不再受到中央的控制。不管哪一种技术，其中都包含着一定程度的文化内涵。在自媒体技术的发展过程中，其也经历过从隔阂到容纳、从焦点到散发的过程，它的发展理念不再受到禁忌桎梏，以摧毁中心为宗旨。其次，传播主体逐渐消失。在自媒体传播的影响下，"把关人"的角色不再拥有过去那样的强大作用，自媒体传播的主动者变成了大众网民，他们自发地搜索、查询与自己兴趣有关的信息，并发表自己的意见，构建出属于大众网民的舆论场。在网络平台中，不管是谁，都有资格充当传播者，自由地传递信息并发表言论，与过去的传播主体不同的是，现在的传播主体逐渐变得多样化，而且分散得更广泛，不再集中于某处。最后，去中心化的意识在主体心中生根发芽。在过去的传统传播媒介里，中心力量贯穿传播过程的始终，这股中心力量的目的就是将指定的信息扩散开来。如今的自媒体时代，得益于信息传播的开放性，主体在面对信息和观点的时候，开始秉持着质疑的心态并加以考证，有了显著的去中心化意识。

在后来的社会学研究中，"去中心化"也被运用于此，它指代的是原本保持的"中心——边缘"的结构被削弱，控制方式由高度集中转化为分布集中，换种说法，就是这个结构变得越来越扁平，形式也越来越多样化。从哲学角度来看，"中心化"的根本含义是指"压迫"，去中心即摆脱压迫。

纵观人类教育发展史，以教师为中心的教育结构与以学生为中心的教育结构是所存在着的两种倾向的"中心化"方式。在以教师为中心的教育结构中，框架稳定，传播路径顺畅，但是没有激情与活力，容易磨灭学生的个性教育化发展。所以，以学生为中心的教育结构应运而生，它与以教师为中心的教育结构恰恰相反，使学生的成长空间得到开拓，提供了自由的环境，使学生原本饱受压抑的个性得到了释放。但我们也要看到这种结构的不足，也就是稳定性较弱，学生在这样的自由环境下，容易因缺乏约束而放纵自我，扰乱教育秩序。由此可以看出，每种结构都有其固有的缺点。

"中心化"结构的成因相较来说更为错综复杂。在传播学来探讨，信息不对称，才导致了中心化的出现。在传播过程中，个体的传播地位取决于它所掌握信息资讯的数量、类型等。在过去开展思想政治教育的时候，教学资源被教育机构和教育者控制，知识的中心是教育者，能够支配教育实践活动的开展，处于不可动摇的地位。在传播过程中，受教育者被动地接受教育者所传播的知识信息，灌输过程是单方面的。而这一结构随着自媒体传播的出现而被打破，在网络中，大学生依据自己的喜好筛选和阅读自己感兴趣的内容，有时其所掌握的信息比教育者要多得多，教育的权威性也被削弱了，教育者丧失了原有的优势地位。这样的去中心化包含着深刻的革命意义，体现为个体实现了信息的自由选择，大学生的自我意识也受到了最大程度的鼓励。就像有学者所说的,"大众传播媒介下打造的'中心——边缘'结构,在网络个人用户的冲击下被瓦解,信息和文化传播的独裁垄断也一去不复返。……这是一个大众文化行将就木,民间文化和村落文化再生的时代。"①

在这里要明确的是,"弱中心化"并非失去了中心,这只是一个相对的概念,在"弱中心化"里,中心具有了动态性和流动性。此外,要区分主导和中心的概念,二者不可混为一谈,"中心——边缘"是一个结构概念,"主导——配合"是一种功能概念。即便在思想政治教育过程中出现了教育者"弱中心化"的情况,也并不能忽略教育者的指引作用。

四、内化过程拉伸律

主体频动和议题频动是自媒体传播的典型特征。它具体表现在自媒体传播中,内化主体上网和离线非常方便,即便仍然在线,只要轻点鼠标,便可以随时切换状态。内化主体通过反复切换网络空间,搜索与兴趣有关的消息和主题。这种"闪现""闪离"是与传统传播方式的最大不同之处,人与人之间的往来过程也得益于此而大大收缩。除此之外,内化主体交流的信息具有不确定性,主体经常变更讨论的客体,不断地更改或交织各种议论话题。在自媒体传播方式下,信息的传播速度不断加快,其流动性和不确定性也陡然增强,特定信息的传播过程也因此被拉长。

思想政治教育存在的重要理论根据是交往。所谓教育,"是人与人精神契合,文化得以传递的活动,而人与人之间的交往是双方——我与你的对话和敞亮……所谓教育,不过是人与人间的灵肉交流活动。"②思想政治教育的过程,就是教育者和教育对象互相往来、沟通交流的过程,在这样不断的交往中,人的思想意识得以形成。所以,对于思想政治教育来说,交流实践的过程有着深远意义,对于人的思想意识形成也是如此。一方面,思想政治教育的效果受到情感往来、交流范围、交流频率等内容的影响;另一方面,思想政治教育活动是通过对人的思想意识产生作用而展开的,特定的内在逻辑存在于人的思想意识的形成和发展中。受教育者若要获得良好的思想政治教育效果,就不得不经过内化和外化这一过程而实现思想意识的塑造与转变,这个过程非常复杂,包含着思想矛盾运动,同时持续时间也很长。在自媒体传播过程中,得益于大学生网民的活跃状态,思

---

① 吴伯凡. 孤独的狂欢:数字时代的交往 [M]. 北京:中国人民大学出版社,1998.
② 雅斯贝尔斯. 什么是教育 [M]. 邹进,译. 北京:生活·读书·新知三联书店,1991.

想政治教育的覆盖范围和发展程度都较以往有了扩大和提升，但这推翻了主体之间原本稳固的教育结构和教育方式，一对一的延续时间、广度、稳固性都有不同程度的下降。就像有的学者说道："由于高度自由化社会的人，流动性大，兴趣广泛，适应变化的能力各不相同，基于和少数人保持紧密联系的稳定性将不再起作用了。"[1] 在不知不觉中，教育的往来过程被拉长，给价值观的内化带来了更大的挑战。

---

[1] 托夫勒. 未来的冲击 [M]. 孟广均，吴宣豪，黄炎林，等，译. 北京：新华出版社，1996.

第五章　自媒体环境下大学生社会主义核心价值观内化的现实境况

自20世纪90年代以来，网络思想政治教育成为理论研究与实践探索的热点，不少学者对互联网背景下思想政治教育进行了有益探索，形成了较为丰富的成果。特别是党的十八大提出二十四字社会主义核心价值观后，高校对社会主义核心价值观相关研究与探索达到一个高潮。综观教育界对自媒体环境下社会主义核心价值观教育的探索与实践，基础在不断夯实，视角在不断扩展，方法在不断完善，积累了丰富的经验。伴随着中国特色社会主义进入新时代，自媒体环境下社会主义核心价值观教育也面临着许多新情况、新问题，人民日益增长的美好生活需要同核心价值观教育不平衡不充分矛盾进一步凸显，值得我们进一步思索探讨。

第一节　自媒体环境下大学生社会主义核心价值观内化的实践经验

一、内化的模式相对稳定

第一，大部分高校非常重视发挥思想政治理论课的主阵地、主渠道作用。该种模式在制订人才培养方案的时候，以思政课为基础，以一些日常的教学活动为辅助，落实好习近平总书记重要讲话精神，特别是关于社会主义核心价值观教育最新论述"三进"工作，即进教材、进课堂、进头脑。在思政课教学中，重点是学习习近平总书记最新系列重要讲话精神，特别是关于社会主义核心价值观的最新论述，落实新时代立德树人的新理论、新思想和新方略。如此一来，不仅让大学生能够更深入地了解社会主义核心价值观，而且还使其对社会主义核心价值观的认知程度得到了提升。

目前，在各种内化模式中，这种模式教学是最基本、最主要的模式。其主要特点包括：具有明确的教学主体，在课程设置方面十分规范。这种模式的创新能在多个方面进行，包括实践教学的创新、方式的创新等，同时这种模式还提倡对教育主体进行具有较强针对性、系统性的教育培训，不仅加强教育主体对于社会主义核心价值观的认识，还要加强其在社会主义核心价值观教育方面的水平，进而使教师的主导作用在进行课程教学的过程中得到更好的发挥。

第二，部分高校在进行社会主义核心价值观教育的时候，采用的培育模式是以相关内容为主题的实践教育。现阶段，很多高校都开展了"思政课+"主题实践活动的模式。这种模式对于时事热点十分重视，并且特别重视学生团体应有作用的发挥。

第三，还有部分高校采用的培育模式是在社会主义核心价值观中融入文化环境。这种培育模式能够在不知不觉中对大学生的社会主义核心价值观意识进行培养，让他们逐渐加强对社会主义核心价值观内容和体系的认识，从而让他们在现实生活中用实际行动对社会主义核心价值观进行实践，这也是这种培育模式最大的特征。

就现在的情况来看，高校在大学生社会主义核心价值观内化中，认识到了以学校与学生的实际为基础，开展针对性较强的培育的重要作用，在对人才培养方案的制订与修订的过程中，采用多模块课程设置以及对教学活动进行合理的安排，改革传统的模式，改变过去只依靠"思政课"进行理论教育的模式，尝试把理论同具体的实践结合在一起，对校内的教学资源以及校外的教学资源进行整合。党的十八大以来，我国高校社会主义核心价值观教学初步形成了相对稳定的培育模式。

二、培育平台多向拓展

网络信息平台拥有巨大的流量，具有极强的互动性，互联网或自媒体等中介——如各类网站、微博、微信、短视频等，恰恰利用了网络信息平台的这些特性进行社会主义核心价值观的内化，我们也可以从中延伸出社会主义核心价值观内化途径的各种方式。

传统社会主导价值观内化的方式，在互联网信息技术的时代已经被逐渐淘汰，取而代之的是"线上+线下"模式，这一方面可以不受时间、空间的束缚，另一方面可以使价值观内化的效率得到极大提高。借助发达的传播技术，把手机、计算机当作交流窗口，不得不说在线教育是一个低成本、高效能、简单便捷的教育手段。

大学生的自我教育和自主学习能力随着网络平台的开发和推广使用得到了极大提高。在过去，社会主义核心价值观教育被课堂、课程约束，大学生在接受教育时只有被动、被灌输的感觉，社会主义核心价值观内化效果不够明显。在网络平台上，大学生可以自主选择相应的平台，自我意识得到了尊重，极大地鼓励了自主学习的态度，同时还能够在网络平台上有效地把握住社会主义核心价值观的内化进度，不得不说是两全其美的办法。

此外，短视频、QQ、微信等网络社交工具使教育者和受教者之间的沟通不再受到地域和时间的限制，得到了实时沟通，教师能够随时随地掌握学生的日常状态。

三、大学生价值观念选择日趋理性

当前，大部分大学生都具有积极向上的价值观念，同时也非常认同社会主义核心价值观，愿意尽己所能调和个人利益和集体利益之间的矛盾，有大局观念。总的来说，当代大学生的价值观念和价值选择向着理性方向发展。大学生具有一定主观能动性，会用独立思维对各种客观条件、现象、本质、原因和结果进行理性分析并做出抉择，使之符合社会的要求。党和国家在多年发展中采取了许多方式为大学生教育营造良好的环境和条件，对他们的重视程度不断提高，不断加大教育力度，使大学生的价值观念和价值选择朝着正确的方向发展，更加理性且科学，能够做出与社会要求相适应的行为选择。

第二节　自媒体环境下大学生社会主义核心价值观内化存在的主要问题

新媒体新技术的出现及飞速发展，一方面为高校社会主义核心价值观培育开辟了新的阵地、丰富了工作的内容、积累了较为丰富的经验，另一方面也改变着传统的教育理念和认知方式，给社会主义核心价值观培育模式带来了冲击和挑战，在实际操作过程中还存在如教育主体信息素养有待提升、内化媒介使用效率有待提高、内化内容有待丰富、内化过程互动有待加强、内化机制有待完善等共性问题，需要我们进一步改进。

一、教育主体：自媒体技术运用能力和信息素养有待提升

（一）对自媒体技术缺乏合理认识和研究

近年来，德育工作者对新媒体新技术与社会主义核心价值观教育工作融合的重视程度日益加深，但整体实效仍有较大的提升空间。经过多年建设，我国网络思想政治教育队伍建设取得了较大成就，但因传统思政教育工作惯性思维使然，面临现代数字传播技术飞速发展，无论是数量还是质量，都还不能充分满足自媒体环境下社会主义核心价值观教育创新发展的需要。部分德育工作者恪守传统，对新媒体新技术运用较少，他们更加注重和习惯于言传身教面对面的教学形式，尽管这些形式仍然是新时期社会主义核心价值观内化工作的主体部分，但毕竟忽略了新媒体新技术对于当代大学生学习、生活的重要性。同时，一些德育工作者具有了高度的意识自觉性，但在具体操作层面只实现了形式整合，即认为在社会主义核心价值观教育中加入自媒体技术即可。这种形式整合是有效的，但同时也忽略了对教学资源的优化组合，最终也只是符合"应试教育"的要求，大学生离开课堂，依然很难将社会主义核心价值观素养应用于实际生活中。一些德育工作者甚至认为加入自媒体技术的社会主义核心价值观教育模式与传统模式没有本质区别，虽然对效果有所增强，但传统教育方式更能确保在教育内容上的主导性和教育效果上的高效性，而自媒体技术条件下的社会主义核心价值观教育过于注重观赏性和趣味性，其实际效果不如传统教育方式。加之德育工作者的工作负担较重，学习自媒体技术需要投入较多时间和精力来更新知识结构，而一些高校又缺乏相应的技术指导和学习要求。从某种角度来讲，德育工作者已习惯于传统的教学方式，而把自媒体技术看作"纯辅助工具"，改革创新意识不强，对自媒体技术的地位和功能定位不够重视，这也是我国自媒体环境下社会主义核心价值观教育工作相对而言缺少创新和特色的重要原因。

（二）德育工作者自媒体技术掌握得不够

德育工作者运用自媒体技术的能力有待于提升，现代教育理念要求德育工作者不仅要有丰富的专业理论知识和教育技能，还需要良好的网络信息素养。自媒体环境下德育工作者与自媒体技术平台的关系不仅是使用者与被使用者的关系，德育工作者还应该是自媒体技术平台的"设计者"，对自媒体技术平台所应具有的功能进行规划并提出建议。现代教育要求德育工作者必须具备基本的自媒体技术运用能力，通过积极参加自媒体技术培训，提升使用自媒体技术的能力，熟练

掌握自媒体技术条件下的教学设计，只有将自媒体技术的优势融合进思想政治教育中，才能推进我国思想政治工作的进步。但当前部分德育工作者对思政工作与自媒体技术融合的重要性、必要性认识不足，不懂得如何操作自媒体技术软件，甚至认为自媒体技术可有可无；而一些德育工作者则将自媒体技术的融入看作流行趋势，为融合而融合，追求教学内容的丰富性和多样性，过度依赖自媒体技术，而自媒体技术的直观、生动功能也使大学生的抽象思维能力不易被培育和提升。自媒体德育工作者对自媒体技术掌握得不够，在融合过程中对于自媒体平台上的社会主义核心价值观内容不能很好筛选梳理，在教学过程中不能做到系统地进行意识形态教育，二者的融合流于形式，这反映出我国德育工作者急需通过学习培训提升自身运用自媒体技术服务思想政治工作的能力。

（三）片面追求内容与形式的视听效果

当前自媒体环境下社会主义核心价值观教育工作的普遍做法是，将各类与社会主义核心价值观培育有关的国家方针、政策、经典著作等发布到自媒体平台上，加大了关于社会主义核心价值观内容的宣传力度，也节约了开展思想政治教育工作的成本，在传统思政课堂上加入新型媒体和网络平台，在教学方式上增加网络教育，形成思想政治理论慕课、微课等多种教学方式，丰富了思想政治理论课的表现形式。部分德育工作者在课堂教学时，片面追求自媒体内容的丰富多彩，加入各种声乐动画刺激大学生的感官，从大学生阅读兴趣来看确实引起了大学生的注意，但也在某种程度上使大学生的关注点发生偏移，使大学生仅对感兴趣的信息点进行大致捕捉，缺少系统学习，不能达到社会主义核心价值观的培育目的。在离开传统课堂的思想政治教育信息技术平台上，大学生只能通过听和看学习社会主义核心价值观知识，加之部分信息技术平台缺少实时交流渠道而只能评论或浏览，这大大降低了社会主义核心价值观教育的效率。德育工作者片面强调内容与形式的视听效果，并不能长久地保持自媒体平台的吸引力，也不利于德育工作者运用自媒体技术能力素养的提高。

二、内化媒介：平台自主创新能力与使用效率有待提高

社会主义核心价值观通过自媒体实现内化的过程，与自媒体新技术在融合层次及方式上都有着内在的逻辑联系。而在实际工作中，德育工作者对二者的内在关联还缺乏深入研究，对二者的内在规律还缺乏系统总结，这对指导社会主义核心价值观教育后续工作开展产生了不利影响，包括对各类自媒体平台的设计、建

设、使用、管理和维护等方面存在问题,以及对各类自媒体平台特色优势缺乏深入分析,平台使用效率及效果有待提高。

(一)自媒体环境下社会主义核心价值观内化规律总结有待深入

马克思主义认为,认识和把握规律是做好各项工作的前提。自20世纪90年代以来,网络思想政治教育成为研究的显学,不少学者对互联网背景下思想政治教育规律进行了探索,获得了较为丰富的成果。特别是党的十八大提出二十四字社会主义核心价值观后,学术界对社会主义核心价值观的相关研究达到一个高潮。综观学术界对自媒体环境下社会主义核心价值观教育规律研究,研究基础在不断夯实,研究视角在不断扩展,研究方法在不断完善,但仍存在三个方面问题:其一,将网络思想政治教育规律等同于自媒体环境下社会主义核心价值观内化规律;其二,自媒体传播对于社会主义核心价值观内化的形成的影响机制是非常复杂的,研究尚不够清晰,特别是缺乏实证数据支撑;其三,细分地区和高校研究指向性和针对性不足,影响了实际工作的开展,同时为进一步研究留下了想象的空间。

(二)高校自媒体平台建设水平参差不齐

如前所述,思想政治教育工作与互联网技术结合经过多年的探索,已形成了较为丰富的经验成果,为我国新时代加强和改进社会主义核心价值观培育工作奠定了坚实的基础。但在实际操作中,各高校自媒体平台的规划设计、建设、管理和维护仍然存在不少问题,具体表现在:首先,在规划设计上,由于建设目的更多体现为网络教学和学生管理服务,因此大多局限在校园网站或省级层面统筹建设精品课程网站上,对其他类型自媒体平台建设规划的综合运用偏少;其次,由于近几年受国内外经济形势的影响,大部分地方高校经费使用相形见绌,在自媒体平台建设上投入的经费相对不足;再次,设计上追求"大而全",板块涵盖新闻通知、招生就业、会议论坛等,主题不够鲜明,对本校社会主义核心价值观培育工作特征表现得不够突出,功能单一,影响力有限;最后,自媒体平台管理队伍力量相对不足,内容更新及舆情应对存在迟滞的问题,协调、管理、维护水平有待进一步提升。

(三)对自媒体平台的特色和优势分析得还不够

熟悉特性是做好自媒体环境下社会主义核心价值观培育工作的前提。目前,网络常见自媒体平台主要包括综合、短视频、直播、音频及问答五大类平台,各类平台因其传播特性又有若干固定用户群。但在实际工作中，德育工作者对自媒体平台的特色和优势分析得还不够，具体表现在：首先，对各类自媒体及具体平台的传播特性和优劣势缺乏深入细致的分析，在操作中没有充分发挥平台特色优势。以在线音频为例，喜马拉雅FM以1.72亿活跃用户，成为目前国内发展最快、规模最大的移动音频自媒体平台。该类型平台的优势在于音乐、外语、心理情感等付费栏目具有品牌优势，并充分利用用户碎片化的时间，因此赢得了20—39岁的潜在用户。而问答式自媒体平台——知乎面向的用户主要集中在一线城市优质大学，以其专业解答拥有大量粉丝。其次，即使部分教育者对各平台有所了解，综合运用各平台效率总体偏低。

三、内化内容：个性化和生活化有待进一步丰富

（一）个性化内容设置缺乏

一切思想政治教育活动的有效性都是与亲和力和针对性高度相关的，在信息技术时代，内化主体个性化成长需求比以往更加凸显。自媒体环境下社会主义核心价值观培育绝非核心价值观内容与自媒体技术的简单叠加，还应遵循因材施教原则设计个性化板块内容，视青年群体偏好，综合利用为大学生价值观内化服务。就当前二者融合过程的内容设置来看，从事价值观培育工作的德育工作者还普遍存在重点突出"教育者—内容"层面的简单结合，即在内容上，按马克思主义理论研究和建设工程教材标准内容对社会主义核心价值观二十四字内容进行展示，但对其丰富内涵、重要意义以及典型案例少有拓展。此外，内容着重解决的是内化主体学习工作生活中的共性问题，对部分大学生个人具体情况和生活实际细节有所忽视，对于个别受教者出现的认知偏差、思想困惑、理解误区，自媒体平台均不能主动发现，这无疑在某种程度上削弱了价值观内化的针对性，影响融合效能的发挥。

（二）话语呈现缺乏生活化影响

内容话语呈现是增强主流价值观认同实效性的关键环节。中国有着独特的历史文化传统和政治体制，具有不同学科背景的大学生对中国特有的话语体系及表达不一定完全理解。例如，我们经常使用的"社会主义核心价值体系""法治"与"法制"等话语，大学生就不一定能完全明白其中的内涵，话语呈现的重要性得以凸显。就当前二者融合过程的话语呈现来看，自媒体平台内容更多体现"政治性语言模式"和理论宣介风格。教育主体进行教学时，通常带有一定政治立场

和价值导向，但具体表达中"官话""套话"仍然占有相当比重，对内化主体而言，晦涩难懂、难于消化，进而影响内化实际效果。

四、内化过程：差异化施教及互动不足有待进阶

（一）内化过程的互动性有待增强

马克思主义认为，交往是人类社会实践的构成要素，强调了其作为人的社会性存在方式的重要意义。由此可见，人与人之间的交往互动对人的社会化构建具有极其重要的意义。在自媒体环境下社会主义核心价值观教育中，既要充分发挥德育工作者的主导性，同时也要重视激发大学生的互动性。当前社会主义核心价值观培育的主要途径是，通过课堂与自媒体平台对大学生思想意识进行内化规范，引导其树立正确的"三观"，确保其符合主流意识形态的要求。但由于此项工作过于强调服从性，语言多为强制或命令式，使得受教者学习探索的主动性、积极性受到一定抑制，内化过程中的思辨与质疑相对缺乏，在一定程度上影响了内化主体互动性的发挥。

（二）差异化传输相对缺乏

因材施教是思想政治工作的一项重要原则。一切思想政治教育活动的有效性都是与亲和力和针对性高度相关的，在信息技术时代，内化主体个性化成长需求比以往更加凸显。自媒体环境下社会主义核心价值观培育绝非核心价值观内容与自媒体技术的简单叠加，还应遵循因材施教原则设计差异化传输，视不同群体偏好，结合自媒体大数据、数字媒体、移动互联等技术不同特性，综合利用为大学生价值观内化服务。就当前二者融合过程的信息传递方式看，从事价值观培育工作的德育工作者更多体现为"教育者—自媒体技术"的结合，教育中更多停留在通过课堂教学向大学生的一维单向传输，把社会主义核心价值观相关知识点通过自媒体技术向大学生展示，受教者则观摩学习或记录摘抄阶段，未进行相关数据分析，忽略了个体具体情况。

（三）内化主体主观能动作用需进一步激发

马克思主义认为，人对于客观世界具有主观能动作用，即能主观认识并通过实践改造客观世界。在自媒体环境下社会主义核心价值观教育中，既要充分发挥德育工作者的引导作用和自媒体的载体功能，又要重视激发大学生的主观能动性。当前社会主义核心价值观培育的主要途径是，通过课堂与自媒体平台对大学生思

想意识进行内化规范，重点是从党和国家角度引导其树立正确的"三观"，确保其符合国家主流意识形态的要求。但由于此项工作过于强调服从性，语言多为强制或命令式，忽略了内化主体自身感受，并没有把国家社会需要和内化主体自身发展需要有机结合起来，使得受教者学习探索的主动性、积极性受到一定抑制，内化过程中的思辨与质疑相对缺乏，在一定程度上影响了内化主体主观能动作用的发挥。

（四）自媒体背景下社会主义核心价值观内化整体上还停留在辅助教育阶段

自媒体背景下社会主义核心价值观内化效果的增强由以下具有递进关系的阶段组成：作为信息技术辅助教学、作为信息技术辅助学习、社会主义核心价值观教育与信息技术高度融合三个阶段。当前各高校依托自媒体开展社会主义核心价值观内化多是通过线上教学、易班网、微信公众号、微博发布社会主义核心价值观教育信息，但社会主义核心价值观内化工作与自媒体技术的融合仍是以德育工作者为中心的，并没有摆脱传统教育方式的限制；自媒体技术的辅助学习是二者融合的第二阶段，以大学生"自主、探究、协同、自评"为主要特征，自媒体技术成为大学生自主学习社会主义核心价值观知识、收集资料、安排计划的主要平台，而这一学习方式在现阶段还未得到广泛应用与普及，其影响力更多表现在部分高校思政课课程建设网站，其对象是自媒体自学大学生，适用范围有限。更不用说实现第三阶段社会主义核心价值观教育与自媒体技术的高度融合——突破传统课堂的限制，由德育工作者引导，大学生运用自媒体技术自主学习。当前，我国社会主义核心价值观教育与自媒体技术的高度融合正处于第一阶段与第二阶段过渡时期，在此阶段，由于技术资源和人才的缺乏，比较完善的技术融合资源库推进相对缓慢。

五、内化机制：对内化规律的把握及制度建设有待进一步完善

机制源于自然科学领域，一般是指事物或现象的内部构造及其原理。就主导价值观内化机制而言，主要体现为社会主导价值观向个体价值观的转化过程及规律，该机制一般包括主导价值观内化总体设计、具体实施、评估反馈及问题改进等环节，对社会主导价值观内化工作具有全局性和指导性意义。内化机制是一个需要不断完善的过程，其设计应该紧跟时代步伐不断创新，实现内化各要素与时

代发展特征的紧密结合，这也体现了马克思主义联系发展的基本观点。当前大学生社会主义核心价值观内化机制建设富有成效，但在一定程度上存在制度设计与内化效果上还不能满足信息化背景下社会主义核心价值观内化工作长远发展的需要，呈现出制度设计与新媒体新技术发展脱节等问题。

（一）对内化规律相关研究有待进一步深入

自媒体环境下核心价值观培育有其自身特点，在理念、内容、方式与途径等方面与传统的核心价值观培育有所不同。当前国内关于社会主义核心价值观内化与自媒体技术相结合的研究尚处于起步阶段，有关社会主义核心价值观内化与自媒体技术融合发展的思考和研判，更多的是基于网络思想政治教育已有成果所做的定性分析与主观臆断。对二者融合的相关研究多集中在二者融合途径和方式上，但对自媒体环境下社会主义核心价值观内化的基础理论、内在逻辑缺乏深度研究，对社会主义核心价值观内化与自媒体技术融合的广度、深度、新度等缺乏实证研究和数据统计，对自媒体具体平台的设计、实施、管理和维护等各环节之间的普遍规律探索不足。研究更多体现为，通过理论研究获取路径假设，而事实性数据研究及相关结果相对不足，缺乏从辩证唯物主义及历史唯物主义角度探讨社会主义核心价值观内化与自媒体技术融合的一般规律和基本原则，缺乏从动态视角对融合过程进行系统分析，也缺少从自媒体技术思维对融合的长效机制、途径进行研究等。内在规律研究不足也直接导致了目前高校社会主义核心价值观内化与自媒体技术融合实践中，理论前瞻性还不强，指导实践效用还相对有限，对未来趋势的把握和预测不足等，进而导致内化内容与方式缺乏创新。德育工作者在培育过程中应尤其重视大学生认知和思辨能力的培养，以便于大学生更好地对政策法规、社会现象进行理解与剖析，促成高校大学生对社会的认同，这就需要德育工作者对教育教学的过程、方法和策略以及模式进行创新。但在实际操作过程中，德育工作者极少能打破传统教学方式的限制，在教育教学内容设计、方式采用上选择既有套路，认为在教育过程中使用了网站、公众号、短视频等自媒体技术就是实现了社会主义核心价值观内化与自媒体技术的融合，缺少以发展的视角针对社会主义核心价值观内化与自媒体技术融合的对应机制展开研究。

（二）内化制度设计有待进一步健全

制度设计应该反映时代性特征。当前，以互联网为代表的信息技术变革已深刻地改变着人类学习、工作和存在方式,全球新一轮科技革命正在孕育兴起。谁率先实现教育创新,谁就能掌握教育发展主导权。自进入21世纪特别是党的十八大以来,党和国家领导人多次强调新形势下高校思想政治教育工作守正创新的重要性。自20世纪末以来,国内部分基础较好的高校,已就思想政治教育工作与信息技术融合进行了大胆探索,并积累了较为丰富的经验。但当前自媒体技术与社会主义核心价值观内化融合的普遍做法较多体现在融合实践上,而在制度建设上不尽如人意,表现为完备度尚不能完全与自媒体技术发展速度相匹配等,如传播新技术领域虚拟仿真、人工智能、大数据、云计算等成为新的焦点,而这些新技术在社会主义核心价值观内化工作中尚未得到有效开发和应用。当前相关制度建设更多体现为教学规范,在具体操作上缺少各部门协同及长期有效的融合机制,这导致主导核心价值观培育与自媒体技术形成平行格局,造成二者长期脱节错位。

(三)内化的评估与反馈机制有待进一步完善

信息化背景下网络思想政治教育实践为我国社会主义核心价值观内化工作的开展提供了借鉴思路,但从实际效果来看,社会主义核心价值观内化与自媒体技术融合在高校中尚未得到普及,其实施效果不尽如人意,其表现之一就是缺少对融合经验的科学评估及对反馈问题的合理处置。一方面,对实际融合效果难以量化评估。在我国既有教育模式下,社会主义核心价值观教育开展的效果更多体现为通过课程进行评测,即通过设置社会主义核心价值观相关问题对学生学习的相关课程知识进行测量,但社会主义核心价值观内化工作与自媒体技术平台融合后,大学生将陈述性知识内化为程序性知识,而后者当前缺乏统一的标准来进行科学测量。德育工作者在自媒体平台上发布、推送与社会主义核心价值观相关的内容,通过信息化教育,中心目的在于帮助受教者领会社会主义核心价值观的重要意义和科学内涵,内化树立正确的世界观、人生观、价值观。但对二者融合后应该达到何种效果缺乏统一标准,以及对对应标准很难进行量化评估。另一方面,则体现为对反馈问题往往缺少对应解决机制。随着现代信息技术的逐步普及,我国大部分高校已经具备了社会主义核心价值观教育与自媒体技术平台相融合的条件,不少高校还利用自媒体技术进行了新思政平台建设的有益探索,甚至展开了相关理论研究。但总的来看,在社会主义核心价值观内化层面,这些技术平台应用范围层次还不是很高,对自媒体技术平台中所赋予的大学生兴趣偏好、学习习惯及效果等相关数据，德育工作者并未足够重视，对数据背后反映的问题也未及时开展深入研究。在大学生层面，大学生在运用自媒体平台学习的同时，或不愿积极参与自媒体平台的相关讨论，或未能及时将自媒体技术融合下的教育方式中存在的问题反馈给教育者，德育工作者也不能及时对社会主义核心价值观教育随机调控，无法实现师生之间的共振反应。总之，评估、反馈、应对等机制的不健全对社会主义核心价值观内化与信息技术的融合进程形成事实上的阻碍。

第三节　自媒体环境下大学生社会主义核心价值观内化现存问题的原因

一、个人因素的影响

马克思主义认为，内因是事物变化发展的根据，决定着事物的性质和发展方向。可见，个人主观原因是影响自身社会主义核心价值观形成的主要因素。正如2014年5月4日习近平总书记在北京大学师生座谈会上所指出的："核心价值观的养成绝非一日之功，要坚持由易到难、由近及远，努力把核心价值观的要求变成日常的行为准则，进而形成自觉奉行的信念理念。不要顺利的时候，看山是山、看水是水，一遇挫折，就怀疑动摇，看山不是山、看水不是水了。无论什么时候，我们都要坚守在中国大地上形成和发展起来的社会主义核心价值观，在时代大潮中建功立业，成就自己的宝贵人生。"具体来说，价值观是认知、情感、意志的有机统一体，深受内化主体思想认知、人生经历、利益诉求和性格特征等方面的影响。

深化大学生的认知与情感，除了系统性学习外，需要深入实践和丰富情感体验。实际上，大学生很难有真正的实践训练机会。当代大学生处在社会稳定和经济繁荣的时代，但是他们追求个性，重视个人得失和眼前利益，他们大部分的价值观都处于半成熟期，通常情况下，知识和实践并不统一。许多大学生意志力弱，心理能力差，责任心不强，依赖性大，即使接受了实践考验，也较难坚持到最后。例如，他们认同公正、法治，但遇到困难的时候畏缩不前；认同爱国的价值观，却不能够从细节做起。这些都与每个大学生自身的价值判断、价值追求以及个性特点有关。

二、家庭教育的缺失

家庭是社会主义核心价值观教育内化的重要环节和环境。习近平总书记在2015年春节团拜会上指出："家庭是社会的基本细胞，是人生的第一所学校。不论时代发生多大变化，不论生活格局发生多大变化，我们都要重视家庭建设，注重家庭、注重家教、注重家风，紧密结合培育和弘扬社会主义核心价值观……使千千万万个家庭成为国家发展、民族进步、社会和谐的重要基点。"讲话深刻阐明了家庭及家风对青少年社会主义核心价值观的重要影响。

父母家长是孩子的第一老师，我们在探究大学生社会主义核心价值观内化影响因素时，不能忽略家庭教育的作用。有的家长认为，教育任务完全归属于学校，孩子上大学之后，就把这个"皮球"抛给学校，自己当个甩手掌柜，更谈不上对孩子进行价值观教育了，缺少了家庭教育这个得力合作者，大学生的社会主导价值观内化实效肯定会有所欠缺。一些家长受到自身文化水平的限制，没有采用妥善的教育方式，而且本身也不清楚、不了解所谓的社会主义核心价值观究竟是什么，更谈不上对自己的孩子进行正确的引导和教育。有的家长过于看重应试教育，把学生的智力培养当作唯一追求，忽略了社会主导价值观内化的重要性，因为在许多学校里并没有把社会主导价值观考核当作学生的评分指标，所以有的家长并没有把社会主导价值观内化教育当作一回事，也不屑于耗费精力对孩子进行价值观的引导和培养。这种错误理念直接导致了孩子的价值观教育缺失，不利于其良好品质的养成。

除了上述情形之外，有的大学生因为出生在单亲家庭中，家庭环境影响了其心理，当他们遇到困难或问题导致心理出现裂缝时，家庭没有及时给予关爱和修补。有的家长溺爱孩子，孩子在优越的环境中生活，其所有要求都可以被无条件满足，培养出了他们骄纵的性格，长此以往，就会凸显出因缺乏锻炼而对生活问题不知所措的缺陷，而且这类孩子比较自我，没有集体大局观念。这些情况都会影响大学生社会主义核心价值观的内化效果。

三、社会主义核心价值观内化合力尚未完全形成

2018年习近平总书记在北京大学师生座谈会上指出："人才培养，关键在教师。教师队伍素质直接决定着大学办学能力和水平。"讲话深刻阐明了高素质教师队伍是社会主义核心价值观的关键。

当前，我们正处在新一轮科技变革的前夜，新媒体新技术大行其道，全员、

全过程、全方位育人是时代要求。其中，政府、社会网站、企事业单位有着不可推卸的价值观培育责任，应该由这三方共同构成价值观培育团队，形成思想政治工作合力。笔者以为，教育与宣传工作应由政府来主导统筹，社会网站和企事业单位提供师资技术支持。从目前情况来看，当前这三方并没有完全追上新媒体新技术变革的脚步，价值观引导效能有待进一步提升。

（一）社会网站轻德育意识重商业利益

社会网站凭借盈利来维系自身运营，与德育相比，更注重对经济利益的追逐，甚至还会在利益驱使下发布各种不良信息，有损社会主义核心价值观培育。因此，社会网站即便具有较强的信息功能，也不会主动地去开展社会主导价值观宣传教育工作。

（二）德育工作者理论与信息化素养不均衡

在政府部门当中，存在着较多受过高等教育、具备较高道德修养的工作人员，在教育、宣传方面都发挥着积极作用。但个别工作人员对新媒体使用掌握还不够熟练，信息化综合素养不足，在利用自媒体开展社会主义核心价值观教育的时候，无法发挥应有效果，个别工作人员甚至将新媒体排除在工作媒介之外。此外，德育工作者没有接受过新媒体应用培训还不够系统，在开展工作时难以适应新媒体的环境。综合来看，部分熟练运用新媒体新技术的工作者缺乏较高的价值观理论素养和德育工作经验，而掌握价值观理论与经验的人对新媒体新技术又不够专业，影响了自媒体环境下社会主义核心价值观内化实效的发挥。

（三）轻事前引导，重事后干预

与传统媒体相比，自媒体的最大特征在于它可以在未经相关部门准许的情况下公布信息。这使自媒体所宣传的信息内容鱼目混珠、真假难辨。自媒体传播信息的多样性导致其社会舆论效果混杂，缺乏有力的舆论引导。即使在自媒体日益受到重视的今天，部分机制或者举措还不明朗，约束效果还不够明显，所以当前自媒体仍处于自由发展的状态。当舆情事件爆发带来不良影响时，监管层所采取的干预措施有一定的滞后性，这也不利于推进自媒体环境下社会主义核心价值观的内化。

四、社会主义核心价值观内化与新媒体新技术融合不够

社会主义核心价值观内化实效与自媒体新技术应用的针对性、亲和力息息相

关，表现在：一是内容具有生命力，即具有真理性和说服力，能满足内化主体自身成长成才的需求，这也是内化的原生动力；二是内容通俗易懂，适合不同内化主体"消化吸收"；三是内化逻辑符合大学生接收信息的习惯，技术选取有助于内容的扩充，且方式选用与内化主体实践体现一致性。当前，社会主义核心价值观内化与新媒体新技术融合不够，主要原因包括以下几个方面。

（一）自媒体环境下社会主义核心价值观内化设计与应用吸引力不够

自媒体环境下社会主义核心价值观内化设计与应用吸引力不够，这主要是因为：一方面，部分教育主体对社会主义核心价值观内化与新媒体新技术融合的目标、原则、内容、方式等理解得还不到位，在认识上还存在偏差，如将运用自媒体开展社会主义核心价值观教学等同大学生价值观内化；另一方面，部分教育主体对自媒体环境下社会主义核心价值观内化的投入不足，软硬件建设存在短板问题。

（二）社会主义核心价值观内化与自媒体应用存在错位

社会主义核心价值观内化与自媒体应用存在错位，这主要是因为：自媒体工作者队伍对于政治理论与自媒体技术素养掌握得不够均衡，融合不够。德育工作者具有扎实的思想政治教育理论功底，但对新媒体新技术素养掌握得不够，而技术工作人员正好相反，导致教育内容、过程达不到系统性、科学性。

（三）相关自媒体平台的设计、建设、维护和管理水平较低

相关自媒体平台的设计、建设、维护和管理水平较低，这主要是因为：一方面，部分高校及教育主体对不同自媒体新技术特性与优势等理解得还不到位，在认识上还存在偏差，普遍重视运用校园网开展社会主义核心价值观教育教学，而实际情况是各类社交及短视频自媒体对大学生具有更大的吸引力；另一方面，对自媒体环境下社会主义核心价值观内化投入不足，软硬件建设存在短板。

五、自媒体环境下课堂育人及评价机制存在薄弱环节

第一，部分德育工作者内化理念方法相对滞后。这主要是因为：一方面，德育工作者缺乏系统性、有针对性的培训，更新不及时；另一方面，尽管当前对网络思想政治教育相关研究日趋成熟，但对于自媒体环境下社会主义核心价值观课堂教学改革研究与实践还相对薄弱。

第二，部分高校课程思政建设意识薄弱。当前课程思政建设存在的主要问题是专业课程教师能力与课程建设要求之间的矛盾。这一现象的出现，既与专业课教师的认知、业务水平有关，也和体系机制、管理水平相关联。

第三，价值观内化考核评估亟待改革。尽管当前各高校鼓励各类教学改革活动的开展，但实际操作中仍然以理论课程考核为主，实践占比较少。究其原因，一方面固然和教育主体、教育理念有关，另一方面也和国家社会评价"指挥棒"息息相关。

第六章 自媒体环境下大学生社会主义核心价值观内化的路径选择

一切理论研究的最终落脚点是解决实践中存在的问题。认识和分析什么是社会主义核心价值观内化及为什么要推进社会主义核心价值观内化,最终会归结到怎样有效地、创新地开展社会主义核心价值观内化工作。如前所述,自媒体环境对大学生社会主义核心价值观内化过程影响有其自身机制与规律。根据这些机制和规律,在大学生社会主义核心价值观内化过程中要优化理念、原则和方法,在理顺机制、建设队伍、发挥思政课主渠道作用、优化环境、建设自媒体平台、引导社会舆论、加强研究等方面提质增效,从而实现大学生社会主义核心价值观认同的效果。

第一节 自媒体环境下大学生社会主义核心价值观内化的理念、目标与原则

一、自媒体环境下大学生社会主义核心价值观内化的基本理念

(一)坚持主导性与多样性相结合的理念

在事物的运行发展过程中,有某种动力驱使事物前进并限制其个性,我们可以把这一动力称为主导性。大学生身处信息化时代,面临着海量信息喷涌而来。获取信息的途径各式各样,这使大学生的知识容量得到扩张。但凡事都有两面性,海量信息的涌入会使部分大学生因难以辨别信息的真伪而走偏道路。在开展大学生社会主义核心价值观教育的过程中,我们应该坚持主导性与多样性的有机统一,并掌握好二者的辩证关系。

1. 主导大学生的价值选择

受自媒体平台扩张的影响，社会的文化内涵和价值观念变幻多端，在这种动荡的思想环境下，保持大学生社会主义核心价值观的主导性显得尤为重要。在社会主义现代化建设的重要关头，许多有益的思想在影响着大学生价值观的树立，同时大学生也受到诸多不良思想的危害。

因此，筑牢社会主义核心价值观的主导位置势在必行，只有这样，才能将大学生朝着正确的价值方向引导。需要注意的是，我们要用辩证的眼光来看待事物，面对不同的思想，要采用与之相对应的价值观教育方法来剖析解释，从而对学生起到有力的指导作用。我们要坚持用社会主义核心价值观来引导大学生，使他们在兼容并蓄中向着积极的方向发展[①]。

2. 适应大学生的个性需求

在马克思主义理论中，人的个性发展是侧重讨论点之一，正因为个体能够不断发挥其特性，才能挖掘其创造力，从而将社会打造出多姿多彩的形态，人类历史才得以被推进。我们可以从追溯历史中发现，不管是在哪个朝代、哪个社会，如果没有兼并包容的肚量，社会发展极易被阻碍。多元化发展才能有力地推动社会进步，例如，春秋战国时期的"百家争鸣"、唐朝时期的兼容并施，都促成了那个朝代的繁荣景象。在今天，我们应该汲取历史经验，重视文化多元化发展。

坚持马克思主义指导思想，是开展大学生社会主义核心价值观培养工作的前提条件，同时，要注意划分大学生的各类个性需求，对症下药：根据修养程度，划分出一般、良好、优秀的等次；根据学生身份，划分为普通学生、学生干部、学生党员；根据专业内容，划分为实践性和理论性等。例如，在主张实践性的大学生看来，就业问题是重中之重，他们需要一个和谐稳定的社会背景，才能更好地将课堂所得的理论应用于社会实践中，通过表现自己的才能，达到自己的人生目标；理论性的大学生则更在乎能否继续在学术上获得深造的机会，如果对这类学生开展社会主义核心价值观教育，可以从学理入手，引导他们从大局层面掌握哲学内在的精髓。

（二）坚持自主性与引导性相结合的理念

一个精神状态正常的社会人在其成长过程中即便缺乏正统的学校教育，在社会、家庭的影响下，也会在心中树立起属于自己特有的价值观念。但这种价值观

---

① 李锦. 社会主义核心价值观融入科学立法的路径选择[J]. 新疆师范大学学报（哲学社会科学版），2019，40（1）：35-41.

念没有系统归纳,是随意的。因此,通过正规教育对大学生进行社会主义核心价值观的引导,使其与社会发展相适应,显得尤为重要。

1. 正视大学生价值观形成的自主性

人的社会性本质注定了其必须依赖社会而生存,因此大学生价值观内化具有主观能动性,并非完全脱离了其他价值观的影响与渗透。从另一个角度来说,即便学校没有开展大学生社会主义核心价值观教育工作,大学生也会因为受到其他意识形态的熏陶而发展出多元化的价值观念。特别是在信息化时代的今天,西方不良思想影响、渗透着我国大学生的价值观念。因此,我们应该把大学生价值观教育摆在一个战略高度上来看待,并且要时刻意识到,提前占领大学生主流价值观的主导地位,才能确保国家政治、经济、文化的发展得到强大的推动力量。

不可否认的是,德育工作者在开展社会主义核心价值观教育和引导工作时,也会有少部分大学生固执己见,不愿意接受学校的主流教育。他们在遇到问题或者辨别信息的时候,往往有一套自己的价值评价标准。针对这种情况,教师要采取"知己知彼"的策略,从学生的角度出发,利用相应的理论教育和实践方法,为社会主义核心价值观教育工作披荆斩棘。

2. 引导性对大学生社会主义核心价值观培育起到保障作用

得益于现代传播技术的突飞猛进,各类信息在传播过程中具有快捷的特性,其承载的内容也与日俱增,为大学生带来了多样的价值观选择。如何引导大学生做出正确的价值观抉择,是考验德育工作者的一大难题。首先,从国家层面来讲,务必坚定"国家认可"的信念;其次,从社会层面来说,一定要把握中国特色的"自由、平等、公正、法治"的价值本质;最后,从个人层面来看,强调培养爱国主义思想意识,发扬敬业精神,弘扬诚信观念,推崇友善之举。只有弄清社会主义核心价值观的真正内涵,才有可能在实践中对大学生加以引导和规范其行为。

二、自媒体环境下大学生社会主义核心价值观内化的基本原则

原则是从客观世界抽象出来的,用于指导人和人类社会认识和实践活动的准则。引导大学生群体开展社会主义核心价值观内化活动,也应当遵循一定的原则。这些原则是思想政治教育工作经验的总结和升华,对于解决内化过程中存在的如内化起点的不确定性、内化主体的多样性、内化阶段的反复性以及内化过程的长期性等疑难环节问题,具有较好的指导作用。

（一）主导性原则

主导性原则，是指自媒体环境下大学生社会主义核心价值观内化必须以马克思主义为指导，体现新时代中国特色社会主义本质特征。

中国特色社会主义是马克思主义基本原理与中国实践相结合的产物，是植根于中国大地、反映中国人民美好愿望、适应中国社会历史进步要求的科学社会主义，也是全面建成小康社会、实现中华民族伟大复兴的必然之路。习近平新时代中国特色社会主义思想是马克思主义中国化的最新理论成果，是中国特色社会主义理论体系的重要组成部分，对于引领中国人民从事新时期伟大实践提供强大的真理力量。2021年7月12日，中共中央、国务院印发了《关于新时代加强和改进思想政治工作的意见》（以下简称《意见》）。《意见》指出，要深入开展思想政治教育，必须坚持用习近平新时代中国特色社会主义思想武装全党、教育人民，健全用党的创新理论武装全党、教育人民工作体系，不断增进对习近平新时代中国特色社会主义思想的政治认同、思想认同、理论认同、情感认同。

自媒体环境下大学生社会主义核心价值观内化深深植根于新时代中国特色社会主义伟大实践，也就是说，没有马克思主义中国化的持续推进，没有中国复兴道路的不断开拓，也就不存在自媒体环境下大学生社会主义核心价值观内化的动力和基础。当前中国发展正面临百年未有之大变局，机遇与挑战并存。要构建新时代大学生社会主义核心价值观认同教育，提升中国价值观国际话语权，就必须以科学理论为指导，以伟大实践进行检验。具体来说，有以下几个方面。

一是新时代中国特色社会主义规定着大学生主流价值观培育的根本性质。价值观具有意识形态属性，其本质上体现为一定历史条件下统治阶级的世界观、人生观、价值观，具有时代性、阶级性等特征。中国特色社会主义迈入了新时代，必然要求有一个与时代相符合、体现时代特征的主流价值观。社会主义核心价值观和社会主义核心价值体系反映了社会主义意识形态的本质要求，是当代中国精神和新时代主流价值观的集中体现。社会主义价值观与资本主义价值观有着本质区别，培育和弘扬社会主义核心价值观是新时代大学生主流价值观培育的应有之义。

二是中国特色社会主义实践提供了更多价值资源。改革开放以来特别是党的十八大以来，中国取得举世瞩目成就。成就取得的伟大实践孕育了伟大思想，丰富了内容与素材，向全世界贡献了"中国智慧"和"中国方案"。只要中国探索之路继续，其经验或教训都可能成为中国价值观国际传播的潜在资源。例如，"北京模式"的提出,就是欧美学者基于中国发展模式凝练出来的概念话语。该话语的提出,一定程度上反映了西方对中国发展的认可,破除了"华盛顿模式"唯一模式的迷信,也打破了"国强必霸"的崛起模式。

三是中国特色社会主义为核心价值观的构建提供了更强动力。研究认为,核心价值观具有正负功能:当核心价值观与社会发展规律相一致时,就会促进社会发展,起正向作用;反之,当核心价值观背离社会发展规律,就会阻碍社会发展,起负向作用。具体来说:一方面,马克思主义揭示了人类社会运行的普遍规律,具有科学性,而中国特色社会主义是马克思主义基本原理与中国实践相结合的产物,是马克思主义在中国的当代体现;另一方面,中国特色社会主义伟大实践需要健康和谐向上的价值环境,需要核心价值观发挥积极作用。因此,中国特色社会主义必将为核心价值观的构建提供更强动力。

(二)科学性原则

科学性原则是指大学生社会主义核心价值观内化培育需要尊重客观规律,按规律办事。科学性是马克思主义的一个显著特征,也是马克思主义者的基本要求。

那么,如何在大学生社会主义核心价值观内化过程中贯彻科学性原则呢?如前所述,社会个体核心价值观内化影响因素众多,有其自身规律。这个过程既要遵循思想政治教育的普遍规律,同时也要与新时代大学生身心成长的具体环境和个性特点相符合,这是第一要义。基于以上事实,再通过具体问题、具体分析的策略来开展内化工作,增强培育的针对性,就可以达到事半功倍的效果。

从培育大学生社会主义核心价值观的角度来看,坚持科学性原则意义非凡。它要求将社会生活、学校环境、学生的思想动态和文化程度作为切入点,不提倡一切全凭学校来判断、决策的"一言堂"。同时,科学性原则也能够帮助"以文化人"把控大局,接收准确的讯息反馈,从而把学生的成长需要与社会发展有机结合在一起。

(三)协同性原则

协同性原则是指在大学生社会主义核心价值观内化过程中,需要学校各部门共同参与,在履行各自职责的同时协同合作,以便能够将各方力量集中在一起,发挥同向作用的原则。内化大学生社会主义核心价值观的教育任务,不应该全部落在直接教育主体,即高校教师(专职和兼职)身上,党团委领导、行政管理人员、公寓管理者等高校工作人员都应该承担起大学生社会主义核心价值观培育工作的责任,在科学规划大学生日常的学习和生活过程中,为帮助大学生树立社会主义核心价值观做出贡献。

在协同性原则下,高校各部门的功能都得到最大限度的展现。科学规划工作和动员工作由高校党委、团委的领导层来指挥进行;教育教学等工作由教师、辅导员来进行;校园服务遇到的问题、困难由后勤和行政人员协助。搞好"以文化人"工作,需要学校各方面协同攻坚,才能渐出佳绩;一句话,要把大学生社会主义核心价值观培育工作常态化[①]。

实践出真知,众多的实践结果证明了高校各部门坚持协同性原则能够为价值观内化工作提供强有力的保障。在新时代下,开展培育大学生社会主义核心价值观面临着许多新问题、新困境。因此,高校更应该在坚持协同性的原则下,积极做好以下几个方面的工作。

第一,高校全体教职工要对"以文化人"取得共鸣,要意识到"以文化人"在培育大学生社会主义核心价值观的过程中有着不可替代的重要性。随着我国综合国力的提升,文化自信在人民群众心中已经树立起来,但是信息化和市场化为思想和价值观带来了各种挑战,挖掘中国先进文化中促进育德树人的内容已经势在必行。

第二,高校全体人员要秉持着团结协作的态度来开展教育工作。搞好"以文化人"工作,学校各部门的分工合作很重要,亦即各部门一方面要切实履行好本职位的"以文化人"工作,为其提供坚强的物质基础,另一方面要加强沟通与分享,以使培育核心价值观工作的各项经验得到及时共享。

第三,施教者必须为人师表,以身作则。学校教职员的专业素养和良好的行为品德乃是一种无声的影响力,它可以影响大学生的价值观取向。导师的良好言行可以说是"以文化人"的心灵泉水,是最直接的"以文化人"的榜样,能够无形中增强大学生社会主义核心价值观培育成果。

(四)贴近生活原则

贴近生活原则是指从满足大学生的成长需要出发,融入、反映、引导大学生生活,推动大学生在生活实践中领悟、认同社会主义核心价值观。若要发挥价值观的功效,唯一方法就是将其运用到实践活动中。只有向大学生的实际生活靠拢,核心价值观才能发挥事半功倍的作用。然而,价值观内化起点有着不固定的特性,换言之,它并不一定完全按照知、情、意、信、行的顺序推进,而且有可能会根

---

① 常丹. 基于校园文化建设的大学生社会主义核心价值观培育研究 [M]. 长春:吉林人民出版社,2016.

据自身实际从某个角度切入，但无论如何大学生从哪个角度切入，内化都总是离不开他们的现实生活[①]。

大学生的实际生活情况与社会主义核心价值观一脉相连。有的时候，可以把抽象的理论与实际相结合，在他们的日常学习生活里寻找结合点，以让其更容易了解并掌握核心价值观内涵为出发点寻求方法，社会主义核心价值观内化就可以收到奇效。只有始终坚持贴近生活的原则，并处处倡导朋辈之间以及师生之间讲诚信、生活中讲诚信、考试时守诚信，让人们感受到时时处处都有诚信，于是人人遵循公序良俗，恪守校园规矩，大家团结和睦，校风切实得到转变，这便是践行社会主义核心价值观的最好体现。当然，我们要承认社会生活具有多样性，既有真善美，也存在假丑恶。我们要努力去改变和摒弃那些不好的东西，以免给社会主义核心价值观内化带来任何的负面影响。

（五）整体性原则

整体性原则也称统一性原则或一致性原则。

第一，大学生能将知、情、意、行集于一身，是完整的意识活动主体。在大学生社会主义核心价值观培育的过程中，教师需要引导每个学生通过理性选择和情感认同积极地将自己的价值规范外化为实际行为，通过持续的反省、反思和实践，创建属于自己的健康价值观体系[②]。

第二，尽管思想政治理论课教师承担社会主义核心价值观课堂教学的主要责任，但从实际课程操作和实施的层面上来讲，高校所有课程都含有价值观培育的基本要素。高校需要充分发挥不同类型课程的育人功能，抓好课程思政建设，让其他课程与思政课同向同行，进行规划和深度开发，让它们都能够服务于内化目标。高校必须系统化推进社会主义核心价值观培育，创建多维传授系统，使培育工作和专业教育紧密结合在一起。

（六）层次性原则

层次性是指在构建大学生社会主义核心价值观内化体系时，应注意从内化主体的个性特征出发，对于不同层次、不同类型的内化主体，要分别开展内化实践。每位大学生是有主观能动性的个体，在教育过程中，应该用多样化的标准去权衡，在思想水平、主观需求、接受程度等方面采用不一样的教育模式，有目的、有针

[①] 张春和，韩绍卿，范小青，等. 当代大学生社会主义核心价值观培育研究[M]. 成都：电子科技大学出版社，2016.
[②] 徐国媛，廖桂芳. 论大学生核心价值观教育心理接受机制的构建[J]. 学校党建与思想教育，2012(6)：65-66.

对性地开展教育工作，从而使大学生接纳社会主义核心价值观，逐渐实现真正的内化。

正因为主体类型多种多样，所以教育者应该把层次性培育当作社会主义核心价值观内化的主要原则之一，区别对待不同内化主体，剖析他们的认知基础、学习倾向、个人经历、生活态度、行为模式、道德修养等要素，按照马克思主义方法论的指导，采取妥善的教育方式，综合使用帮助、谈心、实践等办法，满足内化主体的内化需要，为其社会主义核心价值观的内化助力。例如，有的大学生家庭经济比较困难，教育者可以在学校的支持下，利用奖学金、勤工助学、单独辅导和团队关怀等方式，对学生的品德修养提供必要的帮助，促进学生的社会主义核心价值观内化。

党的十八大以来，我国网络思想政治工作取得了显著进步，初步建设了一支高素质网络思想政治工作队伍，打造了一批思想政治工作网站，推出了一批精品网络资源。在充分肯定成绩的同时，需要用全面、辩证、长远的眼光准确研判新时代我国网络思想政治工作情况，清醒认识可能存在的一些不足，一个代表性现象就是层次定位还不明晰、分类指导还不够明确。一方面，体现为网络思想政治工作涵盖政治、军事、经济、社会、文化、生态等各领域，而现行工作由于受经济社会发展、人才、经验、技术等因素的限制，往往不能实现对各领域议题的全覆盖。另一方面，则是不同受教育对象历史文化背景、思维习惯、利益关切、价值观念千差万别，在自媒体传播环境下议题设置、话语转化、舆论氛围等方面的影响差异较大。因此，对社会主义核心价值观认同培育对象及内容要精准施策、"靶向"教育。

（七）可操作性原则

可操作性原则是在构建大学生社会主义核心价值观内化体系时便于操作和组织实施。社会主义核心价值观培育模式的创新不能仅从理论上的最优化出发，而应考虑到内化实践本身的特点，以及德育工作者自身的教育风格、能力水平、专业层次等其他因素。创新培育模式的可操作性还应体现在培育模式的具体性和针对性上，必须围绕内化主体学什么、到何种程度、通过何种方法达到内化目标及培育目标、怎样评估学习效果等一系列具体问题进行具体考虑和设计。在培育模式的指导下，教育主体能够灵活地选择教育方法，安排具体教育活动，确定顺序、教育形式的组织等，创新培育模式对具体的问题考虑得越详细、全面和具体就越好，同时应当留有余地，给具体德育工作者以空间。创新培育模式必须将实施的可行性和可操作性贯穿始终。

三、自媒体环境下大学生社会主义核心价值观内化的目标

习近平总书记在北大师生座谈会上指出："要坚持不懈培育和弘扬社会主义核心价值观，引导广大师生做社会主义核心价值观的坚定信仰者、积极传播者、模范践行者。"要深入推进自媒体环境下大学生社会主义核心价值观内化这一工作，就需要德育工作者将社会主义核心价值观的理念渗透到内化主体的精神世界中，将社会主义核心价值观作为大学生自身行为的处事准则、工作规范、目标价值、理想追求，切实使大学生成长为核心价值观的宣传者、践行者和护卫者。这"三个成为"是层层递进关系，可以视为自媒体环境下大学生社会主义核心价值观内化的目标。

（一）成为社会主义核心价值观的真正信仰者

坚定社会主义核心价值观自信，是中国特色社会主义"四个自信"的价值内核，既关系到社会个体的成长成才，也关系到整个社会的价值取向，深刻影响着国家总体安全和社会治理水平。当前，国际社会正面临百年未有之大变局，国内社会转型加剧，各种社会思潮、价值观念相互激荡、激烈交锋，特别是各类自媒体的出现加快了这一进程，起到了放大的作用。只有增强核心价值观自信，才能使社会个体塑造正确价值观，才能使中华各族儿女在第二个百年奋斗目标伟大征途中保持战略定力和坚如磐石的信仰，砥砺前行，直至光辉的彼岸。

马克思主义价值观科学理论、五千年源远流长的历史文化及中国特色社会主义伟大实践是我们坚定这份自信的坚实基础。坚定社会主义核心价值观自信，就要求内化主体自觉以马克思主义价值观为指导，加强学习，夯实理论基础；就要求内化主体充分把握社会主义核心价值观在新征程中所具有的重大意义及在国际比较中的优越性，自觉用社会主义核心价值观引领自身勠力前行；就要求内化主体自觉用社会主义核心价值观引领、整合各种社会价值理念，熟练运用马克思主义科学理论辩证剖析各种错误价值观的本质，提高抵御错误社会思潮侵蚀的能力，持续增强社会凝聚力和形成广泛的价值共识。

（二）成为社会主义核心价值观的真正学习者

坚定社会主义核心价值观自信，必须建立在对科学理论的深刻理解上，建立在对人类历史文化文明演进规律的深刻把握上。马克思主义以其科学性、革命性

和先进性，位于人类社会价值制高点，具有强大的精神力量；中华优秀传统文化是中华文化的精髓，是社会主义核心价值观建设的宝库，蕴含着丰富的价值资源；文化交流碰撞与融合贯穿人类社会历史发展的始终，是人类文明存在的重要条件。因此，推进社会主义核心价值观内化，必须坚持马克思主义，必须传承中华优秀传统文化，必须借鉴人类文明各种优秀价值成果。

一是学好马克思主义理论。作为我党的根本指导思想，马克思主义是近代以来中国历史的选择、人民的选择，也是由其严密的科学体系、鲜明的实践品格及巨大的指导作用所决定的。当代大学生只有认真学习并掌握马克思主义理论与方法，才能真正树立正确的价值理念，在纷繁复杂的社会现象中拨云见日，为实现中国梦注入青春能量。

二是传承好中华优秀传统文化。推进社会主义核心价值观内化，必须传承中华优秀传统文化。中国传统文化是一个矛盾的集合体，具有鲜明的双重属性。属于精华的部分，展现出进步、积极、革新的属性；属于糟粕的部分，则展现出落后、消极、保守的属性。中华优秀传统文化作为中国传统文化的精华部分，为今天的价值观建设提供了丰富的思想营养和实践智慧，在去粗取精、去伪存真的前提下秉承古为今用、推陈出新原则，实现其创造性转化和创新性发展。一方面，要加强对中华优秀传统文化的发掘和阐释；另一方面，要强化中华优秀传统文化滋养社会主义核心价值观建设。

三是善于借鉴人类优秀文明成果。推进社会主义核心价值观内化，必须善于学习借鉴人类文明优秀价值成果。从中国实际出发，推进新时代中国特色社会主义核心价值观培育认同，不等于关起门来搞价值观建设。坚持走中国特色社会主义核心价值观培育道路，需要我们学习借鉴世界上优秀的文化与价值观成果。全人类共同价值的精髓对于现代国家的治理、人类命运共同体的打造具有普遍意义。需要指出的是，世界是多样性的，学习借鉴不是简单的照搬照抄，更不能将某种价值理论或文化模式当成唯一准则，用一种价值观模式来衡量和打造整个世界。必须坚持以马克思主义为指导的原则，秉持以我为主、为我所用的理念，合理吸收国外价值概念、价值话语、价值内化理论、价值内化方法，不能搞"全盘西化"，亦不能搞"全面移植"。

（三）成为社会主义核心价值观的真正践行者

1. 成为社会主义核心价值观的自觉修行者

修养修行作为人类思想品格实践的重要形式和渠道，是指社会个体自觉将一定社会的价值理念、规范及要求内化为内在的价值内核，以促进社会主义核心价值观的自我锻炼、自我完善和自我固化的实践过程。加强自身修养修行，提升个人价值品质和境界，应当合理借鉴历史上众多思想家所提出的修养修行观点和方法，并结合当下实际身体力行。

一是做到学思并重，即在勤于学习的基础上积极思考。信息化背景下大学生学习往往呈现碎片化特征，缺乏深度思考。只有把勤于学习和善于思考有机结合起来，才能对价值观是什么、社会需要什么样的价值观及怎样养成价值观形成全面而深刻的认知，产生深邃的思想火花，过有价值的生活。

二是做到省察克治，即通过不断反省查找自身存在的不足，并及时进行克服和抑制。"人无完人，皆有不足"，这是马克思主义的基本观点。自媒体传播的虚拟性助长了虚拟社会的恣意狂欢，放大了人性的弱点。正所谓"吾日三省吾身"，只有不断反省自身，并对不良倾向及时克治，才能使自己的价值观不断完善。

三是做到慎独自律，即无他人在场、监督的情况下，仍能严格坚守自身标准与信念，并保持始终如一的状态。自媒体虚拟性极大激发了广大网友参与积极性，数字化传播对原本凌乱、分散的观点意见起到了整合、放大作用，使得自媒体舆论场能量空前强大，更加凸显了网友慎独自律的重要性。

四是做到知行合一，即把价值认知和社会实践有机统一起来，以促进价值要求内化为个人的价值追求，外化为实际的价值行为。强调知行合一是中华优秀传统文化修身思想的重要观点。在言与行的关系上，大教育家、儒家创始人孔子坚持"听其言而观其行"主张，即衡量人的境界与品质不能只听其说，更应看其行动。他主张学习的最终目的是"君子学以致其道"。由此可见，价值观内化并不是脱离现实的闭门思索，而是人们通过社会实践在思想上的自我反省与升华。

五是做到积善成德，即不断积累善行，使行为固化成为习惯，以逐步内化为优良的价值观。积善成德强调价值观内化过程需要不断固化善的理念且持之以恒。善是道德伦理的基本概念，这里关系到主体价值理念的整合及价值评判标准的形成。每一次行善的过程，都是主体思考价值意义及价值观构建的过程，包括对"勿以恶小而为之，勿以善小而不为"中价值大小关系的衡量，也包括对"锲而舍之，朽木不折；锲而不舍，金石可镂"价值构建的持久性思考。因此，在个人价值观修行方面不断坚持，就一定能不断提升自己的价值境界和价值品质。

2. 成为社会主义核心价值观的主动传播者

如前所述，环境既是思想政治教育的外部条件，也是思想政治教育实践过程的构成要素,是思想政治教育作用和改造的对象。它不仅影响思想政治教育实践过程,也影响思想政治教育的有效性评价。大学生群体既是内化主体,同时也是内化环境的构成要素。大学生年龄相近、经历相似,容易产生思想共鸣、情感相亲,互相之间产生影响。在自媒体时代,大学生不但是社会主流价值规范的受教育者,也是其传播的重要力量,对社会特别是信息化人群的影响尤为重要。因此,丰富传播主体,发挥大学生在社会主义核心价值观内化中的相互教育、相互引导、相互服务作用,是自媒体环境下大学生社会主义核心价值观内化的重要目标,也是其重要路径。首先,正确把握内涵。社会主义核心价值观自成体系,内涵丰富,正确把握其丰富内涵是有效传播的前提。大学生只有深入到国情区情教育及社会实践和调研活动中,才能深刻领悟、理解其丰富内涵。其次,优化传播载体。作为网络原住民,当代大学生对各类信息媒体的使用高度依赖。高校要充分利用这一特征,积极引导大学生了解并掌握不同媒体特性,能使传播效果事半功倍。最后,丰富传播形式。社会主义核心价值观理论性强,要创新打造一批优秀作品,采用大学生喜闻乐见的表达形式,增强传播的生动性与时代性,提高理论传播的感染力,从而使社会主义核心价值观鲜明生动、通俗易懂,帮助内化主体尽快理解并形成正确的价值观。

3. 成为社会主义核心价值观的积极捍卫者

当前,国际社会正面临百年未有之大变局,国内社会转型加剧,各种社会思潮、价值观念的出现加快了这一进程。现实中的拜金主义等错误价值观念和看法仍然存在,这些错误价值观极易侵蚀大学生的心灵,不利于其树立科学的人生观、价值观。

首先,增强主动参与意识。主动性既源于认知,也与切身利益息息相关。通过学习,要正确认识社会主义核心价值观对于社会与个体的重大意义和作用,准确把握其科学内涵及发展规律,坚定社会主义价值自信,切实增强参与的积极性和主动性,并使之成为习惯。其次,提高慧眼辨别能力。近年来,西方敌对势力凭借在信息传播上的优势地位,不断策划与发起思想文化渗透,通过受众容易接受的方式(如文艺方式)来宣扬西方的政治理念和价值观念,具有极强的隐蔽性和欺骗性(如"奶头乐"理论)。因此,要求大学生熟练掌握马克思主义原理和方法,是提高慧眼识别能力和抵御思想被侵蚀的前提。最后,熟练掌握短视频、公众号、微博等自媒体使用技巧。新兴媒体特别是数字自媒体,已逐渐成为舆论生成的主要策源地和舆论渗透的主阵地。近年来,西方敌对势力凭借在信息传播上的优势地位，不断策划与发起思想文化渗透活动，来宣扬西方的政治理念和价值观念。因此，要提高斗争能力，必须重视对个人抖音、头条、"两微一端"等自媒体的使用，重视传播艺术与传播技巧，贴近受众，主动发声，增强吸引力和感染力。

第二节　自媒体环境下大学生社会主义核心价值观内化的路径

一、营造风清气正的自媒体内化环境

如前所述，社会个体价值观内化机制较为复杂，内化过程具有长期性和复杂性。该过程中内化主体的认知、体验自始至终受到外在环境的影响，内化活动进程也始终受到外在环境的制约。因此，不断推进社会主义核心价值观内化环境优化是一个非常重要的问题，对内化主体的思想动态发展和信息化背景下社会主义核心价值观内化的顺利运行具有重要意义。就本研究而言，优化环境的重点指向风清气正的自媒体空间。

（一）强化自媒体正面宣传工作

对社会而言，自媒体背景下社会主义核心价值观内化的重要性在于通过不断丰富传播主体、传播内容、传播途径等实现主流价值观涵养，壮大自媒体主流舆论、加强正能量传播，强化自媒体正面宣传功能是这一重要职能发挥的核心要义。从这一角度出发，需要不断推进各类自媒体理直气壮、旗帜鲜明地在社会主流价值观传播中唱响主旋律、弘扬正能量。围绕该项工作，笔者认为还需要从以下几个方面持续发力。

1. 加强对自媒体舆论场与传统主流舆论场的融合与对接

中国长期以来实行"党管媒体"的制度，主流舆论基本代表执政党和政府的立场、态度，执行特定职能，形成了特定叙事风格和方式的官方舆论场。随着经济社会的发展和传播技术的进步，民众主体意识开始觉醒，一直以来通过人际关系传播形成的"口头舆论场"在互联网空间，特别是自媒体空间中得到最大限度的扩张，"公众（民间）舆论场"由此形成，其代表的立场、态度及风格较官方舆论场有一定差异。"数字化生存"背景下舆论形成、传播及作用机理发生了根本变化，自媒体赋权使得社会舆论调控更加困难，因此需要我们积极发挥自媒体

第六章 自媒体环境下大学生社会主义核心价值观内化的路径选择

数字化传播优势，引导其将传统媒体的优秀作品和成果及时进行融媒体转化，统一准入标准，以正自媒体舆论视听。

2. 加强对最新成就、重大工程、模范人物事迹的自媒体宣传

在市场经济背景下，流量即财富。受资本逐利性的推动，部分自媒体在内容上多体现为娱乐性、游戏性、负面性倾向。特别是知名网红大V，粉丝众多，占据了自媒体热搜的位置，影响甚大。而对于国家建设最新成就、重大工程、英雄人物，主动传播者甚少，引人深思。因此，加强自媒体正面宣传需扭转这一不利局面，引导其加大对国家建设最新成就、重大工程及为突出贡献和先进人物团队事迹宣传的力度，相关专题宣传就应当引领自媒体流量，而不能任由错误价值导向、花边新闻甚至是谣言充斥在各大自媒体平台上，占据自媒体的头版头条位置。

提供专业化解读、民生化视角、生动化表述、文艺化呈现的鲜活优质内容，让主旋律"传得开，叫得响，还能入心入脑"，以内容的价值性实现自媒体舆论的正向引领。网络社会主义核心价值观内化工作推动的自媒体正面宣传，就是要坚持内容为王、质量取胜的原则，以正面宣传成风化人、凝心聚力，培育积极健康、向上向善的自媒体舆论生态。

3. 加强对自媒体热点事件与话题的及时回应和解读

数字化传播背景下舆论传播速度空前加快，突发热点往往能在短期内形成燎原之势。传播过程中各类自媒体起到了集聚、放大、传导作用，使社会能量空前强大。因此，需要改变内化主体对于主流媒体宣传的迟滞印象，及时做出响应，第一时间提供专业化分析与解读，让主旋律抢占先机，以宣传的时效性实现自媒体舆论的正向引领。

（二）加强与自媒体负面言论的斗争

正如马克思主义所强调的那样，任何事物都有两面性。自媒体在提供海量信息、方便人们工作学习生活的同时，往往也伴随着许多负面效应。近年来，如自媒体谣言、网络暴力、电信诈骗等违法事件屡禁不止，特别是西方敌对势力利用自媒体传播特性进行反动宣传，输入错误政治理念和价值观念，为维护国家总体安全制造了难题。2019年9月，习近平总书记在中央党校（国家行政学院）中青年干部培训班开班式上强调，意识形态领域必须发扬斗争精神。因此，新时期加强改进社会主义核心价值观培育工作，就必须在坚持加强对自媒体正面宣传的

同时，还必须加强同自媒体负面言论做斗争。笔者认为，重点抓好以下两方面工作：一方面，建立健全风险防范机制。随着现代传播技术手段的不断发展，自媒体传播机理发生了巨大改变，舆情"星星之火"短期内能迅速演变为燎原之势，能量空前强大。在此情况下，如何对自媒体因势利导，弘扬正能量遏制负能量，成为我们需要直面的问题。笔者以为，总体原则宜以预防为主，即优先考虑构建起风险防范系统机制，包括利益协调引导、信息反馈预警引导、内化协调及保障等。在负面舆论中，由于社会转型期利益结构重新分化调整诱发的群体性事件占据相当比重，如高校校园管理服务不到位等，因此协调引导利益分配优化，避免情绪非理性宣泄是非常必要的。当负面言论出现时，信息的反馈和预警相当重要，即需要在第一时间对自媒体舆情进行甄别，对热点和突发事件保持高度关注，并对谣言和不实信息进行澄清、公告和客观解读，对错误思潮坚决批驳，对涉及犯罪的行为要依法整治处理。而利益优化协调及自媒体信息反馈预警，均离不开人、财、物的保障，因此相应机制同样重要。

另一方面，掌握正确的斗争平台和方法。自媒体自产生以来，传播形态不断丰富，传播渠道不断拓宽，类型也多种多样。要尽量熟悉不同类型自媒体传播特性，并找准负面言论相对集中的具体类型。受传播技术和文化变迁的影响，受青年人欢迎的自媒体类型及行为方式一直处在动态变化中，从早期BBS到"两微一端"，再到兴起的知乎、喜马拉雅、抖音、快手等自媒体社群，充分反映了信息传播技术迭代发展趋势及青年网民自媒体平台使用黏性，揭示了青年网络文化演变特征及规律。可以预见的是，随着自媒体分众化功能的逐步强化，不同平台的内容体系会更加垂直，彼此间的差异会越来越大，议题的设置方法和人群会更加细化。因此，对自媒体平台发展与变化趋势要与时俱进，保持高度关注，如近年来直播平台和短视频APP异军突起，逐渐成为大学生自媒体社交的新宠，且校园自媒体运营呈现团队化、专业化的趋势。相对于单纯的文字、图片、文本类载体，短视频信息量更大也更复杂，对其进行意识形态属性甄别与研判往往更加困难。如果自媒体生态治理忽视了这些新兴自媒体平台，就可能存在"漏网之鱼"，也难以取得真正实效。总而言之，必须坚持不懈地与自媒体负面言论做斗争并不断推进自媒体环境下社会主义核心价值观内化环境的优化。

（三）加强对自媒体生态的治理

良好的内化环境重点在于对自媒体生态的治理。一是要不断推广最新安全技术，夯实监督管理技术的基础，净化自媒体空间。"解铃还须系铃人"，技术异化离不开技术思维应对。要以马克思主义理论为指导,辩证看待技术发展与进步,因势利导,充分发挥其积极作用,遏制其负面影响。要加大信息安全新技术推广与普及的力度,为自媒体不良言行提供技术层面的解决方案,为社会主义核心价值观内化创造一个良好的自媒体空间。二是要进一步推进自媒体安全素养教育,构建家庭、学校、社会"三位一体"的自媒体安全观教育体系,尤其是要系统性、持续性地推进大学生总体国家安全观教育。自媒体背景下大学生社会主义核心价值观内化能否提质增效,还要看教育者和受教育者的自媒体安全素养,社会各方都需要深入了解当前自媒体使用中可能面临的各种安全问题及行之有效的应对方式,并对内化主体自媒体实践开展有针对性的教育引导,并借助自媒体传播优势,不断引导大学生提升自身的自媒体安全素养。三是要加强自媒体法治素养建设,推动自媒体伦理和自媒体公序良俗的发展,发挥自媒体公德规范教化作用,用人类文明优秀成果特别是中华优秀传统文化和革命文化滋养自媒体空间,进而更加有效地修复自媒体生态。

总之,优化自媒体社会主义核心价值观内化环境过程也是加强对自媒体生态综合治理的过程,对于不实信息发布、有害信息跨境传播等危害国家安全问题要保持高度关注和果断行动,不能听之任之,对于自媒体上存在的不实信息、自媒体暴力等情况要予以及时回应,有堵有疏,让正能量的自媒体舆论引导广大大学生化解不良风气。

二、优化社会主义核心价值观内化机制建设

机制建设贯穿于社会主义核心价值观内化的总体设计、组织实施、评估反馈、问题解决等全过程中,对自媒体环境下社会主义核心价值观内化具有全局性和指导性作用。自媒体环境下社会主义核心价值观内化的机制建设紧密围绕内化的实效性而展开,既立足于中国特色社会主义机制建设实践的扎实基础和丰富经验,又面向新时代信息化背景下社会主义核心价值观内化的实际,秉承着一切从实际出发的原则。具体而言,包括大学生利益协调引导、信息反馈预警引导、内化协调及保障等机制优化等。

(一)构建大学生利益协调引导机制

如前所述,社会主义核心价值观内化影响因素众多,影响机制复杂,其中受教育者主观认知、体验的影响较大。尽管身处自媒体时代,但个人合理权益的实现程度直接影响其对周边环境乃至社会的认同度。不同的受教育者由于思想观念、

利益诉求等方面的差异，会产生不同的价值观认同现状。调查发现，受教育者所在地区基础较好、经济发达、投入资源较多，利益诉求得到较好满足，其积极性就高，对社会主义核心价值观认同度相对较高。反之，认同就相对差一些。因此，高校要构建利益协调机制。

首先，切实保障各种合法权益，夯实认同的基础。马克思主义认为，人的本质属性是社会属性，个人与社会的关系最根本的是利益关系。对高校而言，一是要加大投入力度，切实改善校园硬件环境，为大学生合法权益的实现提供必要基础。二是提升各部门教育管理服务水平，改善作风，为大学生合法权益的实现提供氛围。三是加强宣传，调动广大大学生参与学校建设的积极性，鼓励他们为学校的发展献言献策。

其次，畅通利益反馈渠道，建立认同的信任机制。要实现受教育者社会主义制度核心价值观内化，离不开信任机制的支撑。对高校来说，一是要在教学管理服务中提高信息的透明度，坚决杜绝在评优评先、升学就业等涉及大学生切身利益的重大事项中出现信息传递失真、有失公允的行为。二是要建立健全大学生和校方的信息沟通和反馈机制，及时响应，强化信任关系。三是要对弱势群体建档立卡，强化人文关怀。

最后，深化新时代大学生教育评价改革引导，激发认同的内生动力。人对于自身需要和利益实现的追求，是人一切行为最强大的原生动力。实现大学生教育综合评价与社会主义核心价值观需要的内在一致性，是助推其认同并内化的现实动因。党的十八大以来，党和国家领导人多次在不同场合阐述立德树人的内涵、途径和方法。2020年，中共中央、国务院印发了《深化新时代教育评价改革总体方案》（以下简称《方案》）。对高校而言，就是要贯彻落实好《方案》，坚持"五育并举"理念，积极探索多元评价机制，逐步构建优化社会、学校、家庭、教师与大学生互评相结合的评价模式，建立健全过程性评价机制。总的来说，对大学生进行评优评先等综合考核时，要扩大社会主义核心价值观内容考核比重，增加过程性考核环节。对于先进典型、模范人物加大表彰力度，并给予一定的物质奖励。对于违反者，视情节给予批评教育及一定程度的惩戒等。

（二）推进自媒体信息反馈、预警、引导机制的优化

自媒体环境下社会主义核心价值观内化工作以信息传输交换为载体，因此准确把握住信息的传播情况对实时掌握受教育者的思想动态和自媒体舆情，对增强内化工作的实效性有积极意义。

首先，应建立健全信息反馈、预警机制。自媒体环境下社会主义核心价值观内化的有效性首先依赖信息的汇聚与反馈，在此基础上社会各部门才有可能实施精准的教育引导，并用主流价值观占领自媒体舆论阵地。但作为价值观内化环境重要组成部分的自媒体空间，会随着传播技术不断更迭而日趋复杂，这对自媒体相关信息的反馈与预警机制提出了更高的标准与要求，包括更快的响应速度、更为精准的反馈等。因此，需要科学挖掘自媒体信息、处理自媒体舆情，对自媒体空间中不同场域、不同形式、不同人群的较为孤立、零散的信息按程序进行系统处理，完成分类、提取和加工工作。至此，常态化的自媒体舆情预警模式得以构建。特别是利用大数据、人工智能等新兴信息技术优势，对重点人群、敏感词汇、关键舆情实施监控，将对构建现代化自媒体信息反馈及预警体系有重大意义。需要指出的是，即便如此，人工反馈及预警仍然不可缺少，作为体系的重要补充将在较长时间存在。在此基础上，对于一些社会突发热点和重大事项，应保持高度关注，充分考虑到可能产生的舆情发酵，形成应对预案和部署，争取自媒体环境下社会主义核心价值观内化工作的提前介入。

其次，要完善自媒体热点信息研判工作机制。自媒体环境下社会主义核心价值观内化是有特定内容和任务指向的，做好热点舆情的分析研判是必要前提。特别是对传播加速又涉及意识形态、价值观的自媒体舆情需要重点关注，分析舆情性质并找准产生根源，主动掌控态势，为政府和主流媒体精准施策提供"靶向性"指导。

最后，自媒体信息引导机制上，尽管自媒体阅读已成为一种"数字化生存"生活方式和习惯，但自媒体信息传播的可信度是有规律可循的，大学生群体作为接受高等教育的青年佼佼者，明显倾向于信任有官方背书的自媒体。因此，力推一批公众喜爱、思想深刻、客观全面的自媒体非常重要。通过扶持该类自媒体账号，以客观性报道和权威性解读为主要目标，打造一批品牌，占领自媒体舆论阵地，以富有时代感和青年受众传播特征的内容提升主流价值观的传播力、影响力，有效回应质疑困惑和消除不良情绪，让有温度、有深度、有高度的评论见解占领自媒体舆论阵地。特别要注重运用马克思主义真理的立场方法与本国优秀传统文化，去消除自媒体空间普遍存在的"阴谋论"等疑虑与误解，建构价值自信，实现认同意识的培养，推动自媒体主流价值观内化与认同的普遍形成。同时，也应根据自媒体传播技术与文本表现形式演变不断推进引导机制的优化。例如，时下移动 APP、自媒体短视频、动态图片表情包已成为自媒体作品表达的主要形式，大学生在选用自媒体表达情绪和观点时也符合上述时代特征，上述变化趋势为自媒体信息反馈机制的完善提出了挑战，也对新时代自媒体德育工作提出了更高的要求，基于传统文字文本数据分析已不能完全体现自媒体舆论状况。上述问题都是推进自媒体环境下社会主义核心价值观内化机制优化需要重点关注的领域。

（三）推进自媒体环境下社会主义核心价值观教育内化协调机制的优化

习近平总书记在全国高校思想政治工作会议上指出，"各类课程与思想政治理论课同向同行，形成协同效应"。该理念一经提出，立马引发学术界和实践工作者队伍的高度关注和热议，并成为学术研究的热点。随着研究的深入，其内涵也不断丰富，已从最初的思政课与其他课程同向同行，扩展为整个教育体系、过程各个阶段、路径和关联环节有机衔接，构筑起"大思政"育人格局。对于自媒体环境下社会主义核心价值观认同教育而言，经过20年左右的发展，社会主义核心价值观培育内核的基本面总体向好，涉及价值观培育及思政教育的各类平台及自媒体不断涌现，打造了一批精品，但客观上也存在参差不齐、精品不多的问题。随着现代传播技术的日新月异和社会的加速转型，自媒体社会主义核心价值观教育内核必须直面新形势、新情况、新问题，应对和化解现实中存在的目标与结果脱节、实效欠佳的问题，迫切需要尽快形成要素整合、集体共振的自媒体社会主义核心价值观教育内化协调机制。"思想政治教育是一项负责的系统工程，无论对其工作系统内容，还是与外部的联系，必须进行整体性的统一协调，才能使其处于一种良性运动状态，保证目标的实现"。[①] 当前自媒体环境下社会主义核心价值观教育内化要素未有效整合，一定程度上出现了各自为战的局面，削弱了自媒体环境下社会主义核心价值观内化的整体性功能发挥，局部领域环节甚至出现内耗，系统内存在的要素碎片化、分散化等特征使得各要素之间沟通不畅、信息隔阂、资源分散，致使自媒体环境下社会主义核心价值观内化活动进行中各环节脱节乃至对抗。针对上述情况，为克服各要素、各方法运用单兵作战、联系不强、整合不足的劣势，自媒体环境下社会主义核心价值观教育内化需将理论灌输、舆情监测、咨询交流与信息化实践等方法有机结合起来，努力克服各要素各方法的隔阂与断裂弊端。同时，要深入推进核心价值观传统教育方法论的自媒体化创新，使之真正关注到当代大学生的实际权益和内心需要，避免出现自媒体环境下社会主义核心价值观教育内化过程中的形式化标签。

---

① 陈万柏，张耀灿. 思想政治教育学原理 [M]. 北京：高等教育出版社，2015.

（四）推进自媒体环境下社会主义核心价值观教育内化保障机制的优化

严格来说，保障机制有广义和狭义之分，这里可以从为自媒体社会主义核心价值观教育内化活动提供物质与精神条件的角度进行理解。从物质条件保障方面来看，主要涉及资金投入、技术储备等方面，因此需要加强统一领导、科学规划、稳步推进，为持续推进自媒体环境下社会主义核心价值观教育内化工作夯实基础。从精神条件保障方面来看，则主要指向人的因素，例如，在规范保障方面，要不断健全完善自媒体信息安全的有关制度，发挥好相关法律规范的保障作用；在人员保障方面，需要打造一支高水平的教师队伍，巩固自媒体环境下社会主义核心价值观教育内化保障机制。自媒体环境下大学生社会主义核心价值观内化是在信息技术进步及其高度融合基础上推进的，但技术进步本身并不能自觉推动价值观内化活动的开展与深入，因此建立拥有一支优秀的网络德育工作者队伍和师资力量是关键。尤其是对于高校的育人工作而言，教师队伍是高校的生命力，拥有一流的师资，才能成就一流的大学。在自媒体环境下社会主义核心价值观内化工作中，一流师资产生一流的教学科研成果，会反哺育人实践工作，最终形成良性循环，利国利民。因此，打造一支高水平的网络育人教师队伍，是推动自媒体环境下社会主义核心价值观育人队伍建设的核心，是关乎自媒体意识形态工作有效应对新时代、新要求、新挑战的关键事项。为此，社会各界特别是高校一方面要推进多措并举，加大"内培外引"力度，加强队伍建设；另一方面要通过兼具网络思想政治教育与人才培养发展规律的制度设计，包括发展规划、绩效奖励、职称评审、研修提升与学术休假等，不断优化保障机制，给予自媒体德育工作者持久的关怀与激励，提高队伍的专业素养和增强职业归属感。

三、细化社会主义核心价值观内化过程关键环节

马克思主义认为，人类社会认识世界、改造世界的过程，就是不断发现问题、不断解决问题的过程。毛泽东强调，问题就是事物的矛盾，且矛盾运动永无止境，每个时代都有自己的矛盾。当前，我们站在一个新的历史起点，世界正面临百年未有之大变局，国与国之间的竞争日趋激烈，我们所面临的网络安全等问题更加突出。如果没有强烈的问题意识，就不能有效破解前进中的难题，发展就难以打开新的空间。增强问题意识，要求我们重点把握核心问题。只有细化问题，才能找到破解的良策，做到守正创新。当前，自媒体环境下社会主义核心价值观内化在实践过程中还存在如内化现状不平衡、不充分，内化主体个体性建构、内化与外化衔接不充分等关键问题，需要我们进一步改进。

（一）细化内化发展不平衡不充分问题

党的十九大报告把人民日益增长的美好生活需要和不平衡不充分的发展之间的矛盾研判为当前我国社会主要矛盾。新时代社会主要矛盾论述的转变是党和国家对当前社会矛盾演变整体性研判后得出的结论，这其中自然包含新形势下社会主义核心价值观领域培育存在的发展不平衡不充分的矛盾。总体来看，网络思想政治教育经过多年的实践和发展，已经取得较为丰富的成果。但正如党的十九大报告所指出，由于教育供给结构发生了新的变化，信息化背景下社会主义核心价值观内化系统的构建也出现了部分领域协同发展不够、不平衡不充分的新情况、新问题。具体来说，按照层次主要体现在以下几个方面。一是从宏观层面来看，"大思政"格局下家庭、学校、社会之间的协同发展还不够。落实立德树人任务是家庭、学校、社会的共同责任，不同层次、不同角度、各种资源的教育力量互相协同才能形成合力，共同促进大学生成长成才和全面发展，但由于家庭、学校、社会各自的现实关注点不同，三者之间无缝对接、互相融入、共同协同的格局尚未真正形成，导致三者之间实际工作中上述问题的出现。二是从中观层面来看，各部门之间资源整合的协同发展不够。例如，在自媒体环境下社会主义核心价值观培育工作开展过程中，从事页面设计、内容上传、效果呈现的信息技术人员往往不太具备思想政治教育的理论功底，对内容的掌控程度不足，而思政工作者却又受到自媒体技术专业素养的限制，在社会主义核心价值观内化工作的开展中难免存在专业性不足等问题。三是从微观层面来看，自媒体思想政治教育队伍内部协同发展不够。就高校自媒体思想政治教育而言，当前从事自媒体思政工作的人员，主要为思想政治理论课教师、专职辅导员及部分行政教辅人员，现实中这些人员要么偏重课堂教学和理论研究，要么负责管理等具体实务工作，可见自媒体环境下社会主义核心价值观内化活动的开展需要与现实队伍建设及职责要求并不完全匹配。因此，上述内化发展不平衡不充分的问题，以及协同合作不够的问题，本质上反映的都是一种教育需求和供给之间的矛盾，成为推动自媒体环境下社会主义核心价值观内化创新的动力之源。

（二）细化内化主体全面发展中面临的成长难题

大学生通过信息化背景下社会主义核心价值观内化实现自身全面发展的过程，一定意义上也就是其不断摆脱信息化交往的制约及束缚，实现个体建构与社会价值引导相统一的过程。因此，细化内化主体成长过程中面临的成长难题，并以此为有效切入点，具体包括以下几个方面

第六章 自媒体环境下大学生社会主义核心价值观内化的路径选择

1. 科技发展制约内化主体自由而全面的发展

马克思主义认为,科学技术是构成生产力的基本要素,科学技术的进步会推动社会的深刻变革和巨大进步,形成人与科技之间的对立统一。为解释这一现象及深层次原因,马克思阐述道:"大工业则把科学作为一种独立的生产能力与劳动分离开来","随着科学作为独立的力量被并入劳动过程而使劳动过程的智力与工人相异化。"在马克思看来,科技很早就作为一种独立的力量而存在。随着资本力量的壮大和资本主义社会的崛起,资本的光环掩盖了科技与人的本真关系,即资本与科技结合在一起的时候,就会对人的全面发展、人类社会产生负面的影响。近代以来,在打造科技进步、努力追求现代文明的同时,人类从未忘记对科技发展逻辑的反思。但以自媒体为代表的现代信息技术横空出世,直接引发了传播技术革命,其更为深远的意义在于所构建的网络社会及"衍生的网络文化与技术理性,对人的生存方式、思维方式与价值观念的改变与重塑"。社会个体对外在世界及自身的把握越来越依赖网络社会,这对实现社会个体自由而全面的发展无疑是一大挑战。科技发展将人从自然与神学束缚中解放出来,自媒体时代更是如此。数字传播技术打破了物理边界,跨越了时空界限,信息获取与传播改变了人的认知方式,颠覆了内化主体理性思维成长的天性,特别是大数据、人工智能等技术的广泛使用,使得内化主体认知与成长轨迹变得更加可控与可测,人与社会、人与自然、人与自身被由信息与数字构建的"藩篱"隔绝,这无疑与实现社会个体自由而全面的发展是相悖的。目前来看,信息技术发展至少在以下几个方面对人自由全面发展包括价值观选择形成了限制和挑战:一是数字世界不平等客观存在,这既体现为西方发达国家长期以来在科技上具有优势地位,也体现为网络精英对普通网民的权威,网络社会话语权并不掌握在普通民众手中;二是科技逻辑有力地增强了信息服务的便捷性,但现实中可能造成数据信息泄露及滥用,如人像采集、行程轨迹、购物记录、搜索痕迹、行为偏好等,特别是万物互联时代来临,使得个人隐私无所遁形,提高了隐私信息泄露及滥用风险;三是犯罪现象与科技发展如影随形,科技愈是发展,科技犯罪行为给人和人类社会带来的后果愈加严重,特别是随着科技与市场经济的高度融合,电信诈骗等网络犯罪层出不穷,花样频出,不仅干扰和侵害了现代社会治理体系,也让广大网民无所适从,妨碍正确认知及核心价值观的认同。党和国家高度关注这一现象的存在,并于党的十八大以后提出了网络强国战略,并把其视为解决人自由全面发展与技术逻辑矛盾的关键举措。习近平总书记指出:"网信事业发展必须贯彻以人民为中心的发展思想,把增进人民福祉作为信息化发展的出发点和落脚点,让人民群众在信息化发展中有更多获得感、幸福感、安全感。"讲话基于新发展理念,为自媒体环境下社会主义核心价值观内化工作进一步开展指明了方向,实现人的发展与新技术良性共生,改善内化主体不断受到挑战的不利状况,进而推动广大网民共享社会发展与科技进步所带来的福祉。

2. 信息爆炸与失真束缚内化主体知识和能力的提升

现代传播技术迅猛发展和广泛运用,既拓宽了传播渠道,又丰富了传播形态,也带来人们信息消费理念的改变,直接导致社会信息传播体系及规律的巨变。在改造人们认识论的同时,对大学生知识和能力的提升构成了多重制约:一是在信息技术发展和媒体市场化转型中,产生了自媒体信息"劣币驱逐良币"现象。正常情况下,自媒体信息较多,需要用户自行执行查找和筛选。随着计算机技术特别是大数据算法的发展,搜索引擎根据网民搜索和观看记录,自动分析并"保存"偏好并实现智能推送。但在媒体市场化背景下,自媒体信息排名往往通过竞价模式实现,换言之,信息逐利十分普遍,网民在信息推送中接收的信息往往不是自己想见的,甚至会出现大数据"杀熟"乃至诱导消费、沉迷网络等负面现象。二是自媒体信息失真情况较严重。自媒体赋权打破了传统的话语垄断,理论上,人人都可以成为"记者""新闻发言人"。数字传播的虚拟性放纵了自媒体信息狂欢,现实生活中的规范被心存侥幸的人们淡忘,特别是一些别有用心的人"选择性"报道,助长了垃圾信息、网络谣言等,自媒体信息的可信度与安全大打折扣。三是信息爆炸使得内化主体对信息的甄别异常困难。随着信息技术的迅猛发展,各类新型媒体的出现大大分散了青年大学生的注意力,选择信息时需要一定的专业知识背景,加之不少网络商家为了维系品牌知名度和流量选择长期进驻,加大了对"网络原住民"推广力度,传统传播模式信息自然筛选机制失灵,导致大学生被动卷入"信息漩涡",提高了信息甄别的难度。

可见,人在现代科技与数据大爆炸面前如此渺小,面对上述问题陷入茫然无措状态,其直接后果就是不断弱化了主体对知识的参悟和技能的提升,使主体丧失了历史感和方向感。正如有学者所指出,"没有停泊的锚,没有固定的位置,没有透视点,没有明确的中心,没有清晰的边界"。[①]这一过程容易使内化主体产生出一种无尽头的浮躁感、虚空感,有限的时间精力被稀释和分散,深度阅读被碎片化阅读取代,深度思考将线性的、理性逻辑参与排斥在外,内化主体在接受碎片化信息时往往疲于应付而变得麻木茫然。

---

① 吴满意,刘克秀,宋歌. 试论网络人际互动的基本特征[J]. 天府新论,2012,(4):101.

3. 虚拟空间弱化了主体的思维与体验

纵观人类思想史，尽管不同哲学流派对人的知识与思维见解的学术争鸣从未停止过，但对现实生活体验感知与情感在主体思维成长所具有的重要意义形成共识。这种共识认为，不管人类历史如何风云变幻，人作为思维主体，其认知是毫不动摇的，不仅自身的力量能被真实感知，而且自身言行和发展轨迹可控。这个体验过程是真实的过程，是个人思维发展和正常成长的必要条件。但受自媒体传播的影响，上述思维与体验发生了重大的改变。一方面，虚拟现实带来现实感的缺失。尽管自媒体空间本质上是虚拟空间，但所呈现的世界和提供的资源，能在一定程度上满足人感官的需求，带来精神愉悦。可以预见的是，随着科技的不断发展，这种满足感和愉悦感能在很大程度上不断增强，这也成为推动包括自媒体在内信息科技发展的动力（如元宇宙的出现）。虽然技术发展促使这种虚拟社会生存方式愈加逼真，和现实世界相差无几，但终归无法代替现实世界真实体验和感受。这种侵蚀往往也带来现实感的缺失与错位，虚拟社会与现实真实生活的内容和边界越来越模糊，给正处在世界观形成关键时期的青少年主体感知和精神带来不利影响。另一方面，数字化复制所带来批判意识与个性精神的缺失。人类历史表明，文化多样性与生物多样性一样重要，且多样性都是在扬弃的进程中实现的。正如艺术品的机械复制带来原作韵味的凋谢一样，自媒体数字化复制容易导致审美情感及价值判断的退化。可见，打破大学生在自媒体平台面临的这一成长困境，正是推进网络强国与治理能力、治理体系现代化建设的重要生长点。2018年，习近平总书记深入阐述了该思想。该重要思想深深植根于20年来以互联网为代表的信息化技术服务中国特色社会主义的伟大实践，是从根本上治理互联网乱象、推进治理效能现代化的指导思想，也是从根本上破解上述成长难题、实现人的全面发展的根本举措。

4. 静态虚拟空间缺乏对人际体验的真实感知

交往理论是马克思主义哲学的重要组成部分。根据该理论，交往是实现人自由而全面发展的前提和基础。然而自媒体传播方式及其技术发展重构了人的交往环境，内化主体被置身于多媒体传播打造的虚拟世界中，促使主体交往体验呈现感性化的总体倾向。尽管自媒体平台有虚拟性，也应是物质意义上的，而不属于意识，但其复杂性也在于此，即网民置身于自媒体虚拟空间中，这种存在方式脱离了真实传统的实体环境，使得人际交往偏离了真实感知。

根据马克思主义观点，社会性是人的本质属性。在个体社会化（社会观点与秩序内化）过程中，交往有着不可替代的作用。这也是西方认知哲学的基本观点。在西方哲学理论中，身心二元性一直是基本立场，即主体需要借助外在现实社会的真实规范来构建精神各要素的秩序，从这个角度来看，人自身各要素互动与人际交往是一体过程，这个观点也是马克思关于人的社会性观点的哲学前提。可见，在自媒体平台上，人际互动被数字符号的交互替代，这种虚拟性互动生成的是一种有别于现实世界的碎片化、流动性、缥缈感的新体验，正如有学者指出"信息方式把主体重构在理性自律个体的模式之外。这种为人所熟知的现代主体被信息方式置换成一个多重的、撒播的和非中心化的主体，并被不断地质询为一种不稳定的身份"[1]。自媒体环境下虚拟性人际交往弱化甚至丧失了真实体验和感知，该体验感知的弱化缺失直接导致人际关系的脆弱与自身社会定位的困惑，其后果就是人际关系的冷漠与不信任，道德与责任感的缺失，社会规范约束力的下降，存在意识的质疑。事实上，自媒体是主体人脉圈子结合体，个人的自媒体朋友圈就是其人脉、媒体圈子。从较长时段来看，自媒体将朋友圈拉近的同时也推远了，因为内化主体的时间精力是既定的，线上交流时间增多，线下时长自然就会变少，虽然信息化交往拓宽了广度，但交往质量和深度却降低了。自媒体环境下尽管已形成去中心化的互动结构，但这种情况对内化主体的成长也存在诸多不利。

（三）细化自媒体环境下社会主义核心价值观内外化互动

研究理论的最终目的是指导实践。自媒体环境下社会主义核心价值观内化最终落脚点在于行为外化，着力点在于搭建好内化与外化联通的纽带。自媒体诞生至今，其相关社会实践已由最初虚拟性向虚实结合转化。信息化社会实践作为社会主义核心价值观内化实践的必要举措，已在现实中探索多年并积累了较为丰富的经验，时至今日仍存在过程难以管控、效果难以评估等问题，与传统社会实践活动效果孰优孰劣的争论一直存在。但正如马克思主义观点所坚持的那样，任何事物都具有两面性。因此，自媒体环境下社会主义核心价值观内化要扬长避短，一方面要做好技术内化工作，即进一步发挥信息化优势，加强对虚拟现实与增强现实技术运用，模拟现实场景，充分利用"沉浸感"特征，强化体验，提升内化实效。另一方面，要做好外化的工作，即在拓宽自媒体虚拟场景的基

---

[1] 海姆. 从界面到网络空间——虚拟实在的形而上学[M]. 金吾伦, 刘钢, 译. 上海: 上海科技教育出版社, 2000.

础上，引导内化主体积极参与到相关场景中，并注重推进虚拟空间与现实生活的结合与交融，在强化体验与反省基础上反过来指导自身行为，提升内外化互动效果。

四、发挥思想政治理论课价值观内化关键课程作用

正如习近平总书记在 2019 年 3 月 18 日讲话中所指出的那样，思政课是落实立德树人根本任务的关键课程，促进社会主义核心价值观内化是高校思政课教学改革的关键。当前，思政课教学对社会主义核心价值观的教育内化已逐渐取得较好效果，但一定程度上还存在着教学内容的简单处理、教学方法的工具化与低效化、教学评价的机械化与肤浅化等问题。今后思想政治理论课教学需要在遵循教育内化的心理机制基础上，从推动教学内容的生活化转向提高教学方式的实效性、增强教学评价的规范性、充分发挥教师自身的感召力等方面，增强社会主义核心价值观内化于大学生之心的实效性。

（一）精心设计教学内容

2021 年 7 月 12 日，中共中央、国务院印发的《关于新时代加强和改进思想政治工作的意见》（以下简称《意见》）指出，要推动新时代思想政治工作守正创新发展……坚持正确政治方向、舆论导向、价值取向。《意见》为新时代思政课教学内容时代化转向指明了方向。

笔者认为，舆论变迁下主流价值观思政课教学需要重视两个方面，一是教学主体（传播主体）的意图，二是教学对象（受众）的兴趣，二者之间衔接非常重要。但实际情况是，二者之间可能常会出现脱节现象，这就需要我们在设计教学内容时，最好能讲二者结合起来，达到二者之间的平衡。笔者认为，对于新时代大学生主流价值观培育而言，教学内容应紧跟时代热点，在讲授基本知识点的前提下，主动做好脱贫（乡村振兴）和抗疫等时代主题传播，强化对社会主义核心价值观的理解。2020 年是我国全面建成小康社会实现之年，也是我国脱贫攻坚战的收官之年。与理论类教学内容相比，社会贫富差距、大学生就业等社会民生类话题更容易引发大学生对"富强、民主、平等、公正"等价值理念的关切共鸣。因此，大力开展脱贫（乡村振兴）等主流价值观教育正逢其时。具体需要注意的是，第一，要提炼阐释好相关理念，使之成为大学生都能理解、接受的理念，从而达到强化主流价值观感召力的目的；第二，要善于发掘相关素材，将鲜活案例与创新方式相结合，避免平白的宣介和枯燥的数据堆砌。

（二）创新话语呈现

话语呈现是增强主流价值观认同实效性的关键环节。中国有着独特的历史文化传统和政治体制，具有不同学科背景的大学生对于中国特有的话语体系及表达不一定完全理解。例如，对于我们经常使用的"社会主义核心价值体系""法治"与"法制"等话语，大学生就不一定能完全明白其中的内涵，话语呈现的重要性得以凸显。

笔者认为，高校在创新话语呈现时需要注意以下两个方面。

一是把握好叙事语言风格，避免过多使用"政治性语言模式"和宣介风格。教育主体在进行教学时，通常带有一定政治立场和价值导向。但在具体表达中，由于教育形势、教育对象、教育环境都发生了很大变化，应该尽量避免"官话""套话"，应根据大学生受众信息接收特征，尽量采用通俗易懂的词汇进行解读，讲好主流价值观。

二是可以采用理论与语言、文字、数字图表、漫画相结合方式。实践证明，教学方式有时比内容更重要。尽量把语言、文字叙述转换成数字、图片、漫画、视频等更加直观，也更容易被大学生受众理解接收的形式。在这个方面，以复兴路上工作室、乌合麒麟、逆光飞行等为代表的民间自媒体作品传播生动演绎了典型案例。复兴路上工作室自成立以来，先后发布了《领导人是怎样炼成的》《跟着大大走》等一系列短片，丰富了社会主义核心价值观传播的形式，与国家媒体遥相呼应。不仅如此，在"南海仲裁案"发生后，该工作室第一时间进行了回应，通过推出双语版《南海仲裁案漫画》用"熊猫""鹰""眼镜猴"等卡通动物形象，以通俗易懂、幽默风趣的叙事风格，阐释了中国南海主权国际法理依据，分析了"南海仲裁案"的实质。类似的还有逆光飞行所连载的《那年那兔那些事儿》等。

（三）丰富教学形式

在提高内外话语转换能力的基础上，针对大学生受众的文化历史背景、人群构成、思维习惯、学习生活方式等特征，加强调查了解，丰富教学形式。其中特别需要注意的是，实现由宏大叙事化、政治宣传化向生活化、人性化、平民化表达形式的转变，更多以普通百姓的视角来现身说法，以小见大。2021年7月12日，中共中央、国务院印发的《意见》指出，培育和践行社会主义核心价值观，加强教育引导、实践养成、制度保障，推动社会主义核心价值观融入社会发展和百姓生活中。《意见》为新时代思政课教学生活化转向指明了方向。

一方面，讲好身边案例和模范人物故事，可以有效增强认同感，把榜样力量转化为大学生受众的生动实践。事实证明，采用润物无声的方式可能更易接受，效果也更好。

另一方面，突出情景与体验式教学。正如习近平总书记所说："要利用各种时机和场合，形成有利于培育和弘扬社会主义核心价值观的生活情景和社会氛围，使核心价值观的影响像空气一样无所不在、无时不有。"思政课教学改革要遵循上述原则，重视情景、氛围在认同过程中的作用，通过体验引导情感认同，将抽象、枯燥的价值理念转换为形象、生动的感化和熏陶，从而激发主体信念追求。

（四）加强实践教学平台（项目）建设

一方面，继续办好思政课信息化平台（项目）建设。《2019年中国互联网舆论场发展研究报告》指出，以5G、大数据、人工智能等为代表的前沿技术加速应用，智能媒体日新月异，对促进新兴媒介形态演变、重塑媒体生态和网络舆论格局产生了深远影响。新媒体的赋权使得大量年轻网民加入，促使舆论占比与分层结构发生变化。互联网，特别是移动互联网革命促使自媒体如雨后春笋般大量涌现，对思政课传统平台形成了强有力的挑战。未来态势如何，就看谁能抓住机遇，占得先机。2020新冠肺炎疫情发生后，传统课堂教学受到影响，线上教学成为新阵地，各高校网络课程建设达到了一个新的高潮。

对于高校来讲，笔者认为，在继续办好思政课传统信息平台的同时，重点加强以5G移动互联、大数据、人工智能为核心的新一代思政课信息化平台（项目）建设。有条件的高校应该建设高水平虚拟仿真实验教学项目。与单纯的课程视频相比，虚拟现实技术可借助触觉与交互，让大学生获得体验感、沉浸感，进一步增强学习传播效果，为部分特定教育内容环节的实现提供更优化的方式。此外，还需要重视短视频等新媒介的影响。研究发现，头条系产品之所以在短时间内让用户沉迷，究其原因，一是尽量遵循工程心理学研究成果，如抖音视频时长符合人体专注力不超过15秒的规律；二是有一套核心算法，根据受众兴趣偏好主动推送相关内容。这对于议题设置、内容生产、受众分析、环境及效果评估、舆情警示都具有十分重要的意义。

另一方面，还需要我们同时重视和发挥好博览会（展览会）、国际会议、文艺（文化）节、援外项目等其他实践教学平台的作用。这就需要统一规划，利用以上平台积极开展多领域、多层次、多形式的价值观实践教学，特别要重视学术交流和文化交流的国际化程度，从而提升中国主流价值观感召力。例如，2019年5月，经国家批准，国际医学创新合作论坛（中国—上海合作组织）在北部湾海滨城市防城港市成功举办,来自上海合作组织成员国及国际组织的 800 多名专家学者共赴盛会,就公共安全与应急救援等 5 个主题进行了深入交流。

(五)增强思政课教学评价的针对性与规范性

如何实现科学的评价一直是教育教学改革的重点和难点。2018 年,习近平总书记在全国教育大会上就深化新时代教育评价改革做出重要指示批示。2020 年 10 月,中共中央、国务院印发《深化新时代教育评价改革总体方案》,明确指出完善立德树人体制机制,扭转不科学的教育评价导向……客观记录学生品行日常表现和突出表现,特别是践行社会主义核心价值观情况,将其作为学生综合素质评价的重要内容。作为立德树人的关键课程,思政课的教学内容、方法与过程均指向大学生的情感养成、价值理解与意志持续等目标,这要求构建评价体系时注意把握评价指标是否具有价值理念与规范的内在复合性,以及不同标准交叉一致性、冲突性,以实现对内化效果的最佳评价。

2019 年 4 月 8 日,教育部印发了《普通高等学校马克思主义学院建设标准(2019 年本)》(以下简称《建设标准》)。《建设标准》就新时代马克思主义学院建设与思政课教学评价改革提出了新要求,明确思政课教学评价需在尊重大学生身心成长规律和认知特点的基础上,侧重对社会主义核心价值观指向的分析问题及解决问题等能力的考查,提出了"以学生获得感为评价导向,以'有虚有实、有棱有角、有情有义、有滋有味、有己有人'为根本标准"。根据上述要求,教学评价要从内容、形式与保障等处发力,突出广泛适应性、详细化、可操作性等特点,凸显思政课评价改革的重要性与艰巨性。对此,思政课教学评价改革要以新时代中国特色社会主义核心价值观培育要求及大学生价值观美好需要为指向,充分尊重信息化价值理念内化的规律,以信息化背景下价值理念和社会规范的内化为目标,实现内化实效评价内容、过程与结果的统一。一是完善评价体系,将自媒体环境下大学生及网友评价纳入体系中,体现评价主体的层次性和差异化;二是丰富评价内容,把内化主体、客体、载体及过程评价贯穿始终,突出自媒体创新工作的重要意义;三是调整评价标准,将自媒体文化成果纳入考评体系中,体现阶段性、梯级化。

五、建设一支高水平自媒体德育工作队伍

(一)优化教育理念

教育理念的与时俱进是实现自媒体环境下社会主义核心价值观内化整体性

优化的前提。理念是行动的先导，要彰显自媒体环境下社会主义核心价值观内化不同于其他模式内化、不同于传统主导价值观内化的特质，必然要求社会主义核心价值观内化与新媒体新技术进行深度融合，对内化理念进行富有时代特色的创新。

1. 不断更新自媒体交往实践中主导价值观内化理念

自媒体环境下社会主义核心价值观内化的进度一定要和自媒体发展的阶段性特征相吻合。总体来看，我国自媒体经历了从1.0（初始化阶段，以BBS为代表）向2.0（雏形阶段，以微博为代表）的转变，并正在向3.0（觉醒时代，以微信、抖音为代表）迈进，这要求自媒体环境下社会主义核心价值观内化从教育1.0向教育2.0以及教育3.0发展。自媒体交往实践由信息门户阶段、社交自媒体阶段向网络智能阶段迈进，自媒体环境下社会主义核心价值观教育内化就需要高度关注自媒体交往实践方式及其主要特征的变化，进而更新自身的内化理念。一是要实现内化由单向灌输式向双向互动式转变，发挥好自媒体环境下社会主义核心价值观内化过程具有的针对性、实践性、参与性和开放性的功能，增强亲和力、说服力，扩展内化的广度和深度，还能实现一对多、多对多的内化实践效果。二是要更加注重巩固内化主体的中心地位，激发内化主体在自媒体环境下社会主义核心价值观内化活动中追求自我全面发展的强劲动力。信息化背景下社会主义核心价值观内化的显著优势是，能够最大限度地发挥内化主体的主观能动性，将受教育者追求自我成才的动力转为积极参与自媒体环境下社会主义核心价值观教育内化活动的动力，积极引导内化主体不满足于课堂上学到的知识和书本上的知识，而是科学运用自媒体技术加强对思想政治的认识，一旦这种自媒体环境下社会主义核心价值观内化的内生性动力被开发出来，加之自媒体信息交往实践能够提供海量信息和便利，这将极大地增强自媒体环境下社会主义核心价值观教育内化的实效。三是要更加注重实现由内化同质化向异质化的发展，以"互联网+"和大数据技术的运用为契机，更好地消除不同内化个体、不同大学生群体存在的思想顾虑，打开心理闭锁，针对受教育者真实的思想动态和发展需要，推进因材施教。在自媒体环境下社会主义核心价值观教育内化的内容呈现、解读等环节也要避免"上下一般粗"的情况，持续推进大众化。

2. 研究不同自媒体技术的特性和优势，找准"切入点"

新媒体新技术是自媒体环境下社会主义核心价值观内化实现创新的载体，就当前情况来看，社会主义核心价值观教育更多体现为利用各类自媒体平台进行宣传，只是实现了社会主义核心价值观内容与自媒体技术的"结合"，并没有有效实现二者在功能与效果上的"融合"，具体体现为融合的层次较低，还停留在自媒体技术辅助教育阶段，社会主义核心价值观与自媒体技术融合的中心问题不够突出。在自媒体舆论引导中存在着偏重向大学生单向传输价值观内容，方法创新性和针对性不足，自媒体技术运用能力等信息综合素养有待加强等现实性的问题。内化活动对于如何运用各类自媒体平台的技术特征和优势为社会主义核心价值观内化服务也缺少细致分析，部分自媒体思政工作者即使能察觉不同平台的技术特征，在操作中也不擅长将某种自媒体平台的优势特征熟练运用于解决社会主义核心价值观内化工作的具体问题，对自媒体技术的具体应用领域缺少进一步的思考，教育主体对于具体的自媒体技术往往是凭个人兴趣各用所长、各取所需，综合运用自媒体技术优势特征的效率偏低。以数字传播、大数据、移动互联、人工智能、云计算等自媒体新技术是各有特点和优势的，与传统互联网社会主义核心价值观内化具体内容的"融合点"是有差异的，需要区别化对待和个性化研究。譬如大数据中的推荐算法在社会主义核心价值观内化过程中就有很大的应用空间，基于此算法系统自动推荐关联性内容。反过来说，系统也可以基于算法分析内化主体兴趣和偏好，继而有效地推动相关部门和机构设计相关指标体系、研发相关技术系统，便于自媒体思政工作者实现靶向引导、精准传播，增强社会主义核心价值观内化实效性。总而言之，要加强和改进新时代中国特色社会主义核心价值观内化工作就必须高度关注新媒体新技术的前沿动态。人类科技史表明，技术创新永无休止且深刻改变人类社会，万物互联在不久的将来定会实现，以大数据技术和人工智能为代表的新媒体新技术在教育领域的进一步普及也不会太久，自媒体环境下社会主义核心价值观内化的技术环境与载体空间仍在不断进步，这就要求自媒体环境下社会主义核心价值观内化的创新发展在处理好自身变与不变的辩证关系中"因事而化"，不断回应建设中国特色社会主义各项任务的要求，不断满足大学生日益增长的美好需要。

（二）提升信息素养

"谣言止于智者"，从一定角度阐释了信息"污染"背景下自身素养的重要性。信息素养是信息化背景下人们需要具备的基本素质之一。要在信息化背景下卓有成效地开展社会主义核心价值观培育工作，就必须有针对性地培养一批素质高、专业强的自媒体思政工作队伍，保证自媒体平台传播的方向性、科学性和有效性，主要包括信息意识、信息能力、信息伦理等。

1. 强化信息意识

信息意识专指信息客体在人脑中的反映，即人对各种信息的自觉心理反应，反映人在信息活动过程中对信息的认识、态度、价值趋向和一定的需求。主要包括能意识到信息的重要作用、对信息有积极的内在需求、对信息的敏感性和洞察力。[①]

高校思政工作者要想在移动互联时代引导大学生社会主义核心价值观内化，就必须树立总体国家安全观，以与时俱进的心态来看待自媒体。同时，高校要不断对德育工作者进行信息化培训，用习近平新时代中国特色社会主义思想武装网络思政工作队伍，强化网络安全意识，增强政治敏锐性；梳理典型案例，总结经验教训，把自媒体环境下主流价值观教育工作做得有声有色。

2. 提高信息能力

信息能力是指人们有效利用信息、技术资源获取、加工信息及创造和交流信息的能力。需要指出的是，知识并不等同于能力，拥有知识也不等于拥有信息能力。因此，如何将掌握的信息、知识转化为现实的信息能力，是信息、素质最核心的组成部分。信息能力主要包括信息需求分析和表达能力、信息获取能力、信息分析和处理能力、信息利用能力。[②]

进入 21 世纪，互联网进入 3.0 时代，即以"两微一端"为代表的自媒体使用出现爆发式增长。高校思政工作者要积极学习并熟练掌握新媒体工具，如微博、微信、QQ、抖音、哔哩哔哩、今日头条等，加强与大学生的交流与互动，准确掌握大学生的思想动态，积极引导大学生树立社会主义核心价值观。

3. 坚守信息伦理

信息伦理，是人们在信息化背景下为维护正常的公共秩序需要大家共同遵守的基本道德要求，也是社会公德在信息领域的运用和扩展。

加强信息伦理学习是高校网络思政工作者进行自我意识培养和提升自身道德素质的有效方法。高校教师肩负着为党育人、为国育才的重大使命，通过学习相关道德规范，明确教师职业活动的基本内容和要求，从而提升自己的职业认知能力、业务判断能力及树立正确的价值理念，对高校网络思政工作者来说尤为重要。高校网络思政工作者应当将信息伦理纳入学习规划中，有计划、有目的地进行系统学习，为开展自媒体环境下社会主义核心价值观培育工作打下良好的基础。

---

① 周涛. 网络舆论环境下的高校思想政治教育研究 [D]. 成都：西南财经大学，2011.
② 周涛. 网络舆论环境下的高校思想政治教育研究 [D]. 成都：西南财经大学，2011.

六、加强自媒体平台教育基地建设

（一）自媒体平台教育基地建设总体构想

自媒体平台教育基地的建设是一项集多个环节、多种任务于一体的综合建设过程。

首先，应以建立教学资源库为中心，把互联网上和教师自己开发的有关社会主义核心价值观的教学资料整合到自媒体平台教学基地的资源库中，建立突破时空限制的开放性、多元化的自媒体教育方式，通过实体与虚拟网络为大学生学习社会主义核心价值观提供专门辅导平台，并与大学生进行良好的交流与互动，让他们获得良好的学习效果。

其次，构建社会主义核心价值观自媒体平台教育基地。具体来说，可以包括以下几个方面。一是建设社会主义核心价值观主题网页，主要介绍社会主义核心价值观理论内容和研讨成果，并随时更新有关模范人物或团体践行社会主义核心价值观的典型案例，引导学生进行社会主义文化的"冲浪"，在潜移默化中树立起正确的价值观。二是建立公告栏答疑板块，教育主体主动以普通用户的身份积极参与讨论，及时回应大学生提出的问题，甚至可以有意识地激发大学生之间的讨论热情，并对大学生网上的言行加以引导。三是积极制作交互性较强的电子教案，如全国道德模范、感动中国人物等优秀人物事迹及有关影像资料，甚至教师还可以在板块内建立虚拟仿真空间，让大学生与上述人物对话等，使其成为一个丰富的课堂网络教学系统，并储存到资源库中，集中地放在马克思主义理论主页上，方便学生随时进行学习。四是可以建立有关社会主义核心价值观的量表测试题库，比如历史事件类、历史人物类、基本理论类、时事政治类、情景再现类等，学生可在做完题后随即知道测试结果，这一方面可以增加学生的知识储备量，另一方面在无形中影响着他们的意识和行为倾向。

核心价值观教育是长期性的教育，因此在建设自媒体平台教育基地的时候也要探索一套真实有用、相互联动、综合育人的核心价值观自媒体教育基地长效机制。具体来说，就是要紧紧抓住加强规划、完善制度、规范管理、充实队伍四个关键环节，以实现核心价值观自媒体平台教育基地科学化、制度化、规范化、经常化，全面推进大学生社会主义核心价值观教育进程。

（二）自媒体教育基地建设目标

核心价值观自媒体教育基地的建设应树立以生为本、为生服务的思想，充分发挥自媒体教学资源的优势，创建有利于大学生价值观教育和创新能力培养的多样化的自媒体教学模式。尤其是自媒体平台基地建设必须有明确的目标，以利于保证核心价值观自媒体平台教育活动的顺利进行。

自媒体教育基地建设的目标就是将自媒体平台作为信息载体，占领大学生社会主义核心价值观教育网络阵地，在网络中利用大学生广泛接受的方式，将有利于大学生健康成长的、融入社会主义核心价值观精神的信息通过自媒体传播方式传递给大学生，消除消极思想观念对大学生的负面影响，传播马克思主义指导思想，以为人民服务为核心、以集体主义为原则的社会主义道德规范，从而引导大学生形成社会主义主流意识形态。以笔者所在高校为例，德育工作者在易班网、钉钉平台基础上开通运营"广财微学工"微信公众号，形成"三位一体"的网络育人平台。组织开展党史学习、网络答题、网络祭奠等活动，聚焦大学生感兴趣的当下热点，增强和提高网络宣传教育的时代感和吸引力，使网络育人能力持续提高。

（三）网络教育基地建设原则

1. 实效性原则

高校大学生思维活跃，对外界的新鲜事物充满好奇，但是每个人对自己认知水平的了解是参差不齐的，而且对社会主义核心价值观的看法和态度也各有千秋。因此，要以人性化和个性化为原则，在基地建设过程中既要有统一的规划，又要兼顾学校和专业的特点。针对大学生个性多元化的特点，设置多样化的教学内容，丰富社会主义核心价值观的教育方法，使得他们的真实想法能够在自媒体平台教育基地的空间内得到发挥，使得他们乐意去接受并关注社会主义核心价值观教育。

2. 共生性原则

在自媒体平台教育基地中，教育主体负责设计和组织教学活动，对信息进行审核，监督和引导大学生的学习进程。大学生在正确的指引下，主动、自觉地加入学习主题研讨中互相交流、共同学习。在这种良好、长久的互动环境下，教育主体能够提升自己的教学水平和扩大知识范围，而受教者通过教育主体的指引和在朋辈之间的互助下，弥补了在现实课堂中受时间、空间的限制缺陷，更好地学习知识，从而实现师生的共同进步。

3. 开放性原则

作为一个开放的系统，自媒体平台教育基地的组成因素都是开放的，为学生和教师打破了时间和空间的制约，使其可以自由、开放地进行社会主义核心价值观自主学习。此外，这里所说的开放性还指学习社会主义核心价值观内容的各种方法，如组织主题活动、共享信息资料等。值得注意的是，开放性是有条件的，为了保证教学过程能够顺利展开、取得预定的教学成效，这种互动方式要遵循自媒体平台学习的规章制度。

4. 主体性原则

在社会主义核心价值观培育实践活动中，教育主体要充分肯定受教者的个性，摆正其在教学活动中的主体地位，鼓励受教者根据自己的兴趣进行自主选择和发展，给受教者充分发挥和自由想象的空间，让受教者积极主动地参与整个教学过程，利用自媒体平台交互功能，发挥他们学习的主动性和积极性，以增强受教者的主体性意识。在明确学习目标的同时，教育主体负责每个教学活动的情境、方式、内容、条件等的设计与创造，提供可选择的学习方法、学习资源和知识检测练习，积极鼓励受教者主动地参与到其中。此外，教育主体还可以在网络上对受教者进行指导和监控，如回答受教者问题、调整教学过程和评价学习态度等，为受教者提供必要的指导和服务。

5. 政治性原则

社会主义核心价值观培育是一个严肃的政治话题，自媒体平台教育基地的建设必须严格遵照社会主义指导原则来进行，不能因单纯追求方式的轻松性和通俗性而违背了社会主义核心价值观的基本思想，否则，受教者容易对社会主义核心价值观产生片面的见解。不仅如此，必须用强有力的管理和监督手段来约束自媒体平台教育基地的建设，同时密切关注受教者的各种言论。当教育者发现有偏离社会主义核心价值观的内容时，要坚决予以反对，并第一时间向受教者提供正确的指引，使其在思想上接受核心价值观，并且逐渐内化为自我价值取向。

（四）自媒体平台教育基地建设的主要路径

1. 建立以社会主义核心价值观为主要内容的专题网站

（1）优化网站结构

高校在开展思想政治理论课网站建设的过程中，要把社会主义核心价值观纳入建设范畴，设立网站专栏、邀请思想政治理论课名师来解读社会主义核心价值观的内容，使受教者能更好地去学习和领会社会主义核心价值观的内在含义。不仅如此，还可以设立栏目来解读国家相关政策，帮助受教者更好地掌握国家建设和社会主义核心价值观之间的联系，增强社会主义核心价值观教育的针对性与实践性。

（2）注重理论联系实际

设置网络留言板、思政提问等模块，获取受教者在学习社会主义核心价值观时的反应，采取多层面的调查方式去追踪、跟进，探究受教者对学习社会主义核心价值观的接受程度、学习成果等。教育主体还可以灵活使用传播学、思政教育的相关理论知识，解决受教者对社会主义核心价值观驾驭过程中遇到的问题或困难，从而妥善应对在自媒体平台上开展社会主义核心价值观教育所带来的奉献，增强教育效果。

2. 创建网站链接，实现资源共享

通过设立网站来打造价值观教育基地时，将具有代表性的各大高校思政网站加入链接中，学习借鉴先进的教育经验，共享高校社会主义核心价值观教育的优秀成果。不仅如此，还可以建立中国共产党中央委员会宣传部、中央精神文明建设指导委员会办公室、教育部、国家互联网信息中心等国家机关网站的有效链接，从而掌握社会主义核心价值观建设的最新动向，增强互联网功能的科学性。

3. 积极开拓其他自媒体平台

当前，除各大网站外，其他常见自媒体平台主要包括等综合平台、短视频、直播、音频及问答等五大类，各类平台因其传播特性又有若干固定用户群。综合运用好这些平台，将其作为大学生社会主义核心价值观培育的补充路径，发挥大学生在教育过程中的主观能动性，从而增强内化效果。

（1）将论坛、公众号、微信群、微博、短视频平台发展成学习路径

大学生常用的自媒体交流平台包括各大论坛、公众号、微信群、博客，可以利用自媒体交流平台的便捷性来扩大德育工作者和学生来往的范围，使学校各部门、教师和学生之间的沟通得到加强，使社会主义核心价值观内容的传播幅度得到进一步提高，增强传播效果。不仅如此，还可以通过发布各种与社会主义核心价值观内容相关的社会热点、实事评论、主题讨论等内容，主动宣传社会主义核心价值观的自媒体资源。

（2）增设大学生社会主义核心价值观教育自媒体讨论平台

利用自媒体论坛、公众号、微信群、微博等自媒体交互平台开展实事评析、意见收集、网络援助、热点问题探讨活动，提高大学生对社会主义核心价值观的

运用能力，以此检验大学生对社会主义核心价值观相关理论的认知情况和掌握程度，从而进一步对大学生进行有针对性的思想教育活动。

（五）自媒体平台教育基地建设相关对策

1. 挖掘属地资源，充实内化资源

要想确保大学生核心价值观教育工作能顺利开展，丰富的内容资源是必不可少的。如何获取更多的内容资源特别是特色资源并进行筛选和宣传，是一项重要的工作。以笔者所在高校为例，2021年第二课堂上依托校内外新媒体矩阵，打造"四史"学习教育网络资源库，及时跟进学习"七一"讲话和广西红色资源，动员德育工作者积极在线上和线下进行宣传引导，扩大内化主体的认知范围。

2. 紧跟时代风向，丰富内化形式

社会主义核心价值观体现了国家意志，具有极强的政治性和理论性。如果单靠灌输教育，大学生难以理解和接受。因此，从内化主体的接受特征出发，采取大学生喜闻乐见的形式来推进社会主义核心价值观教育，也不失为一种良策。例如，将时下流行的短视频、表情包、原创动漫动画等方式作为载体，吸引他们的注意。同时，通过研究内化主体的爱好风向标，从他们的思想观念出发，用生活化和大学生喜闻乐见的形式来表现社会主义核心价值观教育——如借用网络流行语对核心价值观的内容进行传播，有助于提升大学生的关注度，减少抵制和抗拒的情绪。

3. 夯实保障机制，确保正常运行

俗话说"兵马未动粮草先行"，必要的政策扶持是开展自媒体环境下大学生社会主义核心价值观内化工作的根本保障。没有人和财物的支持，一切计划都是纸上谈兵。因此，首要任务是建设一支高素质的自媒体德育工作队伍，通过业绩认定、职称评审政策及待遇上的优待等扶持政策，为自媒体平台教育基地的建设提供人力资源保障。此外，还要加强对自媒体环境下大学生社会主义核心价值观内化的技术支持。一方面，加强自媒体平台硬件建设，提供便捷的服务；另一方面，加强自媒体监管工作，筛查有害的、反动的信息和言论并及时处理，为建设和谐校园提供强大的技术保障。

七、大力开展信息化背景下社会主义核心价值观社会实践

自媒体环境下社会主义核心价值观内化具有现实与虚拟相交融的特征，并在

自媒体社会实践活动中实现着独享、分享与共享的转化,这就要求改进和加强自媒体环境下社会主义核心价值观教育内化工作必须高度关注自媒体空间实践环节,在自媒体环境下社会主义核心价值观教育内化实践活动中融通网上与网下的隔阂,进而推动大学生自媒体空间实践的结构、关系和内容协调而深入的发展。可以看到,当前自媒体空间逐步发展为人们整体性的生产、生活环境,大学生自媒体实践行为与线下实践行为并不再是截然分离的,而是相互联系、相互影响的。因此,自媒体环境下社会主义核心价值观教育内化所强调的自媒体空间实践一定要协调好线上教育与线下教育,坚持虚拟性和现实性相结合,做到线上与线下联动。一段时期以来,自媒体环境下社会主义核心价值观内化工作已受到高度重视,各种各样的线上教育如火如荼地开展,并且取得了一定成效,然而,仍然存在着线上与线下分离的旧传统。"当大学生尝试过自媒体空间中的虚拟生活时,同样也在过着现实的生活。所以,自媒体环境下社会主义核心价值观教育既要坚持在线上开展,也要顾及线下教育的不可或缺性"。[①]自媒体空间并不完全独立于现实社会之外,自媒体空间与现实社会相互渗透、相互影响、相互转化。这种矛盾以及相互转化的关系,揭示出在自媒体环境下社会主义核心价值观教育内化过程中融通网上与网下隔阂的必要性。必须突破就网论网、以虚对虚的观念和做法,在线下现实社会教育的支撑下,厘清线上教育和线下教育各自的优势与缺陷,建立线上与线下有机结合的自媒体环境下社会主义核心价值观教育实践育人的新模式。

(一)融通线上与线下的角色性隔阂

通过深化对自媒体空间实践活动的开展增强自媒体环境下社会主义核心价值观教育内化的实效,一个重要的问题就是要处理好线上教育与线下教育的关系,尤其是教育主体、受教育者具有的自媒体空间与现实社会的角色性关系。在自媒体环境下社会主义核心价值观内化实践中,广泛存在着教育主体低权威性与受教育者高自由度之间的矛盾。自媒体环境下社会主义核心价值观教育的教育者对受教育者的约束性、主导性、引领性的效力很低,这在很大程度上制约了自媒体环境下社会主义核心价值观教育内化的效果。事实上,当前自媒体环境下社会主义核心价值观教育的教育主体的角色身份基本上已经实现了网上网下的同构与一致。例如,慕课、微课中的授课者、资源提供者一般都是名师大家,自媒体主流意识形态话语、文本的发布者也大多是权威机构和公众人物,这在一定程度上增

---

① 霍福广,刘社欣. 信息德育论——大学生信息素养与思想政治教育信息化研究[M]. 人民出版社,2008.

强了自媒体空间实践中教育主客体双方间的信任和亲切感。但大部分大学生在进行自媒体空间实践时，仍然以虚拟性角色介入其中，较多地呈现出自由散漫的状态。针对这一情况，自媒体环境下社会主义核心价值观教育内化工作有必要分情况、分程度地对受教育者进行线上与线下的角色性同构，在网络社会实践活动中增强大学生的角色真实感，进而可以更好地发挥自媒体环境下社会主义核心价值观教育的奖励机制、激励机制、保障机制的作用，以增强自媒体环境下社会主义核心价值观内化教育主客体间的互动性，激发内化主体的内在动力。

（二）融通线上与线下的体验性隔阂

自媒体环境下社会主义核心价值观教育的创新内核之一就是内化主体体验性的增强，自媒体环境下社会主义核心价值观内化实践活动的有效性对人与人之间的直接接触、情感直接沟通的要求很高，这就需要将线上体验与线下体验结合起来，实现优势互补，给内化主体创造更好的自媒体核心价值观内化体验。可以看到，现代信息技术的现状及其未来发展趋势已能够给自媒体空间实践打造趋近于甚至超越线下实践的线上实践环境。但目前在技术条件、经费条件等方面还不能充分使自媒体环境下社会主义核心价值观内化达到这一水平，因而自媒体环境下社会主义核心价值观内化实践活动需要持续推进线上与线下相融合方式的创新。当前，自媒体环境下社会主义核心价值观内化实践活动更多的仍然是借助自媒体技术载体进行相对静态的、单向的实践，尽管自媒体视听文本的内容较丰富，但受教育者的体验感并不好。自媒体环境下社会主义核心价值观内化实践活动可以逐步探索创新一些体验性较强的新模式，如自媒体直播与教学辅导相结合的模式、自媒体远程教育与课题教学相结合的模式等。总之，要围绕着增强教育主体、受教育者、管理者之间的互动性、沟通性下功夫，掌握内化主体的思想动态，并且探索面部识别、语音识别等人工智能技术辅助在线教学，让自媒体环境下社会主义核心价值观内化实践活动能够"看到"、"听到"、了解到每一个参与主体。融通线上与线下的体验性隔阂还需要从各自的特殊性方面进行探索，例如，线下的体验性更多的是一种情境生成和演化，因此可以在特定的实践场景中融入线上资源，在线下教育教学和实践场景中采用和传播自媒体教育信息资源，既减小线下体验活动的素材压力，又增强了自媒体信息的体验感；而自媒体空间的体验性更多是一种流变的、多维度、自由的畅享，即随心所欲、自由驰骋的感受性，因而可以通过自媒体空间实践活动流程体系实时追踪流量去向及转化，对关注低、传播范围小的自媒体环境下社会主义核心价值观内化信息源进行再加工、再创新，对内化主体进行进一步的研究和引导。同时，运用线上教育的技术化优势，生成阅读情况、学习情况、兴趣情况等综合数据，据此向内化主体推送个性化学习任务，还可以积极建设虚拟实验室系统，实现沉浸式、仿真式的自媒体实践育人目的，并进一步以线上教育的数据、结构指导线下教育的具体设计、实施和反馈，双向联动，彼此促进。

（三）融通线上与线下的内容性隔阂

自媒体环境下社会主义核心价值观教育内化所强调的线上教育与线下教育在内容方面是具有较大差异的。线下教育的内容更加注重系统性、理论化，线上教育的内容则更加注重时政性、新鲜度，因此两者需要避免简单重复，而是要协调配合，共同推进内容的创新。在自媒体环境下社会主义核心价值观内化实践活动中，尤其要处理好教育"准度"要求与信息碎片化呈现、效力稀释之间的矛盾。线上教育使得"如何学"的问题更受关注，强调注重激发内化主体的求知主动性，然而自媒体空间实践中的信息交往是无法避开碎片化的，这客观地形成了内容创新层面的困扰。自媒体环境下社会主义核心价值观教育内化的有效性不仅要十分注重内容的理论逻辑、历史逻辑与实践逻辑，而且要求内容必须"讲准""讲透"，自媒体信息实践交往具有的非线性、碎片化的技术特征与自媒体环境下社会主义核心价值观内化要求的说理"准度"之间存在着一定的矛盾，并集中体现为运用自媒体新技术形成的网络课程、视听资料、舆论宣传是否能够恰当地说明、解释预设的目标，达到自媒体环境下社会主义核心价值观预期的内化效果，而不是呈现与内化任务无关的，甚至蕴含错误价值导向的内容，否则就会极大地稀释自媒体环境下社会主义核心价值观内化内容的思想性、价值性。因此，需要看到线下教育已经具有了相对体系化的模式，有马克思主义理论研究和建设工程教材体系、课程体系、学科体系的有力支撑，而线上教育目前还比较散乱，内容创新意义上的独特优势未能充分体现。融通自媒体环境下社会主义核心价值观内化线上与线下的内容性隔阂，需要在内容的"准度"、价值性、系统性等方面下足功夫，以何种技术、何种媒介呈现怎样的内容都需要推敲和琢磨，并不因自媒体技术的"现代化"就认为其一定具有普适性，而是要通过线下教育内容的深度支撑，创新适应于自媒体空间实践的信息化内容，将信息碎片化转化为知识的网络化，进而为内化主体提供马克思主义科学理论"真学"的资源，创造"真懂"的情境，推动内化主体"真信"和"真用"。

八、提升社会主义核心价值观引领社会舆论的能力

舆论就是众人之议。从本质上说，舆论是广大民众意愿诉求的"无机表达"，是就某些现象或问题的趋于一致的看法。从某种程度上说，社会舆论是一种"普遍的、隐蔽的强制力量"。这种强制力量进入群众的生活世界就会演变成一种舆论权力，舆论权力的扩张不仅影响政府的决策与治理水平，也会极大地影响群众的思想行为，在潜移默化中影响人们的价值观，从而给社会主义核心价值观的培育带来种种影响。

"人言可畏"一词深刻折射出舆论权力对社会人的决定性影响，它反映出舆论权力的真实存在。在现实世界里，许多权威机构如此积极地辟谣和澄清事实，从一定意义上说，这种做法正视了舆论权力的客观存在。社会主义核心价值观培育必须高度关注社会舆论，并有效地引导社会舆论。

社会主义核心价值观引领社会舆论重点在于把握三个问题：一是民众想要表达什么；二是民众能够表达什么；三是民众如何表达。

社会主义核心价值观要引领民众的舆论需要。"民众想要表达什么"是洞察民众意见和意愿的关键。"个体性的行动和作为就是自身的目的。"民众要表达的正是民众的需要和诉求，也是其价值观念的一种体现。对社会舆论的调查首先必须看民众想要表达什么，社会主义核心价值观引领民众的舆论需要，就是要体现人民群众的精神需要，从根源上把握人民群众在这个时代需要什么舆论，从而预测会产生什么样的舆论信息。

社会主义核心价值观要引领民众的舆论内容。"民众能够表达什么"是洞察民众关心问题的焦点所在。要判断什么是民众最关心的，就必须从"民众表达什么"中去分析。民众认为最关心、最迫切、最重要的问题，会自然而然地从语言表达中透露出来。如果大多数民众都在议论同一个问题，这就表明民众的意愿指向、关注的焦点。在社会主义核心价值观培育过程中，必须充分把握民众的舆论动向及其变迁特征，有效地引导民众的舆论焦点，避免错误、低俗的舆论误导一些民众。提升引领的能力，就要不断以科学的价值观、以理性的观念去引导社会舆论。在网络世界里，在舆论内容纷繁复杂的时代，必须有引领者，否则容易使民众特别是青少年"淹没"在舆论信息的汪洋大海中而难以自拔。

社会主义核心价值观要引领民众的舆论表达形式。"民众如何表达"是反映民众意见强烈程度的"探测仪"。社会舆论纷繁复杂，民众的意见在不同时期表达的强烈程度不一样。一些社会舆论很快就会烟消云散，而有些则是民众在反复

议论中形成的，经久不衰。这表明，民众所表达的意见和看法不是千篇一律的。对社会舆论的调查，必须了解民众以什么样的语言来表达，是温和的语言还是激烈的语言，是建设性的语言还是抨击性的语言，可以通过民众的表达方式来诊断社会舆论的发展动态。

对民众满意度的考察是洞察社会思潮发展趋势的一个重要因素，也是衡量社会主流价值观变化的一个重要指标。各种思潮的传播总是和民众的利益意识联系在一起。社会思潮由"潮头"兴起，但是潮流的发展不是外在性的，而是内生性的，是与民众的内心需要紧扣在一起的。一种社会思潮之所以具有生命力，其根源在于民众的认同和支持，其基础就在于该思潮与民众的利益诉求有着某种关联。因此，民众的满意度能比较真实地反映社会思潮的发展动向。民众的满意度主要包括几个层次：一是对自身生存和发展的满意度；二是对权威机构作为的满意度；三是对社会稳定和谐的满意度。

内化主体价值观念构建是与其利益联系在一起的。在实践过程中，劳动群众的劳动成果能否得到客观的反映，直接影响到其对于生产的满意度。在奴隶社会和封建社会，在一个"人生来就仿佛为了这贫穷、不幸、受人鄙视的奴隶，毕生在贫困和沉重的劳动中受苦"的世界里，人们没有满意度可言。毕竟，当人身自由失去保障的时候，谈幸福和满足是一种讽刺性的奢侈。因此，对人们满意程度的分析必须从他们的利益中去发现，包括物质利益和精神利益。进言之，要从民众现实生产的物质利益角度去调查，真实掌握民众的利益是否得到维护，民众的利益是否被维护好、发展好的基本情况。更重要的是，搞清民众不满意的地方，这些不满意的地方或许正是一些社会思潮得以滋长的地方。

民众对权威机构作为的满意度，主要表现为其对执政者的政治风气、道德风气等方面的评价。权威机构对自身的评价取决于外界对它的评价，核心在于民众对它的评价。黑格尔指出，"个人目的与普遍目的这双方面的同一则构成国家的稳定性"，"如果一切对他们说来不妙，他们的主观目的得不到满足，又如果他们看不到国家本身是这种满足的中介，那么国家就会站不住脚的"。也就是说，个人利益得到满足是评价权威机构的最根本因素。如果大多数人的个人目的不能实现，利益得不到满足，长此以往，民众对权威机构也就失去了信心。而围绕利益来看，民众对权威机构的评价集中在政风和政绩两个方面。一定时期的政治风气体现着这个时代的精神面貌。如果权威机构清正廉洁、执政为民，那么就必定会得到民众的支持和赞扬。历代的贤明君王、官员之所以能够流芳百世、名垂青史，其根源在于政风良好。如果官员腐败成风、道德败坏、欺压百姓，那么必定会得到民众的消极评价，也就是群众对权威机构不满意，之后必定会以一定的方式表现出来，至少会产生某些心理的变化和想法。民意的表达即使被权威机构淹没和吞噬（如古代的"防民之口甚于防川"），也会作为一种表达的吁求始终存在，只要一有表达的机会，民意就会如洪水一样一泻千里。

群众对社会的满意度评价是与自己的生活密切相关的。社会的和谐稳定是大多数人的追求，当社会进入良性运转时，社会秩序安定，人民富足，人与人和睦相处，从而形成一个轻松、活跃而又井然有序的社会链条。但是，如果社会风气败坏、民不聊生、物价飞涨、贫富差距悬殊，群众对社会的满意度就会下降甚至群众会抱怨，这些抱怨中包含着他们的价值观。

如果以上三点不能得以很好地处理，就容易导致社会冲突和社会撕裂。在一定意义上说，社会冲突是价值观冲突的对象化，是价值世界里的冲突以实体的形式反映出来的。

培育社会主义核心价值观不能回避社会矛盾冲突，社会矛盾冲突是社会思潮发展的驱动力。社会思潮对社会的矛盾冲突总是存在某种偏好，社会矛盾越激烈的时候，社会思潮的传播也越活跃，而死水一潭的社会则难以滋长社会思潮。因此，分析社会思潮时就必须分析社会矛盾。矛盾是普遍存在、无时不在的，并存在于一切事物中，但是矛盾和矛盾冲突是不一样的。社会普遍存在的矛盾指的是哲学意义上的矛盾。社会矛盾冲突是现实世界中的社会运动，是社会矛盾尖锐到一定程度的结果。社会矛盾冲突直接指向现实社会中的问题所在，因而具有很强的现实性。

社会矛盾冲突既包括社会内部的冲突，又包括社会外部的冲突。社会内部的冲突是社会系统各种要素之间的冲突，社会内部冲突大多数是由利益纷争引起的，尤其是在贫富差距不断拉大、群众的利益无法得到尊重和保护的情况下，社会内部冲突就会围绕着利益产生，它本质上是人民内部矛盾基础上的冲突。比如，基于利益诉求的群体事件的发生日益成为当代中国不可回避的一个社会现象，尤其是近年来群体事件频发。群体事件是社会矛盾冲突的表现形式之一，它集中体现了群体意见表达失灵的一种极端方式。而群体事件如果协调得不好，就容易引发社会大规模的冲突，给社会的稳定带来灾难。纵观历史，由群体事件引发的大规模农民运动、农民战争数不胜数，而这些运动大多数又与当时的社会思潮紧密联系在一起。从某种程度上说，从群体事件来窥视社会思潮是当前我们把握社会思潮动向的一个重要渠道。

九、加强学术研究，提升国际话语权

党的十八大以来，以习近平同志为核心的党中央高度重视话语权构建工作，做出了一系列重要工作部署和理论阐述。2016年2月，在党的新闻舆论工作座谈会上，习近平总书记强调要遵循新闻传播规律，创新方法手段，建立对外传播话语体系，提升国际话语权。此外，他还系统阐述了构建对外传播话语体系的任务、方法、策略、手段和责任主体，为新时期社会主义核心价值观培育路径指明了方向。

主流价值观认同培育既需遵循思想政治教育学和传播学普遍规律，更是新时代中国特色社会主义事业中专业性、操作性极强的伟大实践。因此，加强学术研究、总结经验不足是增强我国高校主流价值观教育内化效果的根本所在。

研究发现，西方发达国家教育的领先地位与其高水平学术研究是紧密相连的。高水平的学术研究体现在很多方面，包括提出基于新事实（现象）的新概念，提供研究新范式及命题、基于最新前沿凝练出的新观点和表述等。

我国应如何加强相关学术研究？笔者认为，主要包括以下三个方面。

（一）打造高水平区域特色研究智库

以笔者所在地区——广西为例，广西高度重视研究平台建设，早在2015年，广西壮族自治区层面就出台了《关于加强广西特色新型智库建设的实施意见》（以下简称《实施意见》），成为全国较早出台高水平研究平台特别是特色新型智库建设意见的省（区）之一。在《实施意见》中，提出构建"1+1+6+4"的广西特色智库体系建设目标。截止到2017年底，广西特色新型智库联盟建成，包括22家广西重点特色智库、160家成员单位及106位智库专家。但与国际知名智库相比，全区智库特别是部分马克思主义研究智库，在资源整合、资金投入保障、管理创新、人才队伍建设、特色智库培育、品牌阵地建设与交流合作等方面仍然存在不足，需要长期解决。

（二）要将特色原创与国际借鉴相结合

特色就是生命力。要提高相关研究水平，必须重视内容原创及学习借鉴。要实现原创，就需要以中国现实问题为导向，反映中国特有人文情怀和价值观，以中国独特文化为原材料，创造出具有中国特色、中国风格、中国气派的成果。同时也应看到，文化一定是多元的，学术研究不能闭门造车，一定要融入国际视野中，才能扩大国际影响力。

（三）加强学术交流

以广西为例，广西壮族自治区党委、政府高度重视本区域马克思主义研究智库交流工作，积极打造各种平台和渠道，取得了较大成就。2017年3月，广西决策咨询工作会议暨广西特色新型智库联盟成立大会在南宁召开。经专家评选，115家广西特色新型智库联盟成员单位中有不少为本区域马克思主义研究智库。会议通过《广西特色新型智库联盟章程》，规定智库联盟深入学习贯彻习近平总书记系列重要讲话精神和治国理政新理念、新思想、新战略。其后，不少马克思主义研究智库中标重点课题。同年11月28日，广西马克思主义理论研究和建设工程基地2017年工作年会暨学习贯彻党的十九大精神座谈会在南宁召开，来自全区10个"马工程"基地的专家、学者共30多人参加。但最新研究显示，大多数国内地方智库国际化水平仍相对较低，主要表现在：地方智库主要为地方政府提供决策，国际交流诉求不足；交流窗口相对缺乏；国际化人才相对缺乏；国际知名度及影响力较低等。

参考文献

[1] 胡锦涛. 坚定不移沿着中国特色社会主义道路前进为全面建成小康社会而奋斗：在中国共产党第十八次全国代表大会上的报告［M］. 北京：人民出版社，2012.

[2] 毛泽东. 毛泽东选集（第1卷）［M］. 北京：人民出版社，1991.

[3] 习近平. 决胜全面建成小康社会夺取新时代中国特色社会主义伟大胜利：在中国共产党第十九次全国代表大会上的报告［M］. 北京：人民出版社，2017.

[4] 习近平. 习近平谈治国理政（第一卷）［M］. 北京：外文出版社，2014.

[5] 习近平. 习近平谈治国理政（第二卷）［M］. 北京：外文出版社，2017.

[6] 习近平. 习近平谈治国理政（第三卷）［M］. 北京：外文出版社，2020.

[7] 习近平. 在纪念红军长征胜利80周年大会上的讲话［M］. 北京：人民出版社，2016.

[8] 中共中央宣传部. 习近平总书记系列重要讲话读本［M］. 北京：学习出版社，人民出版社，2014.

[9] 中共中央党校毛泽东思想研究室编选组. 思想政治工作文献选编［M］. 北京：中共中央党校出版社，1989.

[10] 陈万柏，张耀灿. 思想政治教育学原理［M］. 3版. 北京：高等教育出版社，2015.

[11] 郑永廷. 思想政治教育方法论（修订版）［M］. 北京：高等教育出版社，2010.

[12] 韩震. 社会主义核心价值观凝练研究［M］. 北京：北京师范大学出版社，2012.

[13] 裴德海. 从一般价值到核心价值：社会主义核心价值观培育与践行的双重逻辑［M］. 合肥：安徽教育出版社，2013.

［14］张春兴. 张氏心理学辞典［M］. 上海：上海辞书出版社，1992.

［15］沙莲香. 社会心理学［M］. 北京：中国人民大学出版社，2002.

［16］卢文格. 自我的发展［M］. 沈阳：辽宁人民出版社，1989.

［17］梁漱溟. 梁漱溟全集（第7卷）［M］. 济南：山东人民出版社，1993.

［18］干春松. 制度化儒家及其解体［M］. 北京：中国人民大学出版社，2003.

［19］韩震. 社会主义核心价值观的话语构建与传播［M］. 北京：中国人民大学出版社，2019.

［20］韩震. 社会主义核心价值观与中国文化国际传播［M］. 北京：中国人民大学出版社，2017.

［21］王易. 传统文化与思想政治教育创新［M］. 北京：中国人民大学出版社，2018.

［22］吴潜涛. 思想政治教育教学与研究［M］. 北京：中国人民大学出版社，2018.

［23］吴潜涛. 中国化马克思主义伦理思想研究［M］. 北京：中国人民大学出版社，2015.

［24］刘顺厚. 青年学生社会主义核心价值观的培育和践行：基于多元文化的视角［M］. 上海：复旦大学出版社，2015.

［25］孟迎辉. 社会主义核心价值观的日常生活化机制研究［M］. 北京：中国社会科学出版社，2019.

［26］黄进. 社会主义核心价值观的"内省"与"外化"［M］. 南京：江苏人民出版社，2015.

［27］王建力. 社会主义核心价值观有机融入大学生核心素养体系研究［M］. 北京：中国社会科学出版社，2020.

［28］赵壮道. 社会主义核心价值观的文化基因［M］. 北京：中国社会科学出版社，2018.

［29］孟轲. 社会主义核心价值观的大众认同问题研究［M］. 北京：人民出版社，2018.

［30］高小枚. 社会主义核心价值观教育的渗透性研究［M］. 北京：中国社会科学出版社，2016.

［31］韩同友. 大学生社会主义核心价值观培育机制创新研究［M］. 北京：中国社会科学出版社，2019.

［32］喻嘉乐．新时代研究生群体社会主义核心价值观教育研究［M］．杭州：浙江大学出版社，2015．

［33］陈新汉．警惕核心价值体系"边缘化危机"［M］．北京：社会科学文献出版社，2011．

［34］陈新汉．社会主义核心价值体系价值论研究［M］．上海：上海人民出版社，2008．

［35］衣俊卿．回归生活世界的文化哲学［M］．哈尔滨：黑龙江人民出版社，2000．

［36］孙时进．社会心理学导论［M］．上海：复旦大学出版社，2011．

［37］俞国良．社会心理学［M］．北京：北京师范大学出版社，2006．

［38］郑永廷．思想政治教育学原理［M］．北京：高等教育出版社，2016．

［39］刘建军．中国共产党思想政治教育的理论与实践［M］．北京：中国人民大学出版社，2008．

［40］袁贵仁．价值观的理论与实践：价值观若干问题的思考［M］．北京：北京师范大学出版社，2006．

［41］李德顺．价值论［M］．北京：中国人民大学出版社，1987．

［42］费穗宇，张潘仕．社会心理学辞典［M］．石家庄：河北人民出版社，1988．

［43］杜加克斯，赖茨曼．八十年代社会心理学［M］．矫佩民，高佳，吴克，译．北京：三联书店出版社，1988．

［44］郑承军．理想信念的引领与构建：当代大学生的社会主义核心价值观研究［M］．北京：清华大学出版社，2010．

［45］林安梧．当代新儒家哲学史论［M］．上海：文海学术思想研究发展文教基金会，1996．

［46］顾红亮．儒家生活世界［M］．上海：上海人民出版社，2008．

［47］陈金龙．少数民族优秀传统文化与社会主义核心价值观契合研究［M］．成都：西南交通大学出版社，2018．

［48］王学俭．思想政治教育理论与实践问题的研究视角［M］．北京：中国人民大学出版社，2017．

［49］王非．文化建设新风貌［M］．北京：中国人民大学出版社，2020．

［50］韩震．社会主义核心价值观新论：引领社会文明前行的精神指南［M］．北京：中国人民大学出版社，2014．

［51］黄德珍，李艳，石中晨. 社会主义核心价值观教育研究［M］. 北京：中国文史出版社，2015.

［52］张淑芳. 社会主义核心价值观仪式化传播研究［M］. 北京：中国社会科学出版社，2018.

［53］袁银传，董朝霞，王喜. 社会主义核心价值观：平等［M］. 北京：社会科学文献出版社，2014.

［54］张兴亮. 社会主义核心价值观与法治教育［M］. 北京：中国书籍出版社，2017.

［55］刘志山. 社会主义核心价值观的多维视域［M］. 广州：广东人民出版社，2017.

［56］易鹏. 社会主义核心价值观网络传播研究［M］. 北京：中国社会科学出版社，2019.

［57］李泽林. 培育和践行社会主义核心价值观的路径与思考［M］. 北京：中国社会科学出版社，2019.

［58］程伟礼，杨晓伟. 中国特色社会主义核心价值观的历史形成［M］. 上海：复旦大学出版社，2012.

［59］许可，马培安，王玉国. 社会主义核心价值观与传统文化［M］. 北京：中国书籍出版社，2017.

［60］张兴亮. 社会主义核心价值观与法治教育［M］. 北京：中国书籍出版社，2017.

［61］田海舰. 培育和践行社会主义核心价值观多维研究［M］. 北京：人民出版社，2015.

［62］陈新汉. 坚持核心价值体系的人民主体性［M］. 上海：东方出版中心，2011.

［63］衣俊卿. 现代化与日常生活批判［M］. 北京：人民出版社，2005.

［64］衣俊卿. 社会历史理论的微观视域（上、下）［M］. 哈尔滨：黑龙江大学出版社，2011.

［65］侯玉波. 社会心理学［M］. 3版. 北京：北京大学出版社，2013.

［66］沙莲香. 社会心理学［M］. 北京：中国人民大学出版社，2006

［67］杜冬冬. 高校青年教师社会主义核心价值观认同教育的现实困境与路径探索［J］. 学校党建与思想教育，2018（5）：84-86.

［68］姚崇. 高校教师社会主义核心价值观的心理认同逻辑及其建设路径［J］. 西北师大学报（社会科学版），2019（4）：105-110.

［69］丁振国，陈华文. 高校青年教师社会主义核心价值观培育的困境及对策［J］. 学校党建与思想教育，2016（22）：87-89.

［70］刘忠岩. 当代高校青年教师社会主义核心价值观建构的三个维度［J］. 社会科学战线，2017（9）：274-277.

［71］李庆华，谭蕾. 高校青年教师认同社会主义核心价值观探析［J］. 思想理论教育导刊，2014（10）：106-109.

［72］李庆华，张博. 高校青年教师社会主义核心价值观教育主体自觉的四重维度［J］. 思想理论教育导刊，2015（10）：123-126.

［73］闫鹏，吴家华. 社会主义核心价值观认同转化论析［J］. 江淮论坛，2020（6）：92-98.

［74］林碧丹. 社会主义核心价值观视域下高校青年教师师德建设理路［J］. 思想教育研究，2015（5）：63-66.

［75］马可. 马克思需要理论与社会主义核心价值观认同论析［J］. 云南社会科学，2020（6）：79-83.

［76］易刚. 社会主义核心价值观大众认同机理研究［J］. 马克思主义理论学科研究，2020（6）：180-185.

［77］唐黎，周志山. 新时代大学生社会主义核心价值观认同培育研究［J］. 学校党建与思想教育，2020（18）：29-31.

［78］李印. 道德化社会主义核心价值观的认同与践行［J］. 教育理论与实践，2020（6）：28-31.

［79］王珺颖. 社会主义核心价值观情感认同的培育路径［J］. 思想教育研究，2019（12）：125-129.

［80］王英杰，张朝彬，张舵. 文化自信与社会主义核心价值观认同机制构建［J］. 重庆社会科学，2019（5）：111-119.

［81］陈坤，李旖旎. 论大学生认同社会主义核心价值观的三个维度［J］. 思想理论教育导刊，2019（4）：76-79.

［82］赵雷，陈红敏. 当代大学生社会主义核心价值观认同的心理结构［J］. 中国青年社会科学，2018（6）：61-67.

［83］邓军彪，秦晴. 传播学视域下大学生社会主义核心价值观认同研究［J］. 学校党建与思想教育，2018（20）：12-13.

[84] 王伦光. 论社会主义核心价值观的情感认同[J]. 理论探讨, 2018（5）: 64-68.

[85] 李燕红. 藏族大学生社会主义核心价值观认同的法律规范路径研究[J]. 贵州民族研究, 2018（8）: 26-29.

[86] 黄一玲. 文化自觉视域下社会主义核心价值观认同研究[J]中国高等教育, 2018（12）: 30-32.

[87] 盛红, 史献芝. 新时代大学生社会主义核心价值观认同路径建构[J]. 江苏高教, 2018（6）: 92-94.

[88] 曹莉莉, 姜敏. 青年社会主义核心价值观培育和践行中的情感认同探究[J]. 中学政治教学参考, 2018（15）: 25-28.

[89] 侯劭勋. 互联网环境下大学生认同与践行社会主义核心价值观的思考[J]. 思想理论教育, 2018（4）: 87-91.

[90] 诸俊, 焦娅敏, 何西培. "项目化"视域下少数民族大学生社会主义核心价值观认同教育路径研究[J]. 黑龙江高教研究, 2018（3）: 135-138.

[91] 邢鹏飞. 大学生社会主义核心价值观认同现状与培育对策调查研究[J]. 高校教育管理, 2018（2）: 117-124.

[92] 于春玲. 马克思劳动观视域下的社会主义核心价值观认同[J]. 思想教育研究, 2017（12）: 41-45.

[93] 李娟. 民族地区社会主义核心价值观认同思路[J]. 贵州民族研究, 2017（11）: 10-13.

[94] 李烨红. 利益逻辑视域中的大学生社会主义核心价值观认同教育[J]. 湖北社会科学, 2017（8）: 192-198.

[95] 张明平. 微文化背景下大学生社会主义核心价值观认同教育的困境及对策[J]. 黑龙江高教研究, 2017（9）: 146-148.

[96] 胡建, 刘惠. 大学生社会主义核心价值观认同建构的阶段性分析[J]. 思想理论教育导刊, 2017（8）: 67-70.

[97] 何彦新, 古帅. 基于文化认同的大学生社会主义核心价值观培育[J]. 思想理论教育导刊, 2017（7）: 98-102.

[98] 赵小东, 董杰. 民族认同与国家认同共生: 民族大学生社会主义核心价值观培育的内在逻辑[J]. 教育评论, 2017（6）: 95-98.

[99] 李晶. 文化认同视域下社会主义核心价值观的培育研究[J]. 学校党建与思想教育, 2017 (5): 60-62.

[100] 何林. 价值多元背景下大学生社会主义核心价值观认同研究[J]. 学校党建与思想教育, 2017 (7): 28-30.

[101] 李科. 社会主义核心价值观视域下的大学生道德认同[J]. 毛泽东思想研究, 2017 (2): 146-151.

[102] 陈颜. 彝族地区社会主义核心价值观认同研究[J]. 毛泽东思想研究, 2017 (2): 94-100.

[103] 刘镇江, 刘振中, 李晓衡. 新媒体时代社会主义核心价值观认同机制探讨[J]. 思想理论教育导刊, 2017 (1): 68-70.

[104] 邓凯文. 情感认同: 培育社会主义核心价值观的着力点[J]. 广西社会科学, 2016 (12): 13-17.

[105] 任志锋. 大学生社会主义核心价值观认同的日常生活维度[J]. 教学与研究, 2016 (12): 86-91.

[106] 宫敏燕, 任芳莹. 多元文化视域下大学生社会主义核心价值观之认同: 评《多元文化背景下的核心价值观教育》[J]. 大学教育科学, 2016 (6): 144.

[107] 哈斯塔娜, 马丽. 自媒体时代社会主义核心价值观的认同教育[J]. 毛泽东思想研究, 2016 (6): 89-92.

[108] 廖小明, 曹桂芝. 少数民族地区社会主义核心价值观大众认同的历史和现实维度[J]. 湖湘论坛, 2016 (6): 24-29.

[109] 喻滨. 接受与认同: 高校社会主义核心价值观教育的关键[J]. 中国青年社会科学, 2016 (6): 20-25.

[110] 段海超, 蒲清平. 社会主义核心价值观认同的心理机制[J]. 东北师大学报(哲学社会科学版), 2016 (5): 223-227.

[111] 焦连志, 黄一玲. 文化自信视野下的社会主义核心价值观认同的培育[J]. 教育探索, 2016 (8): 87-90.

[112] 杨畅. 当代大学生对社会主义核心价值观的认同图示探赜[J]. 教育理论与实践, 2016, 36 (21): 30-32.

[113] 王薇. 提升大学生社会主义核心价值观认同度研究[J]. 学校党建与思想教育, 2016 (14): 14-16.

［114］陶蕾韬. 多元文化发展中社会主义核心价值观认同的困境与应对［J］. 求索，2016（6）：11-16.

［115］双传学，郝园园. 公共性视角下社会主义核心价值观的认同与践行［J］. 苏州大学学报（哲学社会科学版），2016（3）：15-20.

［116］桑丽. 十八大以来社会主义核心价值观认同研究的进展与展望［J］. 学习论坛，2016（5）：26-28.

［117］周尤正，焦晓云. 化解大学生社会主义核心价值观认同障碍研究［J］. 学校党建与思想教育，2016（5）：68-70.

［118］安巧珍. 社会主义核心价值观的认同基础研究［J］. 人民论坛，2016（11）：196-198.

［119］郭曰铎，张荣华. 大学生社会主义核心价值观认同度与践行意愿影响因素调研［J］. 理论学刊，2016（1）：108-114.

［120］陈宏建，彭凤莲. 论高校辅导员在大学生社会主义核心价值观认同教育中的作用［J］. 黑龙江高教研究，2015（12）：103-105.

［121］杨义芹. 社会主义核心价值观的认同路径论析［J］. 伦理学研究，2015（6）：11-15.

［122］潘婧，马小娟，张继才. 大学生社会主义核心价值观认同教育的实现路径［J］. 学校党建与思想教育，2015（10）：42-44.

［123］王凤祥，蒋红. 大众化视阈下社会主义核心价值观认同教育［J］. 广西社会科学，2015（8）：208-211.

［124］王丽英，曲士英. 基于文化认同的大学生社会主义核心价值观培育路径［J］. 黑龙江高教研究，2015（8）：124-126.

［125］胡建，王驰. 社会主义核心价值观：当代中国政治认同的重要意识性资源［J］. 毛泽东思想研究，2015（4）：112-115.

［126］巴玉玺. 用社会主义核心价值观引领"四个认同"教育［J］. 学校党建与思想教育，2015（6）：31-32.

［127］马勇，徐芳. 大学生社会主义核心价值观的培育必须基于政治认同［J］. 教育探索，2015（5）：102-104.

［128］文大稷. 契合个体需要增强大学生对社会主义核心价值观的认同［J］. 学校党建与思想教育，2015（5）：9-10.

［129］郭朝明. 谈"中国梦"视域下大学生社会主义核心价值观认同教育的路径［J］. 教育探索，2015（4）：112-114.

[130] 孟轲. 论社会主义核心价值观的认同主体[J]. 马克思主义研究, 2015（4）: 21-29.

[131] 张锐. 少数民族大学生社会主义核心价值观认同路径探析[J]. 新疆师范大学学报（哲学社会科学版）, 2015, 36（3）: 109-113.

[132] 周亚军, 孙雷. 基于文化认同的大学生社会主义核心价值观教育[J]. 教育探索, 2015（3）: 91-93.

[133] 孙兰英, 李立. 大学生社会主义核心价值观认同问题研究[J]. 思想政治教育研究, 2015（1）: 9-11.

[134] 唐平秋. 微文化背景下大学生社会主义核心价值观认同危机及治理路径[J]. 探索, 2015（1）: 141-144.

[135] 胡刚. 自媒体时代下社会主义核心价值观认同探析[J]. 广西社会科学, 2015（1）: 14-18.

[136] 付安玲, 张耀灿. 社会主义核心价值观社会认同实现路径探析[J]. 学校党建与思想教育, 2015（1）: 4-7.

[137] 吴春梅, 席莹. 农民的社会主义核心价值观认同: 困境与出路[J]. 科学社会主义, 2014（6）: 92-95.

[138] 郭立场. 榜样认同视角下大学生社会主义核心价值观培育问题研究[J]. 思想教育研究, 2014（10）: 64-67.

[139] 林伯海, 易刚. 社会主义核心价值观国际认同的机理和实现路径[J]. 思想理论教育, 2014（10）: 15-20.

[140] 朱晓明. 社会主义核心价值观是跨民族政治认同的意识形态基础[J]. 科学与无神论, 2014（5）: 5-8.

[141] 杨启莲. 培育和践行社会主义核心价值观的青少年教育实施路径: 评《社会主义核心价值观生成与认同研究》[J]. 中国教育学刊, 2020（11）: 120.

[142] 王晓军, 刘艳房. 社会主义核心价值观认同的基本依据与实现路径[J]. 河北大学学报（哲学社会科学版）, 2020（2）: 154-160.

[143] 何美子, 洪晓楠, 方明豪. 大学生社会主义核心价值观认同实证研究[J]. 思想理论教育导刊, 2020（1）: 100-104.

[144] 李艳艳. 以社会主义核心价值观引领大学生自我建构研究[J]. 学校党建与思想教育, 2019（21）: 27-29.

[145] 刘兴华. 社会主义核心价值观行为认同过程剖析及实践价值［J］. 学校党建与思想教育，2019（9）：44-46.

[146] 刘占奎，岳冬青. 网络时代大学生社会主义核心价值观文化认同探析［J］. 马克思主义与现实，2019（1）：198-202.

[147] 李振华，陈松林. 少数民族大学生社会主义核心价值观认同教育研究［J］. 贵州民族研究，2018（10）：196-199.

[148] 徐静. 体育专业大学生社会主义核心价值观认同现状及其应对［J］. 学校党建与思想教育，2018（20）：14-16.

[149] 李爽，周玲微，刘芳. 大学生社会主义核心价值观认同践行长效机制探究［J］. 学校党建与思想教育，2018（17）：80-81.

[150] 查方勇. 深化大学生社会主义核心价值观认同论析［J］. 思想理论教育导刊，2018（8）：89-92.

[151] 魏晓文，修新路. 大学生社会主义核心价值观认同的影响因素与培育对策［J］. 大连理工大学学报（社会科学版），2018，39（5）：96-104.

[152] 王贺. 当代青年社会主义核心价值观认同之测度与评价［J］. 高教发展与评估，2018（3）：100-112.

[153] 蓝波涛，陈淑丽. 社会主义核心价值观情感认同的实现路径［J］. 教学与研究，2018（5）：91-96.

[154] 向娴华，陈金波. 社会主义核心价值观青年认同的载体优化探析［J］. 当代青年研究，2018（2）：41-46.

[155] 马小华. 论社会主义核心价值观的形成与认同［J］. 学术交流，2018（3）：54-59.

[156] 刘兴华. 大学生社会主义核心价值观行为认同的内涵及价值［J］. 学校党建与思想教育，2018（1）：43-45.

[157] 张婧. 社会主义核心价值观的文化认同机制［J］. 人民论坛，2017（36）：130-131.

[158] 安娜. 社会主义核心价值观认同的层次结构及培育路径探讨［J］. 思想理论教育导刊，2017（11）：75-78.

[159] 苏宝梅. 信念伦理与社会主义核心价值观的认同和坚守［J］. 理论学刊，2017（5）：101-106.

[160] 王管. 社会主义核心价值观认同教育的实践进路［J］. 思想理论教育导刊，2017（8）：71-74.

［161］王凤祥，吕海滨．问题意识与社会主义核心价值观的认同构建［J］．广西社会科学，2017（7）：20-23．

［162］杨庆毓，李瑞琪．对少数民族大学生社会主义核心价值观认同系统化教育的思考［J］．云南民族大学学报（哲学社会科学版），2017，34（4）：150-155．

［163］杨宗兴．大学生社会主义核心价值观认同教育路径论析［J］．广西社会科学，2017（5）：205-209．

［164］何林．价值多元背景下大学生社会主义核心价值观认同研究［J］．学校党建与思想教育，2017（7）：28-30．

［165］李晶．文化认同视域下社会主义核心价值观的培育研究［J］．学校党建与思想教育，2017（5）：60-62．

［166］易刚，林伯海．社会主义核心价值观大众认同的生发机理探析［J］．四川师范大学学报（社会科学版），2017（2）：11-16．

［167］柳礼泉，陈方芳．日常生活视阈下社会主义核心价值观认同研究述评［J］．思想政治教育研究，2017（1）：1-5．

［168］张宗峰，焦娅敏．社会主义核心价值观培育的文化认同机制探究［J］．思想理论教育，2017（01）：57-62．

［169］李晔，王涛．以社会主义核心价值观认同推进高校主流意识形态建设［J］．教育研究，2016（12）：50-53．

［170］王越芬，季宇．社会主义核心价值观社会认同的哲学内蕴：以马克思主义哲学为视角［J］．学术交流，2016（12）：65-70．

［171］钱雄，甘永宗．从理性到信仰：社会主义核心价值观认同机制研究［J］．广西社会科学，2016（11）：55-58．

［172］黄一玲，焦连志，程世勇．网络文化"泛娱乐化"背景下的社会主义核心价值观认同培育［J］．湖北社会科学，2016（11）：175-182．

［173］杨永建，钱秋蓉．边疆少数民族社会主义核心价值观认同研究［J］．学术探索，2016（11）：63-68．

［174］曹威威，王广志．大学生社会主义核心价值观认同教育路径探析［J］．黑龙江高教研究，2016（11）：122-124．

［175］吴欣遥，曾王兴，秦凯．大学生社会主义核心价值观教育文化认同研究［J］．思想理论教育导刊，2016（9）：99-102．

［176］洪涛. 社会主义核心价值观大众认同的"四维建构"［J］. 贵州社会科学, 2016（8）：108-111.

［177］陈绪林. 十八大以来社会主义核心价值观认同教育研究述论［J］. 学校党建与思想教育, 2016（14）：17-19.

［178］张红霞, 王娇娇. 论多元思潮影响下的青岛市民社会主义核心价值观认同教育［J］. 学校党建与思想教育, 2016（7）：25-28.

［179］郑晶晶, 曲建武. 社会主义核心价值观大众认同的多层诠释及路径探索［J］. 当代世界与社会主义, 2016（3）：93-98.

［180］陈玲. 新疆高校大学生社会主义核心价值观认知与认同状况调查研究［J］. 新疆社会科学, 2016（3）：10-15.

［181］崔治忠. 社会主义核心价值观与中华文化认同［J］. 理论导刊, 2016（5）：75-77.

［182］周永奇. 中华体育精神与社会主义核心价值观认同［J］. 思想教育研究, 2016（4）：57-60.

［183］曹威威. 大学生社会主义核心价值观认同限度探析［J］. 思想教育研究, 2016（2）：36-39.

［184］肖薇薇, 陈文海. 社会主义核心价值观青年认同的话语赋能［J］. 中国青年社会科学, 2016（1）：39-46.

［185］陈成文, 凌淑瑜. 论社会主义核心价值观的理论认同［J］. 学校党建与思想教育, 2015（11）：4-7.

［186］曾琰. 社会主义核心价值观认同的制约因素及其破解［J］. 思想理论教育, 2015（10）：23-27.

［187］陈玲. 社会主义核心价值观与新疆少数民族大学生价值认同［J］. 贵州民族研究, 2015（9）：220-224.

［188］俞靖. 需要视域下大学生社会主义核心价值观认同研究［J］. 学校党建与思想教育, 2015（8）：30-32.

［189］杨振闻. 实现社会主义核心价值观认同的难题与对策［J］. 青海社会科学, 2015（4）：1-7.

［190］殷梅霞, 柯健. 大学生社会主义核心价值观"认同—信仰"培育机制研究［J］. 河北师范大学学报（教育科学版）, 2015（4）：122-126.

［191］林伯海, 易刚. 社会主义核心价值观大众认同的外在机理探析［J］. 马克思主义与现实, 2015（3）：162-170.

［192］黄惠萍. 大学生社会主义核心价值观认同的教育途径［J］. 教育探索，2015（5）：105-107.

［193］田旭明，陈延斌. 知行合一：社会主义核心价值观大众认同的实践自觉［J］. 学术论坛，2015，38（5）：9-12.

［194］廖志诚. 论社会主义核心价值观文化认同机制的建构逻辑［J］. 探索，2015（2）：155-159.

［195］陈延斌，田旭明. 社会主义核心价值观大众认同的有效路径：基于近年来地方道德建设经验的研究［J］. 马克思主义研究，2015（4）：99-105.

［196］周尤正. 当代大学生社会主义核心价值观认同教育研究现状探析［J］. 学校党建与思想教育，2015（4）：23-26.

［197］柴宝勇. 社会主义核心价值观理性认同机制的建构［J］. 长白学刊，2015（2）：20-25.

［198］赵瑞华. 社会主义核心价值观社会认同基础探析［J］. 人民论坛，2015（5）：190-192.

［199］胡春阳. 转型时期社会主义核心价值观认同建构［J］. 中国特色社会主义研究，2015（1）：65-70.

［200］钱昌照. 大学生认同社会主义核心价值观的现实意蕴与路径［J］. 思想理论教育导刊，2015（1）：132-134.

［201］曹挹芬，曾长秋. 新媒体时代促进社会主义核心价值观民众认同的探讨［J］. 中南大学学报（社会科学版），2014（6）：195-200.

［202］梁红军. 基于价值认同的公民社会主义核心价值观培育［J］. 湘潭大学学报（哲学社会科学版），2014，38（6）：153-156.

［203］陈勇，武曼曼，李长浩. 增强认知认同：培育和践行社会主义核心价值观的关键［J］. 思想理论教育导刊，2014（10）：37-43.

［204］高俊虎. 高校青年教师社会主义核心价值观认同研究［D］. 哈尔滨：东北林业大学，2021.

［205］胡卫东. 思想政治教育接受理论研究［D］. 合肥：合肥工业大学，2003.

［206］周涛. 网络舆论环境下的高校思想政治教育研究［D］. 成都：西南财经大学，2011.

［207］习近平. 把思想政治工作贯穿教育教学全过程开创我国高等教育事业发展新局面［N］. 人民日报，2016-12-09.

［208］习近平. 要注重家庭家教家风：在2015年春节团拜会上的讲话［N］. 京华时报，2015-02-17.

［209］习近平. 把培育和弘扬社会主义核心价值观作为凝魂聚气、强基固本的基础工程［N］. 光明日报，2014-02-24.

后　记

　　自媒体环境下大学生社会主义核心价值观认同的构建是一项长期性、综合性、系统性的工程，构建有法，但又没有定法。按照辩证法，任何一个构建模式或路径都有一定的优点，也存在一定的弱点。自媒体环境下大学生社会主义核心价值观认同是一个由点到面逐步发展推进的过程，而且涉及的内容非常广泛，各种影响因素非常多。因此，本书提出的通过抓住内化关键环节、优化内化机制、发挥思想政治理论课主渠道、主阵地作用等举措来构建的基本思路还有待进一步在实践中检验。

　　由于个人在研究经验上的不足，文章的理论深度及实际操作还比较粗浅。数据采集及测量指标科学性的保证、自媒体环境如何影响价值认同的具体机理，这些都值得进一步向专家请教商榷。

　　尽管研究存在不足，但是只要自媒体环境变迁下大学生社会主义核心价值观认同构建存在研究的空间，个人对自媒体环境下大学生社会主义核心价值观内化的研究与探索将会继续下去，并会在将来的教研实践中不断丰富理论与积累经验，逐渐改善。